高等职业教育内涵发展综论

周建松　主编

浙江工商大学出版社
ZHEJIANG GONGSHANG UNIVERSITY PRESS

图书在版编目(CIP)数据

高等职业教育内涵发展综论 / 周建松主编. —杭州：
浙江工商大学出版社，2018.6
ISBN 978-7-5178-2154-0

Ⅰ．①高… Ⅱ．①周… Ⅲ．①高等职业教育－发展－
研究－浙江 Ⅳ．①G718.5

中国版本图书馆 CIP 数据核字(2017)第 081858 号

高等职业教育内涵发展综论

周建松 主编

责任编辑	刘　韵	
责任校对	郭昊鑫　陈佳妮	
封面设计	许寅华	
责任印制	包建辉	
出版发行	浙江工商大学出版社	

（杭州市教工路 198 号　邮政编码 310012）
（E-mail:zjgsupress@163.com）
（网址:http://www.zjgsupress.com）
电话:0571-88904980,88831806（传真）

排　　版	杭州朝曦图文设计有限公司	
印　　刷	虎彩印艺股份有限公司	
开　　本	787mm×1092mm　1/16	
印　　张	11	
字　　数	261 千	
版 印 次	2018 年 6 月第 1 版　2018 年 6 月第 1 次印刷	
书　　号	ISBN 978-7-5178-2154-0	
定　　价	33.00 元	

前　言

作为首批全国示范性高等职业院校，在示范院校建设期间的 2007 年，浙江金融职业学院成立高等职业教育发展研究中心，由时任院长、现任党委书记周建松教授担任中心主任。中心成立以来，全面深化教育教学改革，推动体制机制创新，发挥教育科学研究在学校办学中的重要作用，以研究谋发展，以研究促发展。

十年来，在上级主管部门和各界的关心和支持下，中心充分发挥校内外专兼职研究人员的积极性，围绕构建现代职业教育体系、人才培养模式改革、专业建设、师资队伍建设、校企合作体制机制创新、文化建设等专题开展了深入研究，取得了丰硕的教育教学研究成果。在《中国高教研究》编辑部组织的高等教育类核心期刊发文统计中，自 2007 年起学校已连续十年位居全国高等职业院校第一，研究成果备受职业教育界和高等教育界关注，学术影响力显著提升，并先后两次荣获中国高等教育学会全国优秀高等教育研究机构称号。

为总结中心十年研究成果，本书依据论文质量、期刊级别、作者代表性等原则，由专家从过往十年的近 300 篇论文中精选出 30 篇论文结集出版，以此为新的起点，全力打造全国高等职业教育研究基地，引领全国高等职业教育改革发展。

编　者
2017 年 1 月 8 日

目　　录

生态学视阈下的高职院校开放合作办学模式构建

周建松

[摘　　要]　高职院校在由规模扩张向内涵建设转型的过程中,由于整体发展时间短,其办学生态需要优化,以解决发展中存在的生态承载力、制度、文化等方面的生态危机。浙江金融职业学院通过构建"行业、校友、集团共生态"的开放合作办学模式,重构了以资源为核心的自然环境,以制度为核心的社会环境,以文化为核心的价值环境,营造了良好的办学生态。

[关 键 词]　生态学　高职院校　办学模式

中国高等职业教育"集中遭遇了其他国家在更长的时间内遇到和解决的种种问题"[1],其中诸多问题与 20 世纪以来人类因过度发展而遭遇的生态问题在形成轨迹上高度相似。"人、自然、社会"平衡发展问题的生态学视角,同样可以观照高等职业教育尤其是高等职业院校的发展。

一、生态平衡:高等职业院校办学模式创新的理论基点

"生态学是研究生物与环境辩证统一关系的科学,也是一种科学的思维方法。"[2]它要求以生态平衡为目的,从更高层次上认识人、自然与社会之间的依存关系,更具危机意识、整体意识、和谐意识、未来意识与回归意识等生态意识,掌握关联性、适应性、共生性、平衡性、遗传性及可控性等分析、解决问题的生态学原则与方法。其影响力日益延伸到社会领域,成为思考、解决社会问题的重要理念与方法。

高等职业教育赖以生存与发展的生态环境,更大程度上受到自然、社会等环境的影响。通常意义上,生态平衡理论强调的是"生态系统各个部分的结构与功能处于相互适应与协调的动态之中",高等职业院校的生态平衡则重点指在一定的发展阶段与条件下,高等职业院校通过与周围环境的联系、交换,进行自身结构与功能的调整,从而实现自身发展与多样社会需求满足的耦合,进而实现高等职业院校与所处自然环境、社会环境与价值环境的和谐发展。高等职业院校办学模式是高等职业院校"举办、管理或经营学校的体制和机制的样式或范式"[3],是高等职业院校寻求自身结构、功能与自然、社会与价值等外在环境相适应的主要运行框架。在当前高等职业院校由快速扩张转向内涵建设的时期,生态平衡理论为办学模式的创新提供了新的理论基点。比较而言,高等职业院校的生态平衡有着自身的特点,这是高等职业院校区别于本科院校的类型特征,也是高等职业院校生态危机之所在。

二、生态危机:高等职业院校办学模式创新的现实背景

高等职业院校的生态危机主要是在办学规模扩张、办学体制改革之后,在校企合作、开放办学的整体改革背景下,出现的暂时性结构与功能失调,其主要体现在生态承载力、制度配套及文化特质等方面。这是高等职业院校办学模式创新的现实背景,也是高等职业院校通过办学模式创新迫切需要解决的问题。

(一)高等职业院校的生态承载力危机

高等职业院校的生态承载力主要指其具备的资源所能承受的办学规模的能力。职业教育诞生之初,学徒制是典型的组织形式,其数量取决于作坊或工厂的实际需要与师傅的数量,其"实践教学基地"不成问题,在作为高级工匠培养的原始"高等职业教育"时期尤其是如此。高等教育大众化进程中,扩招不仅出于行业、企业的用人需要,还有其经济与政治背景。高等职业院校的办学规模增幅最大,但其配套资源却无法满足需要,由此导致的生态危机一方面体现为双师结构的教师队伍、校内生产性实训基地与校外顶岗实习基地等教学资源不足;另一方面体现为人才培养质量无法满足行业、企业需要。

(二)高等职业院校的制度缺失性危机

作为制度化培养高素质技能型人才的社会机构,制度是高等职业院校推进校企合作、工学结合改革的重要生态条件。当前,无论是学校还是企业都有着合作的需求与基础。但从政府制度层面来看,国内仍然未见对于行业、企业参与或举办职业教育的明确政策优惠或支持,缺乏推进校企融合的制度保障与氛围,高等职业院校迫切需要通过自身的努力,以获得充分的行业、企业等社会力量的支持。就当前高等职业院校推进校企合作办学模式改革的现状而言,仍然缺乏长效、稳定的制度支撑,基本上是依靠单一维度的人脉联系或是供求关系维持。一旦发生人事变动或是行业发展不景气,校企合作便很难持续。

(三)高等职业院校的文化同质化危机

如果说大学文化是以北京大学的"兼容并蓄"为典型的话,那么高等职业院校目前尚缺乏具备示范意义并广为认同的文化。文化同质化危机指两个方面:一是高等职业院校与本科院校的文化差异尚不明显,二是高等职业院校各自的文化特色尚不明显。高等职业院校近年来在文化建设上做出了较大的努力,并致力于打造以"开放合作、尚德重能"[4]为标志的高等职业教育文化,但目前仍缺乏整体效应。而文化特质恰恰是高等职业院校作为一个高等教育类型区别于其他高等院校的重要特质。

三、生态环境:高等职业院校办学模式创新的发展诉求

高等职业院校的生态环境主要指以高等职业院校为中心,对高等职业院校的发展产生制约和控制作用的多元环境,主要包括自然环境、社会环境与价值环境。高等职业院校的办

学模式创新便是致力于实现高等职业院校与所在环境和谐发展的办学生态环境。当前高等职业院校办学模式改革的轨迹是成为"一方主办、多方参与,融教学、社会服务、科研开发"等功能为一体,为高素质技能型专门人才培养提供教学管理与服务的开放式平台。这一平台的搭建要求营造和谐的办学生态环境,以满足高等职业院校在新时期的发展需要。这里的发展不再是数量的扩张,而是一种在保持适度规模基础上的内涵丰富,是一种可持续发展。

(一)以资源为核心的自然环境

资源是高等职业院校自然环境的核心,是高等职业院校满足自身发展的需要,也是高等职业院校服务区域社会经济发展的需要,具有更多的"自然属性",其重点是包括课程、师资、实践教学基地等在内的教学资源配置问题。由于高等职业院校在区域社会、经济发展与整体高等职业教育改革中存在着一定的滞后,同时单一的投入无法支撑高等职业院校高速发展,需要通过办学模式改革,进一步共享资源、凝聚资源、整合资源。

(二)以制度为核心的社会环境

制度是高等职业院校社会环境的核心,是高等职业院校规范、可持续发展的政策保障,当前重点是校企合作、工学结合问题,即如何通过政策的拉动,保障高等职业院校校企合作、工学结合的开展,并保证双方在合作过程中的利益、风险的分享、分担。这是当前高等职业院校改革的迫切需求。

(三)以文化为核心的价值环境

文化是高等职业院校价值环境的核心,是高等职业院校可持续发展的软环境,也是高等职业院校区别于本科院校的重要特征,其当前重点是致力于达成高等职业院校文化的共识,探索形成广大高等职业院校共有的文化与各个高等职业院校特有的文化,从而取得社会对高等职业院校乃至高等职业教育的文化认同。这是高等职业院校乃至高等职业教育实现可持续发展的重要标志。

四、生态模型:高等职业院校办学模式创新的个案分析

十年前,浙江金融职业学院的前身浙江银行学校是一所中国人民银行下属的中专学校,其本身就是一所行业办学、服务行业人才需求的职业院校,是国家级重点中专。2000年开始筹建浙江金融职业学院时,便面临着与其他同类学校一样的体制调整问题,即从行属院校划归地方管理。2006年11月,教育部出台了高职教育发展的指导性文件《教育部关于全面提高高等职业教育质量的若干意见》(教高〔2006〕16号,简称16号文件),要求高职院校服务行业、区域经济的需要进行办学。在从2006年开始的国家示范性高职院校的建设进程中,教育部多次强调行业、企业融入度问题。浙江金融职业学院也面临着脱离行业主管部门却又不得不在新一轮高职教育改革与院校建设中依托行业办学的历史难题。学院的办学历程在高等职业教育领域具有典型性与代表性,其"行业、校友、集团"共生态办学模式创新便是学院在此历史难题中的选择。

　　"共生态"办学模式是基于生态学的理念与原理,结合学院办学实践形成的。学校的外部环境也是一个生态系统,外部环境有关各要素可看作生态系统内的生态因子,将高职教育集团、校友及行业这些因子放在高职教育领域与社会领域的大系统中,构建一个以高职院校与外部环境的联系为核心的生态模型——这个模型以"高等职业院校—外部环境"的互动、共生关系为核心,以自然环境构建为主线,以社会环境与价值环境要素的融入为辅助,可称为"行业、校友、集团共生态的高职院校办学模式"(简称"共生态"办学模式,见图1,虚线表示互相之间的开放与渗透,三角形架构蕴含着教育生态学综合、联系、平衡的观念),以打造和谐、平衡的高等职业院校办学生态环境,这是基于学院自身特点与长期实践、探索的选择,是学院传统与改革交织的必然产物。

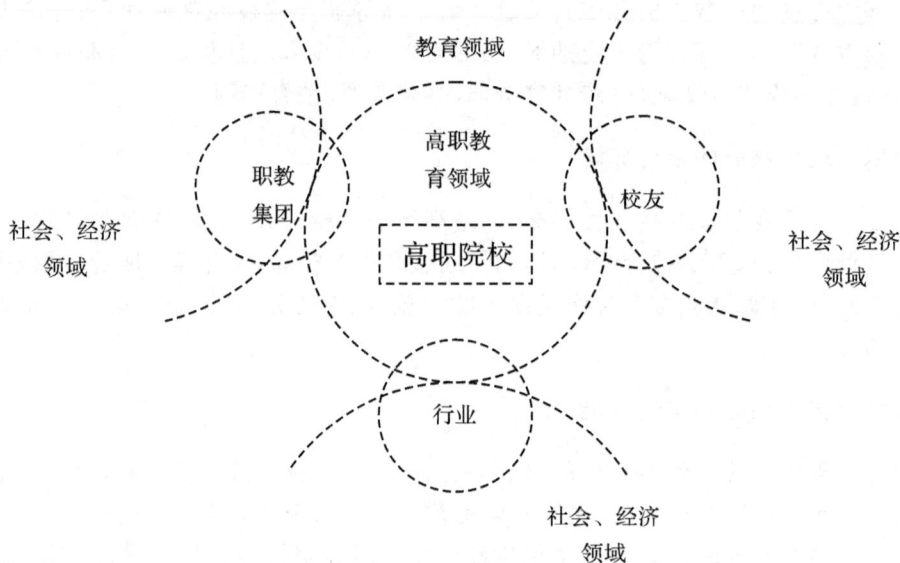

图1　"行业、校友、集团共生态"的高等职业院校开放合作办学模式

(一)"行业、校友、集团共生态"办学模式构建的基本思路与主要路径

　　为更好地构建平衡、和谐的办学生态,学院在办学实践中沿着"以行业为依托、以校友为纽带、以集团为载体"的思路,本着"以主动换互动"的原则,积极营造学院发展的自然环境,着力优化价值环境、社会环境,使"共生态"办学模式创新成为一项涵盖理念、路径与实践层面的系统工程。

　　1.行业——资源的整合。

　　(1)完善学院发展咨询委员会和产学合作委员会,共谋金融教育发展。为了更好地进行市场调研与预测,培养优秀的金融行业人才,学院在升格办高职之初便成立了由金融管理部门领导、专家组成的学院发展咨询委员会与各大金融经营机构领导与业务骨干组成的产学合作委员会。高规格的发展咨询委员会与产学合作委员会保证了学院在浙江省银行、保险、证券等领域培养一线从业人员和基层管理者的办学定位,强化了学院作为浙江省金融从业人员的主要供给方与在金融人才培养工作中的主导作用。发展咨询委员会与产学合作委员会定期召开会议,共谋浙江金融教育事业发展,在课题合作、实践调研、人才培养、帮助就业等方面为学院的建设发展提供帮助,在学院与行业之间架起了合作的桥梁。

(2)广泛开展行业、企业调研,深化校企合作。为进一步了解行业、企业人才培养需求,学院在2008年走访了浙江省内各地(市),并向各地(市)众多金融机构,开展了金融发展与应用型金融人才培养调研,通过访谈与问卷调查等方式,重点了解了当前应用型金融人才培养的规格要求,并在加强校企合作、共育金融人才方面与各金融机构达成了共识。

2009年全球金融危机期间,为进一步拓展农村金融领域与学院所在下沙经济开发区的合作,开展了"校企合作农村行""校企合作园区行"活动。校领导与众多中层干部、教师积极参与,共走访了浙江省11地(市)大多数县级农村金融机构以及高教园区的一些企业,包括84家金融机构与14家企业,重点就人才培养,实践教学基地建设,科研与教育服务等领域签订了了产学合作协议。

(3)成立浙江地方金融发展研究中心,共商金融强省建设。为响应浙江省提出的"打造金融强省"的战略决策,2006年学院与浙江省政府金融办、人行杭州中心支行、浙江银监局、浙江证监局、浙江保监局、浙商银行、农村信用联合社、省金融教育基金会等多家单位联合成立浙江地方金融发展研究中心,中心具有政策咨询、金融新业务与新技术开发、金融人才培训项目开发与服务、金融行业互动交流、金融学术与信息交流、中小企业金融服务和地方经济金融良性互动研究等服务功能。成立三年来,中心已先后举办四届"打造浙江金融强省"论坛,吸引了来自省政府、省内金融机构的嘉宾领导以及浙江高等院校金融学界百余位专家学者参加,有效聚集了浙江省内金融研究的智力资源。

(4)强化金苑培训中心功能,共育金融行业人才。为充分发挥职业学院服务社会的功能,利用学院优质资源为行业、为地方经济服务,近几年来,我院积极强化学院附属机构浙江金苑培训中心功能,根据经济金融发展形势,尤其是金融行业对经营层、操作层人员素质提高的要求,组织教师开展行业培训需求调查。近两年来,根据需求开发出了适合金融行业中层和员工的丰富的培训"菜单",设计培训课题近百项。面向浙江省组织了120余期7381人次参加的培训班,服务收入1437.01万元,培训效果受到各受托单位和受训人员的普遍好评。先后被浙江省农村信用联合社、省建设银行、省工商银行、省人寿保险公司作为员工培训基地,取得了良好的社会效益,利用资源开展社会服务也取得了较好的经济效益,有力推动了浙江金融从业人员的培养工作。

(5)推动资信评估公司发展,共建"信用浙江"。学院许多专业依托强大的专业技术与服务能力,成立了服务于社会、企业和个人的高科技服务型经营实体。学院控股的浙江众诚资信评估有限公司与杭州资信评估公司,是浙江省内服务项目最齐全、服务范围最广、服务业务量最大的资信评估公司,在国内享有较高的知名度,为广大商业银行信贷部门提供授信企业的资信评估及信用等级界定,是师生进行社会服务的重要场所之一。近三年服务企业年均9000家,评估业务收入年均超过1000万元。目前浙江众诚资信评估有限公司已在浙江省内绍兴、湖州、金华等地(市)设立了6家分支机构,对"信用浙江"建设和国内资信评估行业的发展做出了贡献。

2.校友——价值的传承。

(1)开展捐资助教,汇聚办学资源。十几年来,校友会积极组织校友开展捐资助教活动,关心和支持母校的发展。校庆20周年时，共募集资金366万元，支持母校建设了计算机实验室、语音室，配合资助母校兴建了浙江省金融高级人才培训中心，设立了教师出国进修基金、特困学生资助基金等。校庆30周年时共募集资金200余万元，在新校区投资建造了11个文化和景观项目，积极营造环境育人的氛围，为支持金融教育事业发挥了积极的作用，成为学院汇聚办学资源的重要平台。

（2）拉动行业支持，网聚各界力量。成立至今，学院的事业发展有过三次重大发展机遇，在每一次机遇面前，校友会都给予了学院大力支持。2000年，学院升格办高职，各地校友在厅行共建协议的框架下，推动了人行杭州中心支行会同浙江省各金融机构及有关方面共同办好学院发展咨询委员会，会同有关金融机构为学院组建专业指导委员会，参与学院的专业调整、教学管理，提供有关金融业务的信息，为师生金融科研、实习调研创造了便利条件。新校区规划设计上，许多理事和校友都提出了建设性意见和建议，浙江省工商银行系统和中信实业银行杭州分行的校友们积极支持学院贷款，确保了建设的顺利进行。在学院申报与建设全国示范性高职院校时，校友总会与各地分会纷纷开展恳谈活动，为母校示范性申报与建设工作献计献策，主动与母校携手，为母校提供智力、技术支持，为学院师生实习、实训及学生就业提供帮助。上述举措充分发挥了校友会拉动行业支持、网聚各界力量的重要作用。

（3）做好共同育人，积聚金院文化。校友总会积极调动校友力量帮助母校的教学和实践零距离探索，在学生实习和就业上发挥了十分重要的作用。母校利用校友资源成立了100余个校外实习基地，使现有学生的毕业实习能在对口单位进行。通过多方的努力，学院历届毕业生就业率达95%以上，在浙江省内各高职院校中名列前茅。学院被列为国家示范性高职院校建设单位之后，在校友的支持下，发起了以"千名学生访校友、千名校友回课堂、百名教师进企业、百名校友上讲坛、百名校友话人生"为主题的"2300"系列活动，使学院校友文化的内容得到进一步充实，使金院的优秀文化传统得到了良好的传承。

（4）带头奖学帮困，凝聚校友之心。通过校友的积极沟通和组织发动，许多金融机构和企业单位出资在母校设立专项奖学金，以表彰优秀学生、鼓励学生成长成才。目前，共设立了15个奖项，其中包括浦发银行设立的"浦发"奖学金，中信银行设立的"中信"奖学金等。同时，由校友捐款和单位捐赠充实的浙江省金融教育基金目前已有300余万元，为母校设立的专项基金有教师奖励和培训基金、优秀学生奖励基金、特困学生资助基金和优秀科研项目资助基金等，为支持金融教育事业发挥了积极的作用。不断上升的资助金额与不断丰富的资助类型，凝聚着校友的拳拳之心，使学院获得了更多的教学资源，彰显了校友在共生态办学模式中的纽带作用。

3. 集团——影响的拓展。

（1）拓展订单培养，接轨行业标准。订单式培养是学院最富特色的人才培养方式。在集团整体优势推动下，众多集团内的金融、管理、房产及电子商务等企业纷纷在学院设立订单班，大大拓展了学院订单培养的规模，使学院订单培养规模达到了毕业生总人数的50%，成为学院人才培养模式改革的主要载体，做到了为用人单位量身定制人才，为开展以工学结合为重要切入点的人才培养模式改革奠定了基础。为强化订单培养的管理，学院成立了银领学院，与金融企业共同承担订单学生的教学与管理工作。订单培养规模的逐年拓展，使学院人才培养工作实现了与企业岗位能力标准的全面接轨，密切了企业与学院的联系，使学院的人才培养质量为相关企业所高度认可,有效促进了学生的优质就业。

(2)构建二级学院,融合多方需求。学院依托集团载体,以二级学院的构建为主要途径,探索出了产学合作新方式。学院与浙商银行成立了培训学院。各系部也相继成立了产学合作的二级学院,如金融系与浙江省农村信用联社、金通证券股份有限公司合作成立了农村合作金融学院与金通投资学院,会计系与浙江众诚资信评估有限公司成立了众诚会计学院。二级学院完善了产学合作的载体,融合了学院与相关企事业单位的需求,推动了产学合作长效机制的形成,成为"共生态"办学模式的有效组成部分。

(3)缔结产学合作基地,联合企业办学。在职业教育集团的工作框架下,学院全面推进了产学合作基地建设工作。目前学院已依托职业教育集团缔结了逾200个产学合作基地。如学院于2006年9月与下沙八家金融机构成立了"浙江金融职业学院下沙金融机构产学研合作基地"。学院与各金融机构相互支持,金融机构在提供实习基地、就业机会、教学素材等方面,学院在提供人才、员工后续教育等方面,充分发挥了彼此的优势。又如,祐康集团直接在学院组建了96188学创网,即祐康电子商务实训基地。基地具备生产性实训功能,学生不出校门便可从事实际电子商务工作,极大地推动了专业教学,丰富了学生的实际工作经验,也使祐康集团在下沙大学城拥有了一个分支机构,完善了在杭城的销售网点布点工作,成为学院校企联合办学的典型。

(4)沟通中职学校,整合职教资源。由于所属管理部门的不同和中、高职院校之间缺乏充分的沟通,中职学校与高职院校在专业、课程设置、人才培养等方面存在诸多无法衔接之处。浙江金融职业教育集团成立之初,便吸引了与学院有长期合作关系的十余所浙江省内中职学校加入。学院一方面定期与中职学校交流,共同开展教研活动,在师资培训、专业与课程建设上给中职学校以支持,强化了中、高职院校的教学联系,使中职升高职的学生在学习内容上获得完整性与层次性;另一方面,通过宣传学院的办学理念与人才培养特点,扩大了学院在中职学校的影响,吸引了更多中职生源,实现了职教资源的良好整合。

(二)"行业、校友、集团共生态"办学模式所解决的重要问题

1.充实办学资源,凸显高职特色。

当前发展趋势下,有效利用多方资源是摆在高等职业院校面前的重大课题。"共生态"办学模式在充实高等职业院校办学资源这一问题上进行了探索,构建了较为完善的资源共享、凝聚与整合的平台,凸显了与外部生态环境共生、互动的高等职业院校办学特色,为营造有利于高职院校发展的自然环境奠定了基础。

2.深化校企合作,推动优质就业。

"共生态"办学模式重点解决了办学机制、工学结合人才培养模式、社会服务机制等领域的校企合作问题,通过成立银领学院等校企合作二级学院,实现了办学模式与人才培养模式创新,使高等职业院校的利益相关者成为成本分担者与共同管理者,为学生早就业、优质就业奠定了基础。

3.搭建开放平台,服务区域发展。

作为社会机构的特定类型——高等职业院校,为社会服务是其主要职能之一。通过依托行业、服务行业,利用职教集团平台等途径,结合学院示范性建设,搭建了金融职业教育师

资培训中心、金融职业素质养成中心与金融职业教育网三大公共服务平台,为浙江省内行业、企业提供了在职培训、考证、资信评估、技术指导,在广大市民中普及了反假货币、个人理财等基础性金融知识与技能,推动了金融类教学资源的共建、共享,更好地服务了浙江省社会、经济的发展。

　　"共生态"办学模式改革与"和谐社会"建设在精神与内涵上有着高度的一致,是生态学理念与方法应用于高等职业教育研究尤其是院校研究的一种探索,为高校尤其是高等职业院校如何营造开放合作办学环境提供了新的思路和途径,有助于解决高等职业院校在办学规模扩张、校企合作机制建设、社会影响力提升等方面存在的综合性问题,为院校发展营造良好的自然环境、价值环境与社会环境。浙江金融职业学院的实践显示,"共生态"办学模式主要是围绕院校自身发展的"小生态"系统,其在资源整合能力的强化,特别是价值环境与社会环境的优化上仍然存在力量有限、动力不足等问题,有赖于通过全国高等职业教育这个"大生态"系统的进一步优化而获得更为旺盛的生命力,这是各高等职业院校与整个高等职业教育体系实现可持续发展的题中应有之义。

[参考文献]

[1] 石伟平,匡瑛.中国高等职业教育发展历史、现状与趋势[J].教育展望中文版,2005(3).
[2] 贺祖斌.高等教育生态论[M].桂林:广西师范大学出版社,2005.
[3] 赵庆典.论高等学校办学模式的发展与创新[J].教育研究,2002(3).
[4] 周建松.让"开放合作、尚德重能"成为高职教育文化[J].中国高教研究,2008(12).

(本文发表于《高等教育研究》2009 年第 12 期)

提高质量：高职院校师资队伍建设的着力点

周建松

[摘　　要]　高职院校师资队伍建设要突出职教性，彰显高教性，凸显行业性，其基本要求和特殊要求决定了教师素养的个性要求，在此基础上，按照校企合作、工学结合的要求建设高质量的师资队伍。

[关　键　词]　高职院校　师资队伍　质量

高职教育既是我国高等教育的重要组成部分，也是职业教育的组成部分，在既具高教性，又具职教性的特殊的教育教学组织中，师资队伍建设无疑是十分重要的，又是非常有特色的。从某种意义上说，特色的办学定位、特色的师资队伍、特色的文化环境，才能培育形成有特色乃至不可替代的人才，也才能确保高职教育恒久的生命力和可持续发展的能力[1]。本文从中国高等职业教育的特点出发，就构建有特色、高水平、优结构的高职教育师资队伍做了探索和思考。

一、高职院校师资队伍建设的出发点

(一)突出职教性

高教性和职教性的统一是人们对高职教育的基本判断，然而，具体的理解则不尽相同，有姓"高"名"职"者，有姓"职"名"高"者，又有"高职"复姓者，或重在强调高教性或重在强调职教性，但笔者始终认为高等职业教育就是高职复姓，具体而言，它是基础的职教性和发展的高教性的有机统一体。基础的职教性，就要求我们在建设师资队伍时必须考虑行业、职业、产业、企业对人才培养和师资队伍的要求，把了解实际，具有实践能力作为教师队伍的重要要求。

(二)彰显高教性

职业教育也是一个完整的有机的科学体系，包括了初级培训、中等职业教育、高等职业教育等，即使是高等职业教育，也应该有更丰富的内容和多重的层次。高等职业教育作为职业教育的高等层次，它同时属于我国高等教育的重要组成部分，因此，人才培养工作也应该体现高等教育属性，因而，对师资队伍也应该有科学性、学术性的要求，也就是说，教师也应该有学术和科研能力。这是对教师的基本要求。

(三)凸显行业(区域)性

高等职业教育行业(区域)性的特点表明其不同于一般的综合性高等学校。这一特点表明,高等职业教育不同于一般的综合性高等学校,它往往是或一般应该是专属于行业或区域之下的,这就是说,高职院校一般由某个地区或某一个行业主办主管,主要为某一行业或某一区域服务,正因为这样,行业(区域)特点、行业(区域)文化应该是高职教育办学的特点和重点,也应该成为师资队伍建设的重要导向。

二、高职院校师资队伍建设的基本要求

高职院校一般由"三改一补"发展而来,教师规模相对较小,教师结构也不尽合理。因此,高职院校师资队伍建设应该有以下三个基本要求。

(一)数量适当

与学校办学规模相适应,专业门类相协调,高职院校应该使教师队伍在数量上保持充足适当,必须满足师生比的基本要求,比如现在一般认为 1∶16 是高职院校师生比的一个适当指标。当前的情况是,由于学校规模发展快,又考虑成本等因素,不少学校尤其是民办学校存在着教师数量不足乃至严重不足的矛盾,这应该引起我们的重视。

(二)素质精良

素质精良是一个内涵丰富的概念,作为教师,其主要任务是育人,因此,教师首先必须具有良好的师德师风、良好的道德素质,从某种意义上说这是最为重要的;其次,不同类型的学校对教师也有不同的素质要求,作为高教性的高等职业教育,教师应该具有较高的文化层次,接受过高等教育是最基本的要求,接受过研究生教育乃至博士教育也应该是重要的导向,尤其是博士,应该是目标追求。除此之外,高等职业院校的教师应该有作为教师的基本素质,如语言表达能力、形象、品质、风度和人格影响力等。

(三)结构合理

学校教育不同于培训机构,它要培养相应学历层次的人才,因此,必须实现知识、能力、素质的有机统一。而要达到这一目标和要求,其人才培养方案本身就有丰富的内容和合理的结构,马克思主义理论课程、思想道德修养课、法律法规教育课、军事体育艺术课,不同专业的专业课程、专业基础性课程等,共同构成了教师队伍建设的要求:不仅有总量要求、素质要求,而且应该有结构要求,并且要以合理的结构来支持和完善。与此同时,高等职业教育作为高教性、职教性和行业(区域)性三者统一的复合体,本身就是一个非常重视结构的机体,实际上是说,高等职业教育教师的结构问题更加重要,更有意义,更体现办学特色和发展需要。

三、高职院校师资队伍建设的特殊要求

高职教育要办出特色、办出水平，必须从高职教育自身的特点出发，体现其特殊性要求，包括以下几个方面。

(一) 双师组合

高等职业教育高教性与职教性的统一，尤其是职教属性为基础的特征，这就决定了结构问题在高职院校师资队伍建设中的重要地位，同时，能够体现职教属性的师资结构特征就是双师组合[2]。从队伍配比看，既要有会上理论课、从事学理性教学的教师，也要有会上实践课教学、从事实践指导的教师；从教学能力看，教师既应该有较高学术和理论水准，也应该有较强实践能力；从职业准入看，教学人员既应该是取得教师资格证的教师，同时也应该有取得执业资格证的要求，或者说，高职教师应该是同时具备传统意义的高校教师资格证和行业执业资格证书的教学工作人员：这就是我们通常所说的双师组合的教学团队。

(二) 专兼结合

如果说双师组合是高等职业教育师资队伍结构建设的重要要求，那么如何来实现双师组合就显得十分重要，就个体而言，某个教师有双师结构、双师素质、双师能力，这固然非常重要，但现实生活中，受体制机制和个人潜质等各方面影响，客观上比较困难，也难以恒久有效。相对科学有效的办法是通过校企合作、校行结合、校政协作的途径，建立起相对固定又动态优化的兼职教师队伍体系。同时，积极推进专任教师挂职锻炼机制的形成，以真正实现专兼结合的建设目标。专兼结合，能够较好地解决理论和实践结合，培养学生知识、能力和素质的统一。

(三) 机制融合

专兼结合在理论上容易成立，但在实践上仍然比较难操作。近年来，不少高职院校以示范建设为动力，做了大量探索和实践，也形成了可喜的成果，但较多地停留在以感情交流、相互支持等为基础的协作关系上，并建立在个人层面，因此，机制十分脆弱，要真正做到专兼结合，必须在机制融合上下功夫[3]，具体方法可以是：国家（或）地方教育行政主管部门和劳动人事部门，面向社会公开选拔一批兼职教师，规定条件，经过选拔，确定资质，并实行年检制度、培训制度和薪酬制度，高职院校根据对口和需要决定聘任。这实质上是说：一是专兼结合教师队伍建设要从学校层面走向教育和人事部门。二是要突破人才部门（单位）所有制界限，实施优秀人才社会公共所有制。三是由社会、教育、人事和学校、企业共同建立兼职教师融合教育的机制。

四、高职院校教师素养的个性要求

教师的个体素质是教师队伍建设的基础，高职院校教师个体素质主要包括以下方面。

(一)强调三种经历

这是说,一个合格的尤其是优秀的教师必须具有三个方面的经历,一是高等教育的学历,如果能够有硕士乃至博士的学历则更好;二是企业经历,不仅要了解行业企业的情况,有行业企业从事具体工作的经历,而且应该把了解行业企业,在行业企业挂职实践成为制度;三是育人履历,这不仅是教师教书育人职责的要求,而且要求教师能够有丰富的育人工作的经验和经历。

(二)注重三项能力

这是说,一个教师至少必须具备三个方面的能力,一是教学和指导实践的能力,不仅能教好一门或者两门课,而且要有指导学生具体做的实践能力;二是育人和指导职业生涯规划的能力,真正能做到教书育人,做学生的知心朋友,指导学生科学规划人生,实现人生科学和谐发展;三是科研和社会服务能力,教师必须充分利用自身优势,积极开展科学研究和社会服务,为社会进步、政府决策、行业企业发展做贡献。

(三)推进三方融入

要实现教师的成长和发展,必须积极创造条件,为教师成长和社会贡献创造条件,一是融入政府部门,提高服务决策能力。高等职业教育办学过程中,必须以政府为主导,因此,了解政府的需求,研究政府的动向,必须为高职院校的教师所关注。二是融入行业企业,提高服务社会能力。高等职业教育发展必须以行业为依托,了解行业,服务企业,以行业发展为指导,应该成为高职教育发展的主旋律,作为学校干部和教师,应该切实把融入行业企业作为重点。三是融入科研院所,提高学术服务能力。高职教育是高等教育的重要组成部分,必须在加强职教性建设的同时,着力高教性建设,提升科研能力和水平,更好地为社会服务。

五、高职院校师资队伍建设的着力点

经过三十多年尤其是近十几年的发展,高职教育进入了内涵建设和提高质量的新阶段。在这一背景下,高职教育的师资队伍建设应按照校企合作、工学结合和开放办学的要求积极推进,着力解决以下关键问题。

(一)专任教师的高教性与职教性相统一的考核、评价和晋升机制问题

无论从哪个角度看,专任教师是高职教育的主体,专任教师的素质、能力和水平,对高职教育提高质量、提升内涵至关重要。当前的问题是,对教师的评价考核和晋升机制不完善、不科学。其中主要的矛盾是使用过程中的职教性和考核指标上的高教性,这二者不吻合、有矛盾。一方面,我们按职教性要求进行教师的培养和使用,另一方面,我们却必须按高教性要求完成教师的专业评价和职称晋升。这一点,在有关专业技术评审,有关专项人才评定过程中尤为突出,如何从两者结合的角度来落实高职教师队伍建设问题需要认真解决,必须按照"职教性基础"和"高教性发展"的有机统一来解决高职院校教师的评价、晋升机制。

(二)兼职教师的动力机制和保障机制结合问题

高职教育的内涵建设需要一大批理念认同、素质精良、具有保障的兼职教师,这是毫无疑问的,但当前的矛盾是,兼职教师的形成既无社会舆论的支持条件,也无财政投入的保障条件,也没有担当责任的体制条件,"不公开、靠人情"是基本状态,要大力发展高等职业教育,解决高等职业教育的水平和队伍问题,必须用机制保证的办法来解决这一问题,也就是说,要从社会舆论上使兼职教师感到光荣和坦然,要从体制机制上使兼职教师感到有前途和受保障,要在薪酬保证上对兼职教师具有吸引力,只有这样,高素质兼职教师队伍才会真正形成。

(三)专任教师企业挂职锻炼的保障机制问题

提高教师尤其是青年教师的实践能力和水平,并形成长效机制,这是建设一支高素质教师队伍的重点,也是高等职业教育办出特色和水平的需要保障条件。近年来,各个院校为提升教师实践能力和水平争取了大量措施,并投入了不少人力和财力,也收到了明显的效果。但坦率地看,这主要是出于示范建设等考核需要,真正的机制和氛围并未形成,而外部有效条件更无保障,如基地的规范性问题、挂职期间的管理机制问题、挂职期间的待遇问题、挂职后的回校保证问题、接受挂职的义务和权益问题等,政府部门应该有明确的规章和统一要求,现在单一地依靠学校自觉、企业支持的方法并非长久之计,应该有更为完善的办法,并真正纳入政府统一管理之中。

[参考文献]

[1] 赵雪春.职业教育师资队伍建设与发展[M].昆明:云南大学出版社,2007.
[2] 王武林.产学研结合与高职师资队伍的培养[J].黑龙江高教研究,2004(10).
[3] 任伟宁.高职教师的关键能力和师资队伍结构模式研究[J].教育与职业,2008(23).
[4] 张铁岩.高职高专师资队伍结构的研究[J].高等工程教育研究,2002(4).

(本文发表于《教育研究》2012年第1期)

关于高等职业教育改革与建设若干问题的思考

——基于高职教育的类型特征

周建松

[摘　　要]　高等职业教育作为我国高等教育的重要组成部分和特殊类型,近年来一直在发展、改革探索之中,结合教育部高等职业教育改革发展工作会议精神及若干重要文件的学习研究和示范性高等职业院校建设的实践探索,结合世界发达国家高等职业教育发展经验,对中国特色高等职业教育改革与建设的若干重要问题进行思考。

[关 键 词]　高职教育改革与建设　问题思考　类型特征

高等职业教育作为我国高等教育的重要类型,三十年来有了很大的发展,尤其是近十年间经历了跨越式的发展,在规模上已占据高等教育的半壁江山;办学机制体制创新、人才培养模式改革等取得了显著成绩。与此同时,高等职业教育作为我国职业教育体系的重要组成部分,近年来已得到社会各界前所未有的重视与支持,社会吸引力正在不断提升,专家、学者和政府部门更是寄予厚望,希望高职教育能够成为中国高等教育率先创新办学模式、人才培养模式乃至成为世界一流的重要突破口。打造中国特色、较高水平、国际影响的高等职业教育,既成为建设高等教育强国的重要内容,也成为高职教育战线的共同愿景。这其中,值得探索研究和总结凝练的问题很多,笔者结合示范性高等院校建设的实践探索,对中国特色高等职业教育改革与建设的重要问题进行思考和分析。

一、从职教性与高教性的关系看:高等职业教育应该是立足职教性与发展高教性的有机统一

在我国,高职教育属于高中后教育,是以生产、建设、服务和管理第一线所需要的高素质技能型人才为培养目标的职业教育,它兼具高等教育和职业教育双重属性,是高等教育的一个类型和职业教育的较高层次,"高教性"和"职教性"二者的有机统一是高职教育的基本特性。从类型视角出发,高职教育是高等教育的一个类型,必然要强调其高教性,按高等教育规律办学;从职业教育视角出发,高职教育与职业教育同根同源,根植于职业教育,是由中职教育生成、发展而来,是职业教育的较高层次,因此,必须彰显其职教性。

目前,人们对高等职业教育属性的认识虽已基本达成共识,然而在办学实践中,贯彻、落实、体现高职教育的"高教性"与"职教性"的有机统一还有失偏颇,如有的高职院校认为高职教育的发展应以市场为导向、以"能力为中心"、"以应知应会为度",片面强调高职教育办学定位的职业性,把高职院校办成技能培训机构,这种观念所带来的直接后果则是忽视高职教育的"高教性",导致高职教育"低层次"发展。这虽在一定程度上解决了眼前的一些生源和

就业问题，但最终导致降低高职教育的教育层次和教育质量，影响到高职教育的生存水平与质量。另一种极端的表现则是，片面彰显所谓的"高教性"，沿袭本科教育模式，照搬学科型人才培养方案，其结果是把高职教育办成本科教育的"压缩饼干"，对于上述两种极端现象，在高职教育办学实践中都应从根本上加以杜绝。从高职教育的办学主体大部分是中职学校升格而言，应突出强调其办学层次的提升，彰显其"高教性"；从相当一部分办学机构源于成人高校、高等专科学校而言，应突出其"职教性"，强调以职业教育为基点，改革人才培养模式和课程体系。

综合现阶段基本状况，立足于长远发展，高职教育应立足"职教性"，发展"高教性"，即以职业教育为立足基础，以高等教育为发展前景，重点在职教特性，打好职教基础，并融入高教特性，不断拓展发展空间。从现阶段看，高职之"职"不可缺位，高职之"高"不可越位，高职教育不可错位。从发展趋势看，应强调高职教育是高等教育的一个特殊类型，属职业教育的较高层次，本身是一个开放、发展、提升的完整有机的教育体系。

二、从办学主体多元化的体制机制出发：高等职业教育应是社会（公益）性和经济（市场）性的有机统一

高等职业教育既不同于义务制教育，也不同于培养拔尖创新人才和从事基础研究的普通高等教育，它既是社会事业的重要部分，也是经济发展的重要支撑。

在我国教育体系中，职业教育是面向人人、面向社会的教育，它是使人们能够掌握一定的专业技术，顺利实现就业，摆脱贫困，过上有尊严的生活，促进社会公平，实现社会和谐的有效途径。在社会发展中，高职教育属于社会事业的重要组成部分，通过发展高等职业教育可以繁荣经济、促进就业、改善民生、消除贫困、维护社会稳定、实现体面劳动，是建设人力资源强国的重要保障。因此，高职教育符合国家和社会的公共利益，属于公共性事业，必须坚持高职教育的公益性即社会性。为此，必须履行政府发展职业教育的职责，政府要统筹规划、合理布局、制定政策、保障经费。高职教育理应由国家和地方财政投入、举办和支持，而且应随着 GDP 的增加和财政收入的增加，随着社会发展进步的要求不断增加投入，扩大事业，把发展高等职业教育当作民生工程来抓。

职业教育与其他教育的不同点还在于，它与经济社会的联系最密切、服务最贴切、贡献最直接，一大批高素质高技能职业人才的形成，本身是推动经济发展的重要力量，包括岗位培训、职业资格鉴定等，它与企业的发展、核心竞争力的提升直接相关。正是从这种意义上说，抓职业教育就是抓经济，职业教育的经济属性启示我们，职业教育可以引入市场机制，按经济规律办，可以采用多种办学模式发展高等职业教育，可以探索建立公有制基础上社会力量整合机制的统一体，可以对高等职业教育进行培养成本核算，实施成本分担、成本补偿；更可以鼓励和发动企业和社会力量兴办高等职业教育；对于家长欢迎、考生喜欢的专业，可以进行成本收费培养；更可以实施学校和考生双向选择，以尊重考生志愿为主实行自主招生，让其用随所学，学随所愿。

正确认识高职教育是社会（公益）性和经济（市场）性的有机统一，要求我们既要大力发展公办性质的高职教育，也要鼓励社会力量举办职业教育，在公办基础上或在公办同时引入

民办民营机制,在公办中鼓励私人(企业)参与,提倡公中有私(参与),私中有公(补助),地区和行业(企业)共同举办,办学主体多元化,管理机制灵活多样。

三、从办学模式看:高等职业教育应该是政府主导条件下学校主动和企业合作的有机统一

无论是作为高等教育,还是作为职业教育,政府都应当把高等职业教育发展纳入政府工作职责,在推动高等职业教育发展过程中,实现政府主导下的政产学研合作,官产学研联动。所谓政府主导,包括政府确立高等职业教育发展方针,进行规模调控、定位引导,出资举办高等职业教育,建立财政拨款机制,通过税收优惠等措施引导产学合作等;所谓学校主动,就是学校应主动探索高等职业教育规律,并按照运行规律要求,主动争取政府支持,争取企业参与,争取社会资源,主动搭建政府支持和企业参与的平台;所谓企业参与,是指企业应从内在要求、社会责任、发展需求等角度充分认识高等职业教育的重要性,积极甚至主动参与本地区、本行业职业教育的发展和建设。从现阶段情况看,企业更应从社会责任的角度参与职业教育。当前,我国行业组织尚处于成长和发展的初级阶段,企业支持职业教育的积极性和实力的提升还需要一个长期的过程,在推进产学研结合、校企合作实践中,各级政府必须发挥主导作用。通过政策鼓励、指导、引导行业企业参与发展职业教育,构建学校主动、政府主导、行业参与、企业合作的高职教育办学机制应成为现阶段高职教育内涵建设的重要路径。

四、从办学功能定位看:高等职业教育应是高素质高技能人才培养与多层次、全方位社会服务的有机统一

高等职业教育属于我国高等教育的重要组成部分,作为高等教育,它的主要任务是培养人,因此,育人是高职教育的第一要务和基本职责,必须贯彻育人为本、德育为先的原则。为此,高职院校必须认真贯彻《中共中央关于加强和改进大学生思想政治工作的若干意见》要求,坚持社会主义办学方向,建立健全党委领导下的校长负责制,注重加强大学生思想政治工作,强化职业道德和职业精神培养,促进学生知识、技能、职业素养协调发展,努力培养适应生产、建设、管理、服务一线的高素质技能型人才。

与此同时,高等职业院校必须充分利用其自身各种资源和条件,坚持以服务为宗旨,以就业为导向,走产学研相结合的发展道路,积极开展多层次、全方位的社会服务。其中核心内容主要是两个方面:一是多层次、多形式的继续教育和岗位培训,形成立体化继续教育和培训体系,为社会成员提供多样化学习;二是充分利用人力资源优势和综合条件,积极开展面向基层、立足应用的科技开发服务,形成科技咨询服务平台,通过社会服务,既赢得高职教育的社会地位,又谋求社会的强大支持。

五、从教学目标定位看:高等职业教育应该是学历教育与
岗位培训的有机统一体

高等职业教育的主要任务是培养生产、建设、管理、服务第一线的高素质技能型专门人才,这也是高等教育的重要组成部分,因此,高职院校必须按照现代高等教育的要求,既重视学生基础知识的教学,注重理论知识的相对系统性,办学必须符合高等教育的规律,教学必须达到高等教育的水准,并注重学生的政治素养、道德素养、法律素养、人文素养、科学素养,考虑学生的可持续发展能力。

与此同时,高等职业教育作为职业教育的较高层次,必须培养面向生产、建设、管理、服务第一线的人才,"下得去,留得住,用得上"是重要要求。为此,必须坚持理论与实践相结合的培养原则,强调学以致用、学而能用,教学与实践零距离,毕业与上岗零过渡,把岗位培训和从业资格证书的考核鉴定工作统一起来,在规定的教学时间融入岗位培训的内容。目前,实现高等学历教育与岗位培训最佳结合的有效途径之一是订单式人才培养。

无论采用何种培养方式,都必须从高等职业教育特点出发,充分考虑其岗位适应性问题,即努力使学生首岗适应、多岗迁移、持续发展。

所谓首岗适应,这是高等职业教育毕业生区别于其他高等教育毕业生的重要特征,它瞄准岗位,熟悉职业,具有较强的操作和动手能力。它通过取得岗位职业(执业)资格证书,通过校企订单培养来实现,这是高职教育生命力、吸引力、竞争力所在。所谓多岗迁移,这是作为高等教育培养高素质高技能人才的内在要求。正是从这个意义上说,我们要瞄准岗位,但不是首岗唯一,要有多岗位迁移能力。所谓持续发展,这是高等职业教育贯彻以人为本理念,践行办人民满意的高职教育的要求,也符合广大家长和学生的要求。它除了正确确定培养目标和定位,科学选择教育内容和途径之外,也必须注重教与学的方法,注重授人以渔,同时也要强调基础教学,强调发展需要。

六、从学生招生体制和办法看:高等职业教育应该是基本
规范和充分自主选择的有机统一

选择什么样的学生,怎样选择学生,怎样管理、引导和教育学生,这是高等职业教育办出特色、办出水平的重要内容,也是提高高等职业教育吸引力和教育教学质量的重要前提,选择适当的学生进入适当的专业和学校学习,这也是贯彻以人为本教育理念的前提。由于高等职业教育体现着高教性和职教性的有机统一,因此,实现"基本规范+充分自主",并以此来选择确定高等职业教育的学生相当重要。

所谓"基本规范",它有两层含义:一是入学时有一个基本规范,实施最基础意义的统考,确立一个就读高等职业教育的最低门槛;二是入学后有一个基本规范,作为高等职业教育学生的最低要求(如基本课程和基本要求)。

所谓"充分自主",一是在招生环节,提倡和允许更多的自主招生,应积极创造条件让更多的学校、更多的专业,更大规模地实施"知识+基本技能+特长"的自主招生,让学生自主

选择学校和专业,也让学校录用更适合的学生;二是在学校培养环节方面,在学校具备丰富教学资源的前提下,提倡和鼓励学生自主选学,淡化系部和专业,更多地扩大选修课目,采用学分累加、学分互认等办法培养"合格＋特长"的学生,从而激发学生学习的兴趣,调动学生学习的积极性。

七、从教师素质队伍和构成看:高等职业教育应该是专职教师的双师素质和专兼结合双师教学团队的有机统一

教育大计,教师为本,教师在教育教学中起着关键和决定性作用。如何建设一支高水平、高质量的教师队伍十分重要。对此,多数学校都将"数量充裕、结构合理、素质精良、专兼结合"作为建设目标要求,但仅有这一要求是不够的,理想的模式应当是:专职教师的双师素质与专兼结合双师教学团队的有机统一。

所谓专职教师的双师素质,这主要是对高职院校的专职专业教师而言,从拓展意义上讲,也应该包括专业基础课程教师,还可以包括基础课教师。专职专业课程教师应该在取得教师资格的前提下,获得相关职业(执业)资格证,在熟悉相关专业理论和知识的同时,了解该专业实践发展和业务操作技能。挂职锻炼、岗位实习应形成制度,教师考证、取得双证应该作为基本考核要求。至于专业基础课和基础课教师,可以把了解相关专业作为基本要求。从这一意义上说,高职院校教师的行业(企业)经历十分重要。

所谓专兼结合的双师教学团队,主要是应当通过相对紧密和稳定的校企合作机制来建立数量比较充裕、队伍相对稳定的兼职教师。兼职教师的基本要求是:①具有较好的理论基础和知识水平;②熟悉业务工作并熟练业务操作流程和技术;③具有从事相关职业和岗位的资格证书;④懂得教育教学基本规律,具有一定的教育教学水平和能力;⑤有一定的时间安排和健康的身体作为保证;⑥能满足教育教学和指导实践实训的要求。

兼职教师与专职教师要做到理念认同、文化相融、知识(能力)互补、理论教学和实践教学融合、课堂教学和岗位实训连通,真正做到专兼结合,有利于综合发挥教学与育人的共同功效。应该说,专职教师的双师素质和专兼结合的双师教学团队两者密不可分,缺一不可,应该融为一体。

八、从可持续发展的理念看:高等职业教育应该在大学文化与企业文化的有机融合和建设上下功夫

我国的高等职业教育经历三十年初步发展和近十年快速发展后,规模发展很快,其院校数与在校生数已近高等教育的"半壁江山"。在规模的快速扩张之后,高职教育的内涵建设成为当前的主要任务。应该看到,在内涵建设中,高职教育的文化建设刚刚起步,且尚未形成自觉,这是高职教育内涵建设与可持续发展的关键点所在,而文化建设的重点在于如何使大学文化与企业文化在高职教育中有机融合。

以大学文化为魂,突出高等教育应重视培育人文精神,强调人文教育与技术教育的融合,坚持以人为本,使高职教育充满人文关怀,培养学生探索求真、求善、求美的精神和态度,

从这一角度而言,高等职业教育应坚持其"高教性",高职院校同样是文化机构,教育也是一个文化过程。

不同点在于,与高等职业教育的办学属性和培养目标相适应,高职教育应坚持以行业(企业)文化为本,自觉将行业(企业)文化或地方文化融入学校文化建设中,吸收到教学内容中,渗透到日常教育活动中。这实际上就是要求高职教育做到:使产业文化进教育,把产业发展进程中形成的特色文化和优良传统充实到教育体系之中;使企业文化进校园,通过实物载体建设、文化标志建设或建筑(场馆、景点)冠名等方式来进行;使工作文化进课堂,把相应工作岗位所需要的文化理念,如制造业的精细、金融业的严谨、会计业的诚信等,自觉地渗透到相关专业课程中。

实现大学文化与行业(企业)文化的有机融合应成为高职教育的一种价值追求,需要研究、探索、凝聚、积累,更需要顶层设计、系统规划、不断推进。

九、从办学条件和教学保障看:高等职业教育应该是现代化的校园与广泛的校外实训基地的有机统一

高等职业教育作为高等学历教育,应该也必须具有基本的符合要求的办学条件,这至少应包括:①足够的校园占地,与学校发展规模相适应;②足够的教学行政用房、实训用房、住宿用房,与专业发展和师生规模相协调;③比较先进的图书信息资料和教学仪器设备,能满足学生学习和实训等教学训练要求;④具有一定的公共文娱体育设施,能满足学生开展文体活动和素质技能拓展的要求;⑤具有现代化的数字化校园网络体系,满足现代教学和生活的要求;⑥有相对人文环保的教学生活环境,有利于学生健康成长。与此同时,高等职业教育的一个重要特征是实践性和开放性,因此,它的教学条件除了自身的校园和建筑以外,更重要的还要有资源整合问题,不求所有,但求所用,不在产权,但求实用。建立和形成一大批"理念认同,功能互补"的校外实训基地,在建设"校中厂"的同时,建设一大批"厂中校",极具实践意义。当然,校外实训基地应该做到设施先进,相对稳定,与时俱进,并保证其具备足够的实训和教学功能。

十、从办学经费来源和构成看:高等职业教育应该是充裕的财政拨款和强大的自筹能力的有机统一

由于高等职业教育的实践性特征,以及对于学生动手能力培养的重要性,因此,高等职业教育会有更多的成本消耗,从而也应当有更多的经费投入。正因为如此,支持和支撑高等职业教学内涵建设和人才培养工作必须有足够的经费保证,而解决经费的科学有效办法应该是充裕的财政拨款和强大的自筹能力的统一。

所谓充裕的财政拨款,就要求各级政府和主管部门应该把发展高等职业教育纳入本地区、本部门的重要议程,要像抓 GDP 一样,抓高等职业教育,充分认识到抓职业教育不仅是做社会工作,而且是抓经济工作。在建立生均经费拨款机制的同时,应建立具有较好鼓励和激励效应的有关内涵建设和人才培养工作的财政专项,使高等职业院校的办学经费随着经

济社会发展,随着财政投入的增加而相应得到提高。如果能够把高等职业教育纳入优先发展和优先拨款位置,则更有意义。

所谓强大的自筹能力,就要求高职院校充分利用自身各种优势,实施开门、开放办学,通过继续教育、岗位培训、技能鉴定、资格认证等途径,通过科技研发服务,通过承担横向科研课题等渠道,在获得良好的社会效益的同时,为学校带来可观的经济来源,作为办学经费的重要补充。除了这些因素以外,高职院校还应通过行业企业、校友个人等捐助(资助)办法,扩大财务资金来源,通过共建共享教学实训场馆增加资金来源。

诚然,高等职业教育更有人才培养模式改革、专业课程、师资队伍建设和校内外实训基地建设等问题,由于这些问题前阶段已有诸多论述和文献,本文不再赘述。前文所列十个问题,是对当前高等职业教育改革与建设主要问题的思考;就另一角度而言,这十个问题也反映了当前高等职业教育办学者、参与者以及研究者对高等职业教育改革发展中重大理论与现实问题的不同视角。只有当人们对这些问题拥有相对统一的认识时,才能真正形成符合我国高等职业教育发展规律的类型特征,同时,这也意味着高等职业教育的改革与建设是一项更为系统的社会工程。

[参考文献]

[1] 教育部,财政部.关于实施国家示范性高等职业院校建设计划,加快高等职业教育改革与发展的意见[Z].教高〔2006〕14 号.

[2] 教育部.关于全面提高高等职业教育教学质量的意见[Z].教高〔2006〕16 号.

[3] 教育部,财政部.关于进一步推进"国家示范性高等职业院校建设计划"实施工作的通知[Z].教高〔2010〕18 号.

(本文发表于《中国高教研究》2010 年第 11 期)

国家示范性高职院校的"六全"模式建设实践

周建松　方　华

[摘　　要]　浙江金融职业学院在国家示范性高职院校建设中探索"六全"建设模式，创新项目管理方法，提升综合效应，在实践中取得明显成效。

[关 键 词]　国家示范性高职建设　"六全"模式　浙江金融职业学院

浙江金融职业学院自 2006 年 10 月入选首批 28 所示范性高职院校建设单位以来，以"开放办学共生态、校企融合共育人、服务引领共发展"的建设思路，围绕"打造金融类高职第一品牌引领服务类高职改革创新"的目标，按照"巩固管理优势、强化办学特色、创新发展路径、破解改革难题、确立示范引领、提升辐射能力"的原则，积极探索"六全"模式，即依靠全行业合作支持，动员全中国校友力量，整合全社会有利资源，汲取全世界有益经验，调动全方位积极因素，改革全要素运行机制，扎实开展示范性院校建设，取得了明显的建设成效。

一、探索"六全"模式，高效能积聚建设力量

示范性高职院校需要以鲜明的办学特色、过硬的人才培养质量和较高的毕业生就业率赢得社会的认可和赞誉，并在创建中国高等职业教育特色中发挥引领作用。我院作为首批入选的示范性高职建设单位之一，积极探索形成示范性高职院校建设的"六全"模式，以保证示范性建设项目的圆满完成。

(一)依靠全行业合作支持

"依托金融行业，传承行业优势，积极开拓市场，服务浙江经济"是我院基本的目标定位。学院与金融行业有着深厚的纽带关系，因此，依靠金融行业合作支持是有效利用资源的重要举措。学院积极践行"行业、校友、集团共生态办学模式"，从机制上保证了学院的示范性建设具有高度、深度和厚度。

(二)动员全中国校友力量

浙江金融职业学院及其前身浙江银行学校迄今已培养了 4 万余名校友，活跃在浙江省经济金融第一线，并开始在全国有所作为。校友是学院示范性建设中重要而巨大的力量，学院努力汇聚校友力量、凝聚校友人心、积聚校友资源，积极构建校友事业与学院事业良性互动的机制，形成示范性院校成功建设所需的雄厚的人才基础，以实现"凝聚校友力量，铸就金院辉煌"的要求。

（三）整合全社会有利资源

示范性建设队伍的壮大、服务的拓展、市场的拓宽，需要紧密依靠金融行业，彰显办学的金融特色，积极有效地服务浙江经济，以贡献求支持，以服务求发展，示范性建设需要我们整合全社会各种有益的资源。

（四）汲取全世界有益经验

示范性院校建设需要我们以开放的姿态办学，除应积极借鉴国内外的先进做法外，还应汲取全世界有益经验。可供我们学习的经验很多，如美国的社区学院、日本的短期大学、德国的双元制和澳大利亚的 TAFE 等。因此，我们主动加强与国际之间、校际之间、同行之间的交流与合作，博采众长，走出一条符合财经服务类特色、充满生机和活力的中国高等职业教育发展之路。

（五）调动全方位积极因素

示范性建设需要拓宽视野，依靠外部力量，整合外部资源的同时，需要全体师生员工的积极参与，全方位建设。学院鼓励每一位教师在国家示范性建设中建功立业，创造卓越，青年教师更应超越自我；学院积极完善激励办法，改进考核方法，最大限度调动校内、校外、同行同业的积极因素，使一切创新愿望可以实现，一切创新计划可以实施，一切创新成果得到褒奖。

（六）改革全要素运行机制

校企合作的办学模式与工学结合的人才培养模式要求学院围绕改革需求，完善各方面的运行机制，以搭建开放合作的管理、服务平台。为此学院打破了传统的运行机制，提出无论是教室还是寝室、操场或是实训室、学校或是社会都应是开展教学与管理工作的场所；无论是白天或是晚上、周一或是周六、学期或是假期都将是开展教学与管理工作的时间；无论是学习辅导或是就业指导、技能训练或是社团活动、社会实践或是顶岗实习都会是开展教学与管理工作的内容，并根据上述改革调整了教师教学工作量计算办法、教师教学工作业绩考核等一系列考核制度。

二、创新管理方法，高标准实施项目建设

学院示范性院校建设工作遵循"总体项目有领导，具体项目有责任"的原则，着力从六个方面创新示范性项目管理方法，推进示范性项目高水平建成。

（一）建设有顾问

聘请国内对高职教育研究具有高深造诣的知名人士及行业专家、教育行政主管部门领导组成项目建设专家顾问团，为学院示范性项目建设提供咨询和指导。同时，每个专业聘请5～8名行业专家担任专业项目建设的行业合作专家，聘请5～8名校外高职教师担任同行合作专家，参与专业建设方案设计、论证以及共同搭建产学合作平台，从中体现示范和辐射

带头作用。

(二)机制有保障

为确保示范性项目的规范运行,学院成立了国家示范性高职院校建设工作领导小组,院长为示范性建设工作第一责任人,担任领导小组组长,领导示范性高职院校建设,分管教学与财务的副院长担任副组长;建立示范性建设常务例会制,研讨、落实、督查示范性项目建设;设立项目管理办公室,具体负责监督、管理学院示范性项目建设任务的落实;组建示范性绩效评价小组,及时对示范性项目建设绩效实行科学合理的评价;建立项目资金使用监督小组,加强经费的管理与监督,从而确保规范建设示范。

(三)项目有职责

为推进学院示范性项目建设任务的落实,以项目为单位成立项目小组,每个示范性建设项目设组长1人,副组长1~2人,核心成员3~5人,项目秘书1~2人,项目成员实行责任津贴制。项目建设本着责、权、利相统一的原则,由项目组长作为第一责任人,负责与学院签订项目建设责任书,制订所承担项目的执行计划、资金预算,并组织实施。

(四)管理有制度

依据教育部、财政部两部委有关文件精神,结合自身实际,学院制订了《浙江金融职业学院关于国家示范性高等职业院校建设项目实施管理办法》《浙江金融职业学院关于国家示范性高等职业院校建设专项资金管理实施细则》《浙江金融职业学院关于国家示范性项目建设绩效考核办法》等一整套有效的项目管理制度,并严格执行中央、地方制定的示范性建设项目管理制度。

(五)绩效有考核

为加强示范性项目建设过程管理,每两个月由学院项目办公室牵头,对照项目任务分解进程表监测点进行节点验收检查并进行反馈,各项目建设组根据节点验收反馈意见进行整改;每年度由学院示范性建设项目绩效评价组牵头,聘请校内外专家进行绩效考核,并把考核结果作为奖惩依据,确保各项目如期建成。

(六)共享有平台

为更好地促进国家示范性建设项目资源共享,学院通过设立国家示范性专题建设网站、金融职业教育网以及在各级各类学术团体中担任重要职位等平台,充分展现和交流我院国家示范性建设系列化成果。

三、提升综合效应,高水平建成示范院校

经过近三年的高起点投入、高标准建设,学院国家级示范性项目建设已经取得了明显的综合效应。

（一）提升效应

1.实验实训教学条件提升。

学院积极探索多元化建设机制，建立了围绕生产性实训与顶岗实习的校内外实践教学网络，投入 944 万元资金，新建 18 个实验实训室，改扩建 8 个校内实验实训室，设计和整体质量均处于国内领先水平。校内生产性实训学时比例达到 80%，新建的 142 个校外实习基地成为学生工学结合、顶岗实习乃至就业的重要场所。目前，半年以上顶岗实习学生占应届毕业生比例已达 92%。

2.师资队伍水平提升。

学院以"博士工程""教授工程""学术带头人培养工程""专业带头人培养工程""优质双师工程""青蓝工程""兼职教师管理工程""师德提升工程"八大工程为抓手，引进、培养了一批理论基础深厚，实践能力强，具有专业建设和领导能力，在财经类高职院校具有一定影响力的专业带头人，其中有 9 名教师入选浙江省高职高专专业带头人培养工程，有 1 名教师获省教学名师称号，2 名教师获省教坛新秀称号，1 个专业团队获省级优秀教学团队称号，10 名教师入选省新世纪 151 人才工程。

3.教学改革实效提升。

专业与课程建设水平进一步提升。全院所有专业均设计了体现工学结合的人才培养方案，5 个重点专业开发了专业范式；课程建设中，新增 5 门国家精品课程、8 门省级精品课程、10 门教指委精品课程以及 39 门工学结合的优质核心课程和 33 个课程包；20 本教材入选教育部高职高专"十一五"规划教材，2 本教材被教育部评为国家精品教材；一系列教学改革成果已公开出版发行，论文发表数连续两年居国内高职院校排名第一；"高职院校财经类专业项目课程整体改革与实践"这一项目课程改革的成果获得了第六届浙江省高等教育教学成果一等奖。

4.工学结合的"订单式"人才培养规模进一步扩大。

采用工学结合教学组织形式的专业达到 90% 以上，三年中已组建 26 家单位的 41 个订单班，"订单式"培养人数占毕业生近 50%；各专业平均"双证书"获取率达到 95%。多项成果获得了第六届浙江省高等教育教学成果一等奖，其中"创新银领人才培养的探索与实践"被推荐为国家级教育教学成果二等奖。

（二）品牌效应

学院自主招生工作受到社会各界和学生家长的广泛关注。学院 2007 年自主招收两个专业 70 名学生，总报名人数为 1215 人，招考比例高达 18∶1；2008 年招收 4 个专业 200 名学生，招考比例达到 13.8∶1；2009 年招收 4 个专业 200 名学生，招考比例达到 13.5∶1。2008 年，学院招生第一轮调档分居浙江省高职第一，文理科录取分数线均高于三本线考生占 96% 以上。与招生工作取得的成绩相对应的是学院毕业生的就业率又创新高，2007、2008 届毕业生的就业率和签约率分别为 97.52%、90.3% 与 97.92%、95.19%。

（三）带动效应

学院 5 个国家示范重点专业在加强自身建设的同时，积极带动其他专业群的共同发展。

重点专业通过与所在专业群专业共享教改经验，共享培养模式，共享管理方法，共享项目教材，共享实习基地，共享兼职教师等实现了优质资源共享，使所在专业群相关专业加快了建设速度，推进了学院整体专业建设水平的提升。

此外，学院还努力拓展和延伸对口支援院校，分别与山西金融职业学院等 10 所院校签订了校际合作协议；接待了近 150 所院校，近 1200 人次来我院考察、交流、学习，在办学理念、人才培养模式改革、学校内部管理、队伍建设与管理等方面给予指导，带动其他学校的共同发展。

（四）辐射效应

学院建设了金融职业教育网。该网依托学院强大的金融职业教育师资力量和各类丰富的金融职业教育资源，充分发挥现代网络手段在推动金融职业教育的强大功能，既满足了学生、教师和在职培训学员自主学习的需要，也促成了学院示范性建设成果在财经类高职院校中的高效共享。

为了在金融职业教育的师资建设领域起到示范作用，学院建立了金融职业教育师资培训基地，致力于发挥学院作为全国金融职业教育委员会主任委员单位的辐射作用，承担了金融类高职院校教师培训任务，并由此拓展出金融职业院校管理干部培训、行业培训师培训以及职教集团内院校教师培训等多项功能，搭建了面向金融职业教育工作者终身学习、提升全国财经类职业教育师资水平的开放平台。

（五）引领效应

作为全国金融职业教育委员会主任委员单位和 21 世纪金融类高职教材编委会主任委员单位，我院多次发起并和中国金融教育发展基金会、中国银行业协会等单位共同举办了全国性金融类和高职类的教育与学术活动。

2008 年我院发起设立全国财经类高职院校联协会并担任主席单位，旨在加强我国财经类高职高专院校之间的协作与交流，积极推动我国财经类高职高专教育的改革与发展。创设了国内第一家示范性高职院校建设研究中心，组织高职院校交流建设经验、研究示范效应和成果推广。

此外，我院还被推选为教育部高职高专经济类专业教学指导委员会副主任、秘书长单位以及金融专业建设委员会主任委员单位等。

（六）赶集效应

2007 年成立的银领学院是我院独立设置的二级学院，面向商业银行业务一线，与金融机构广泛联系，共同制订并实施人才培养计划，努力培养熟练银行柜面操作的基层复合型人才，实现人才培养模式上的校企融合。三年来，银领学院以订单培养为起点、以工学结合为载体、以校企合作为平台、以优质"银领"培养为目标，实现了学院"行业、校友、集团共生态"的办学模式和订单式人才培养模式的无缝对接。银领学院利用学院的浙江地方金融发展研究中心和应用型金融人才研究院两个平台，在深度融入行业、服务金融企业、全面强化职业和加强学生实践能力训练等方面进行了积极而有效的探索，促进了学生"优质就业"。银领学院与中国工商银行、中国农业银行、中国建设银行等 16 家机构组建了 30 个订单班,占毕业生总数的近 50%。国内权威高职教育专家对其评价是:银领学院订单人才培养实现了培训和教学相结合,缩短了岗位和教学的距离;银领学院的价值在于能够将企业的用人竞争前移,在办学上形成赶集效应,具有制度化意义,非常具有推广价值。

[参考文献]

[1] 马树超,范唯.以专业改革与建设践行高职教育科学发展[J].中国高等教育,2009(8).

[2] 马树超,郭扬等.中国高等职业教育历史的抉择[M].北京:高等教育出版社,2009.

(本文发表于《中国大学教学》2009 年第 11 期)

高等职业教育优势专业建设研究

周建松　　孔德兰　　郭福春

[摘　　要]　专业建设是推进高等职业教育科学发展的重要抓手,近十年来,国家通过实施新世纪教改试点、重点专业建设、国家示范专业等举措有效推动了专业设置水平的提升,但是也存在着铺摊子、重复建设、专业类同化等问题。优势专业建设计划的推出以其鲜明的建设宗旨、科学的方案设计、财政投入机制实现专业建设的科学发展。

[关 键 词]　专业　专业建设　优势专业计划

专业、专业建设、专业布局等问题在我国高等教育和中等职业教育中占据十分重要的地位,采用何种方法推进专业建设则成为教育行政管理部门、财政部门重要的抓手,也成为衡量一所学校定位、特色和质量的重要标志。当前,优势专业的推出和建设是推进高等职业教育科学发展、可持续发展的重要举措。

一、优势专业建设的规划

(一)现行高职专业设置和运行中的问题

一是热衷于铺摊子,设新专业。有些学校多到近 100 个专业,据了解,全国高职院校平均专业数大约在 3540 个,导致了财力分散、设施分散、师资分散,不利于集中优势办好优势和特色专业。

二是学校之间专业结构雷同,由于热衷于设专业,又要设一些大众化的热门的专业,导致了学校之间虽然区域不同、类型不同、名称不同,但专业结构和系部布局基本雷同,不利于合理分工、集中建设。

三是学校之间重复建设严重。由于专业多且分散和雷同,不同学校之间存在着严重重复投入问题,不利于学校提高质量、提高水平,也极大地浪费了人财物力,影响了高职教育又好又快的发展。

(二)优势专业建设的规划

在推进专业和办学水平提高的过程中,浙江省财政厅和教育厅于 2011 年出台了优势专业建设计划,明确提出"选择产学合作紧密、改革成绩突出,制度环境良好,辐射能力较强"的专业,集中资源和力量,加大对优势专业的建设力度,并以优势专业为龙头,相关专业为支撑,带动专业群建设,促进专业建设整体水平提高,并明确规定建设目标为:

1.形成多个高职院校具有若干优势专业,实现错位发展的总体格局。

2.形成与浙江经济社会发展需求相适应的高职院校专业布局,发挥学校人才培养功能。

3.部分专业达到国内领先水平,并力争有的专业能在国际上具有一定影响,提升办学水平和人才培养质量。

与此同时,明确提出了财政扶持方法,即采用增加生均拨款的办法,即工科类每专业每人2500元/年均,经管类专业每人2000元/年均。从2012年开始连续投入4年,规模可以是2012年的2倍。相应的,还明确同一专业全省一般不超过2个分布点,个别人才需求特别紧缺的可以达到3个。

浙江省实施的最新办法,其突出的特点是鼓励做大做强,提倡错位发展,防止重复建设,推进结构优化。

(三)优势专业建设对高职科学发展的诠释

第一,优势专业遵循了扶大、扶强、扶优、扶特相统一的原则。这正是科学发展观所要求的,优势专业建设申报前提必须是省级以上重点特色专业,并明确有较好的条件,健全的建设机制,并采用生均拨款的方法,真正体现了做大做强的鼓励原则,真正实现了科学发展。

第二,优势专业建设采用少布点的方法,有利于实现分工协调统筹发展。优势专业建设规定同一个学校最多布点3个专业,一个专业最多布点3所学校,它既可以防止重复建设、盲目追热,也可以防止学校不明重点、杂乱建设,从而在整体上实现防止重复建设和盲目建设。

第三,优势专业强调校企合作、社会服务产业协同等要求。优势专业申报条件明确规定,一是申报者所依托的产业和行业、企业对人才的需求旺盛,拥有广阔的发展潜力和良好的发展前景;二是行业、企业标准的参与者与起草者;三是一批知名企业作为紧密型合作伙伴,双方共同培养人才;四是申报者能够为行业、企业提供强大的技术和研发支持,帮助行业、企业解决生产过程中遇到的难题,改进生产工艺,提高生产效率。

二、推进优势专业建设的举措

优势专业建设既是推进高职教育改革发展的重要抓手,又是实现高职教育科学发展的重要路径,要真正使财政重点投入建设有成效,并发挥积极作用,还必须采取切实有效的措施。

(一)落实3个基本点

一是较大规模。作为优势专业要根据专业特点和学校条件确定专业规模,能大则大,至少应超过同类学校平均水平。

二是较高水平。人才培养质量,包括毕业率、招生录取分数、毕业生就业率、毕业生就业质量,各类考试考证水平在同类专业中处于较高水平。

三是较有特色。专业在建设过程中必须体现高等职业教育特点,体现区域经济社会发展对人才培养的要求,具有较强的适应性、针对性,实现就业导向的培养,坚持就业与可持续发展的协调与统一。

(二)建立3个联同机制

一是联络2~3家企业一起建设,校企合作是职业教育办学模式的主要特征,工学结合是职业教育培养人才的重要路径。因此,在优势专业建设过程中,必须引入典型或核心企业的标准一同建设。

二是联合2~3个学校共同建设,通过联合既从中起到示范带动作用,也起到取长补短作用,并且有利于提高优势专业建设的整体质量和水平。

三是联结2~3个专业协同建设,这就是通常所说的重点专业带动专业群建设。因为优势专业一般都应该是重点专业,而与重点专业同基础的相关专业,可以形成一个专业群,通过优势专业建设,发挥财政资金的综合效应。

(三)形成3个基本成果

一是形成系统的人才培养改革理念、方法和理论。尤其是实现校企合作、工学结合的模式,推进校中厂、厂中校、教中学、学中做等培养方法的实施,既形成成果,也形成理论。

二是形成系统化的专业核心课程体系,要提倡和实施专业核心课程制度,把本专业联同的专业群要求的核心课程进行整体设计和改造,并尽可能形成丰富的教学资源,包括教材、教辅、课件和视频等。

三是形成开放的校内外实训基地,建成一批具有生产或实训功能的校内实训基地,建成一批具有教学功能的校外实训基地,形成一批理实一体化的教学工厂(场),并可以开放使用,实现校际合作。

(四)实现3个显著提高

一是实现教学与育人水平的显著提高。在原有专业建设水平的基础上,按照育人为本、德育为先的要求,使教育工作更加规范,育人体系更为健全,教书育人水平显著提高。

二是实现科研与社会服务水平的显著提高。能够切实为行业企业解决技术和规划等方面的难题,促进和推动企业技术进步,改进生产工艺,提高生产效率。

三是实现专业文化建设水平的显著提高。探索和形成与专业特点相适应的高职教育专业文化,编写适合本专业特点的职业素养与文化建设课程,培养有高职特点、学校特征和专业特长的优秀人才。

(五)促进3个水平提升

一是促进高水平专业带头人的形成。专业带头人是专业建设的设计者、组织者、指挥者,也是专业核心课程教学的承担者,专业资源和课程的开发者,专业相关社会服务的带头者,必须在优势专业建设中培育和提高1~3名高水平专业带头人。

二是促进高水平专业教学团队的形成。专业教学团队由专业带头人和骨干教师组成,还包括校外行业、企业的兼职教师。经过建设,形成专兼结合、智能互补、教育协同的高水平、高质量教学团队。

三是促进专职教师队伍水平的提高。充分利用财政支持优势,支持教师尤其是专任青年教师具有学工履历、博士学历、企业经历,使青年教师常规发展、超常成长、脱颖而出。

(六)要达到的显著成效

一是毕业生就业率稳定提高。其中包括毕业生就业率、就业的专业对口率等指标。

二是用人单位满意度显著提高。就是用人单位对学校人才培养尤其是本专业毕业生满意度的稳定提高。

三是毕业生满意度稳定提高。即毕业生对母校教学、管理及专业建设满意度的稳定提高。

[参考文献]

[1] 周建松.高等职业教育的逻辑[M].杭州:浙江大学出版社,2011.

[2] 涂三广.职业院校专业建设:要素与逻辑[J].中国职业技术教育,2012(21).

[3] 陈恩伦.管理创新:特色专业建设的制度保障[J].教育研究,2011(8).

[4] 张婕.高校特色专业建设:现实与前瞻[J].教育研究,2011(5).

(本文发表于《中国职业技术教育》2013年第2期)

新型本科:国家示范性高职院校发展的新路径

周建松

[摘　　要]　现代职业教育体系建设要求加快发展高等职业教育,切实优化高技能人才培养结构。新型本科是解决结构矛盾的新路径,而国家示范性高职院校是建设新型本科的重要力量。

[关　键　词]　新型本科　国家示范性高职院校　结构　路径

随着十八届三中全会所确立的全面深化改革战略的有序推进,教育领域综合改革的命题引起了越来越广泛的关注和重视,如何以教育改革的新成果支持和支撑我国经济的转型升级和社会的和谐建设,进而为全面建成小康社会提供强大而合理的人力资源保障和人才支撑,其中重要的是要在继续扩大高层次人才供应的同时,切实优化高层次人才的培养结构。而大力发展高等职业教育,加快发展现代职业教育乃题中之意。其中提升职业教育的层次,不失时机地以国家示范高职为基础建设一大批新型本科高校,应该是我们必须认真研究和切实解决的新课题。

一、当前我国高等教育在结构上仍与经济社会发展存在脱节

改革开放以来,我国的社会主义现代化建设有了快速的推进和发展,经济社会也在不断协调和谐地运行,尤其是世纪之交,中国做出高等教育大众化的决策以后,我国的高等教育改革发展取得了巨大的成绩,不仅较好地适应和满足了社会主义现代化建设对高层次人才的需要,满足了人民群众上大学的愿望。与此同时,通过大力发展高等职业教育和推进高等教育教学的改革,也优化了人力资源的供应结构,从而在一定程度上对改善我国高层次人才结构,解决学以致用问题,提高高等教育人才培养质量和人力资源绩效产生了重要而积极的影响;但我们必须清晰地看到,从国家经济社会发展对人才的需求而言,我国高层次人才无论是总量还是结构,都还存在着这样那样的矛盾,而结构性矛盾的根源很大程度上在于我国高等教育结构的不合理和人才培养模式的不适应,对此,我们必须引起高度的重视。

第一,现行高等教育普遍遵循学术本位而建立。新中国成立后我国高等教育的发展大致经历了四个时期:一是新中国初期的改造利用时期,由旧中国的高等教育改革为我党培养社会主义革命和建设的高级专门人才所用;二是"文革"时期,高等教育遭受严重破坏和摧残阶段,作用得不到有效发挥;三是改革开放和恢复高考制度后,高等教育重新恢复生机和改革创新阶段;四是世纪之交的高等教育大众化阶段,高等教育有了空前的大发展。经过四个阶段的演变,尤其是第四阶段的建设和发展,我国基本形成了穷国办大教育的格局,高等教

育的规模和数量也成为世界之最。在这过程中,我们也曾研究并提出了高等教育的分类管理即把我国的高等教育分为四个类型,研究型、教学研究型、应用型(教学型)和高等职业教育(高职高专),或从国家的具体管理政策看,又有"985""211"等项目,进而人们把学校又分为四五类,如:"985"高校、"211"高校、一般高校、新建本科和高职高专学校。一些地方尤其是"985""211"学校比较少的学校,为了加快提升本地高等学校的水平,又实施了地方高水平大学建设办法和省部共建(即××省(市)与教育部或××部共建)的方法,使我国的高等教育门类林林总总,但无论如何,从教育行政管理部门的评价体系和高等学校自身的努力方向而言,都是以学术评价为最高乃至唯一标准。多少重点学科、重点实验室,多少博士点、硕士点,多少国家自然科学基金和国家社科基金项目等仍是最重要的乃至决定性的标准。正因为这样,无论是学校、院系还是教师本人,都以学术为追求方向,这本身也没有错,但它在事实上忽视了对人才培养工作的重视,事实上是对满足经济社会发展急需的怠慢。

第二,面向实践和应用的高等教育尚未形成好的气候。应该说,从形势上看,这几年我国已经开始有了面向实践和应用的高等教育,主要表现在两个方面。一是经过十几年的发展,我国已建立起1200多所高等职业院校,规模上已占据半壁江山;但毋庸置疑的是,它虽被冠以一个类型,但实质为专科层次,因而难以达到社会各方的认同。农民子女、贫穷家庭报考是基本特征,就读高等职业院校乃考生和家长无奈之举也是真实写照,尤其是在全社会招工用人本科标准和本科情结及文化的背景下,这些学生从进入学校的第一天起就有一个专升本的冲动和目标,而且80%以上的学生在校期间就在实施,面向实践和应用的技术技能型人才培养大打折扣。二是我国2000年后高等教育大众化后新建立和专升本的本科学校,在学术界把它定义为地方应用型本科学校,主要为区域经济社会发展培养应用型高等人才,但在事实上,这些学校在暗中或明中仍以抓学术、抓学科、抓本升大等作为工作目标,把提升为教学科研型高水平大学作为努力方向,面向实践和应用的属性大打折扣。从2013年开始,教育部力主及倡导下建立起了应用型高校转型发展联盟,但成效似乎还不明显。

总之,从我国现行高等教育结构和运行模式看,它还没能以紧贴社会主义现代化生产、建设、管理、服务第一线需求,高等教育结构和由此引出的人才培养结构需要进行调整和优化。

二、解决结构矛盾的关键是建设一大批新型本科高校

如前所述,经过高等教育大众化政策后,我国高等教育在总量上已不再是突出矛盾,而关键是结构性矛盾;要实现2020年全面建成小康社会的目标,实现两个一百年中华民族伟大复兴的中国梦,必须不失时机地推进全面综合改革,加快中国特色城镇化建设步伐,推进经济社会又好又快地发展;而这一改革发展的诸多要素中,人力资源的总量和结构又是至关重要的。

第一,大学生就业难和用人单位寻觅合适人才难并存的现实。随着我国高等教育大众化政策的推进,我国自1999年开始了高等教育的扩招政策,紧接着,从2003年开始,国务院和教育部每年都要召开大学生就业工作推进会议,大学生就业难几乎与高等教育扩招和大众化同步。据统计,目前我国高等职业教育的就业率又大大高于普通高等教育,为此,国务

院有关部门和教育行政主管部门采取了许多积极的措施，但大学生就业难的问题似乎越来越严重。与此同时，许多用人单位不断喊出口号，希望找到合适的高层次人才，甚至开出高价，希望招收高层次实用人才，甚至还感叹：找到有用、管用、耐用、可用的人才真难啊。这种严重的结构不匹配和不协调状况，需要引起我们的深思：它除了社会观念和大学生就业观念以外，似乎与我们的教育结构和人才培养模式有关，也就是说，社会需要的是"行为操守好、动手能力强、岗位适应快、忠诚度高"的高层次实用人才。而我们的学生大多具有较丰富的理论知识，但实践能力和动手技能很弱，对基层一线和基本工种的适应力也不够强，难怪得不到用人单位的重视和欢迎。

第二，国家尚未形成一个面向应用、注重实践的职业化人才培养体系。如果要追索问题的本源，我们觉得：新中国成立后，我国的高等教育虽几经改革和发展，规模上发展很快，但从根本上看，我们始终没有从重知识而轻实践，重学科而轻专业的桎梏中解放出来，从基础教育的应试教育到普通高校的知识重复，我们在创新教育、实践教育等方面还没有找到一条切实可行的道路。2006年开始的国家示范性高职院校建设项目及其由此推动的开放办学和校企合作的办学体制机制建设，以专业建设为龙头、课程改革为核心、双师教学团队为重点、工学结合为抓手的人才培养模式改革，形成了积极的效果，也产生着一定的影响力，但能否建立起持久的机制和真正的推动作用，目前还不得而知。因为，从当前看，国家示范的热潮似有退去之嫌，不少媒体已贬称国家示范校目前集体遇冷。应用型学校转型发展联盟已经成立，且初步产生了一定影响，但尚属"只听冲锋号、不见枪和炮"的状态，真正的考评和指导政策还在研讨之中，还值得期待。上述分析表明：如何真正从中国特色社会主义现代化建设出发，深化高等教育综合改革，打造一个以面向应用、注重实践、培养职业化专业性技术技能人才为主的人才培养工作体系，这也正是我们要研究的重大问题。

第三，建设和发展几百所新型本科高校是我们重大的战略选择。众所周知，经过大众化政策的支持和推进的中国高等教育已经实现了规模上的跨越式发展和数量上的扩张。据不完全统计，全国的高等院校数已达近2000所，应该说数量不足的矛盾已经缓和，而结构性矛盾仍相对突出，从向规模要质量转到向结构要质量已经成为我们的重大课题，而解决这一课题的矛盾应该是要建设一批新型本科高校。

所谓新型本科首先是指本科层次水准的高等学校，它主要实施高中后教育，如果按当前基础教育学制政策，它是18—22岁适龄青年的教育和培养。

所谓新型本科其基本特征是职业化和应用性，面向经济社会发展主战场和第一线，尤其是中小企业和"三农"领域，坚持职业化培养，注重实践和动手能力，以"行为操守好、岗位适应快、动手能力强、稳定度高"为主要特征。

所谓新型本科主要突出区域性或专业化特征。区域性特点是指学校主要是为本区域经济社会发展服务，强调面向区域招生为主、面向区域就业为主、面向区域服务为主、传承区域文化为主。专业化特征是指这类学校以相应的产业链和行业管理服务为主，突出产教深度融合、对接产业链、服务行业和行业内企业发展急需，学生具有较强的产业和行业文化因子，具有较高的职业意识、职业理想和职业操守，学校具有较强的行业性文化。

建设新型本科可以新建，也可以通过改造和转型，包括目前的普通本科学校转型发展，也可以是目前的优质高职院校升级发展，可以采用多管齐下的途径来解决。

新型本科需要足够的数量和相当的规模,几百所乃至上千所是一个基本的判断,因此,地方应用型普通本科学校的转型发展和国家示范性高职院校的升格发展应该是两条同步之道。

建立相对独立的管理体系是解决问题和推进工作的重要路径,教育部分设成立高等职业教育司或高教二司,应该是一个重要举措,必须用改革的思维和解放思想、实事求是的作风切实推进这项工作。

三、国家示范性高职院校应该是建设新型本科高校的重要力量

关于如何建设一批新型本科高校的问题,至今尚未达成共识,有关部门和有关领导,从不同角度上分别提出了普通本科高校转型发展或举办本科层次高职教育等提法、概念。我个人认为,还是以提建设一批新型本科为宜,新型本科不同于传统本科,主要基于职业化和应用型培养,它属于本科层次。而举办新型本科学校的,应该包括地方新建本科学校转型,独立学院模式构建和高职院校升级,其中国家示范性高职院校应该是新型本科的重要力量,原因在于:

第一,国家示范性高职院校是应用型、职业性高等教育的最早实践者和创新探索者。

如果说高等职业教育在比较早的时间里就高举类型特征旗帜的话,那么坚持服务为宗旨、就业为导向、走产学研相结合道路就是这个旗帜的最初诠释,而培养生产、建设、管理、服务第一线的高素质技能型人才则是高职教育的重要定位,而国家示范性高职院校建设计划从一开始就在坚持其理念和定位的基础上,强调开放办学、校企合作,强调依托行业、服务地方,强调工学结合、学做结合,强调顶岗实习、工作经历,这些都是我们要研究的新型本科的重要特征和主要内容,国家示范性高职院校已经经历了多年的实践,并已初步形成宝贵经验和长效机制,在这样的基础上推进和建设新型本科应该是顺风顺水,能够在短时间内取得明显效果。

第二,国家示范性高职院校的办学条件和办学水平已经有明显改善和提高。

我国的国家示范性高职院校大多由老专科改造和重点中专升格而来,其从事高等职业教育都有 10 多年乃至 20 年、30 年的历史,其不同点就是学校在称谓上为职业院校。因此,坚定的职业倾向和职业化办学意识是其优点,经过 10 多年的发展,这些学校现代化校园和教学条件已经形成,教学设施有了明显改善,更重要的是,其以生为本的办学理念十分牢固,依托行业企业办学的意识十分明确,为行业企业和地方服务的机制已经建立,更有保证的还在于,这些学校不仅形成了一个兼职老师的聘用机制,而且专职教师的理论水平、教学能力也有了显著的提高,"双师"素质更有加强,已经初步做到了数量充足、结构合理、素质精良和专兼结合、双师组合、机制融合。一句话,绝大多数示范性高职院校已具备为新型优质高校的六条标准即:①一个现代化的校园与一大批理念认同的校外基地的有机统一;②一支数量充足、水平较高的专任教师队伍和一大批质量合格、机制有效的兼职教师队伍的有机结合;③一个相对充裕的财政拨款机制和学校较强的服务创收能力的有机统一;④高质量的学历教育质量保障体系和多路径、全方位社会培训体系的有机统一;⑤较高的毕业生初次就业率和学生在岗位上具有较强可持续发展能力的有机统一;⑥教师具有较强水平、稳定保障的福

利收入水平与众多成名成家机会和平台的统一。这些都是新型高校要努力的。

第三，升格发展为新型本科高校是示范性高职院校，实现可持续创新发展的重要条件。

毋庸置疑，从2006年开始的国家示范性高职院校建设，极大地调动了政府部门和行业企业的积极性，激发了全国高职院校的热情，对推动高职教育、带动中职教育、触动本科教育改革也产生了巨大力量，但项目结束，尤其是体制调整后，也由于学历层次等因素，国家示范性高职院校似乎面临着发展受阻、创新乏力的困境，这已经引起了学界的担心和担忧。要把示范校建设成果巩固好、发展好，并保持其强盛的可持续发展势头，继续给整个战线以榜样，我们要对照条件、因势利导，研究其改革建设之道、创新发展之路。而从建设现代职业教育体系、全面提高高等教育质量和促进高等教育结构优化等多重的立体意义上看，通过一定程序，放开一定政策，把全国百所示范性高职院校乃至另100所骨干高职院校升级为新型本科学校是切实可行之路。之所以让其走新型本科之路，既不是按传统老办法和老标准批建本科，也不是不给其出路和通道。只有这样，才能有利于改革成果不被夭折，改革创新生机蓬发，中国特色、世界水平的高职教育阳光灿烂。

（本文发表于《职业技术教育》2014年第9期）

创新发展高等职业教育:政策变迁与行动方略

周建松　吴国平　陈正江

[摘　　要] 《创新发展高等职业教育行动计划(2015—2018 年)》是高职教育贯彻创新发展理念,服务"四个全面"战略布局的行动纲领。作为一项系统工程,创新发展中国特色高等职业教育必须尊重历史,探讨它赖以存在的政策变迁过程具有极为重要的意义。本文通过考察 20 世纪 80 年代以来的我国高等职业教育发展历程和政策变迁,在分析创新发展高等职业教育形势与动因的基础上,提出创新发展高等职业教育行动方略和具体举措。

[关 键 词] 高等职业教育　创新发展　政策变迁　行动方略

一、问题的提出

高等职业教育发展是我国现代化进程的一部分,20 世纪 80 年代以来,贯穿于我国经济社会发展中不断加速的现代化力量对高等职业教育发展形成越来越现实的影响。高等职业教育发展是一个动态的、复杂的过程,涉及经济、政治、社会、心理和文化等诸多领域。在这个复杂的交互作用过程中,处于教育体制边缘的高等职业教育在合适的经济和政治制度支持下,经过三十多年的艰苦实践,创造性地探索出颇具特色的以校企合作为基础的办学模式和以能力为中心的人才培养模式。随着自主适应社会需求机制的建立,高等职业教育逐步由"社会中的高等职业教育"向"社会的高等职业教育"转化。

高等职业教育在中国的崛起源于创新。具有鲜明中国特色的高等职业教育的出现,丰富了世界高等教育的内涵和形式。创新是高等职业教育发展的底色,在这个过程中,高等职业教育由单纯的数量发展观向具有特色的整体发展观转变,取得了令人瞩目的成就。2014年后,着眼于"四个全面"战略布局,在《国务院关于加快发展现代职业教育的决定》的指导下,我国高等职业教育有了新的更大的发展目标、发展热情和发展动力。鉴于创新发展高等职业教育是一个宏大的历史主题,探讨它赖以存在的政策变迁过程具有极为重要的意义。如果我们不能解释高等职业教育发展的缘起和发展的轨迹,又怎么能够制定、理解和执行创新发展的理念与政策呢? 因此,解释历史进程中的高职教育变革步伐和方向仍然是一个需奋力突破的重大课题。只有在对高等职业教育发展背景和发展模式认识深化的基础上,我们才可能提出创新发展高等职业教育的行动方略。

二、我国高等职业教育创新发展的政策变迁

佛兰德·科伯思指出,如果我们不深化对政策过程的认识,提高和改进教育效果就无捷径可走。新中国高等职业教育发展史更是一部创新发展史,高等职业教育经历了创业发展到跨越发展再到创新发展三个战略机遇期,从无到有,由小到大,由大变强,至今已是我国高等教育的"半壁江山",走出了一条具有中国特色的发展新路。

(一)高等职业教育因创新而生

在我国高等教育体系中本无高等职业教育这种类型。20世纪80年代,适国家经济建设之急和教育发展之需,在一些有识之士的推动下,各地先后兴办了126所短期职业大学,成为我国高等职业教育创新模式的雏形。1985年5月,《中共中央关于教育体制改革的决定》指出:"高中毕业生一部分升入普通大学,一部分接受高等职业技术教育,积极发展高等职业技术院校。"国务院于1986年发布的《普通高等学校设置暂行条例》对高等职业院校设置标准做出规定。高等职业教育在发展过程中,曾经面临着生存的考验,在一批有识之士的积极呼吁和国家教育行政部门的开明支持下不断争取机会。1993年2月13日,中共中央、国务院印发的《中国教育改革和发展纲要》指出:"各地要积极发展多样化的高中后教育……要大力加强和发展地区性专科教育。"在1994年召开的全国教育工作会议上,李鹏总理在报告中提出"今后一个时期,适当扩大规模的重点是高等专科教育和高等职业教育"。1994年发布的《国务院关于〈中国教育改革和发展纲要〉的实施意见》提出"通过改革现有高等专科学校、职业大学和成人高校以及举办灵活多样的高等职业班等途径,积极发展高等职业教育。"俗称"三改一补"政策,这保证了高等职业教育生存的基础和条件,成为我国高等职业教育得以延续的重要路径。

(二)高等职业教育因创新而存

经过了20世纪80年代初期的艰苦探索和90年代的不懈努力,我国进入教育改革发展的新时代。1996年颁布实施的《中华人民共和国职业教育法》第十三条规定"职业学校教育分为初等、中等、高等职业学校教育","高等职业学校教育根据需要和条件由高等职业学校实施,或者由普通高等学校实施"。这是我国高等职业教育、高等职业学校教育和高等职业学校的社会地位第一次以法律的形式被确立,其中"高等职业学校"与"普通高等学校"相对应。1998年颁布的《中华人民共和国高等教育法》第六十八条规定:"本法所称高等学校是指大学、独立设置的学院和高等专科学校,其中包括高等职业学校和成人高等学校。"进一步确立了高等职业教育在高等教育序列中以及高等职业学校在高等学校序列中的法律地位。1999年发布的《中共中央国务院关于深化教育改革,全面推进素质教育的决定》指出:"高等职业教育是高等教育的重要组成部分。要大力发展高等职业教育,培养一大批具有必要的理论知识和较强实践能力,生产、建设、管理、服务第一线和农村急需的专门人才。"

（三）高等职业教育因创新而兴

世纪之交，党中央、国务院做出了重大的战略决策，即推进高等教育大众化，其中以大力发展高等职业教育作为最重要的标志。1999 年 1 月，教育部和国家计委联合印发《试行按新的管理模式和运行机制举办高等职业技术教育的实施意见》明确提出，高等职业教育由以下机构实施：短期职业大学、职业技术学院、具有高等学历教育资格的民办高校、普通高等专科学校、本科院校内设立的高等职业教育机构（二级学院）、经教育部批准的极少数国家级重点中等专业学校、办学条件达到国家规定合格标准的成人高校等。《意见》提出，按新的管理模式和运行机制举办的高等职业技术教育为专科层次学历教育，其招生计划为指导性计划，教育事业费以学生缴费为主，政府补贴为辅。毕业生不包分配，不再使用"普通高等学校毕业生就业派遣报到证"，由举办学校颁发毕业证书，与其他普通高校毕业生一样实行学校推荐、自主择业。对这部分高等职业技术教育，国家不再统一印制毕业证书内芯。这项被俗称为"三不一高"的政策下放专科层次高等职业院校设置审批权，这是解决适龄青年接受高等教育的政策创新，对推动我国高等职业教育大发展、大繁荣、大提高具有深远意义。

（四）高等职业教育因创新而特

2000 年 1 月，教育部印发《关于加强高职高专教育人才培养工作的意见》（教高〔2004〕2 号）、《关于制订高职高专教育专业教学计划的原则意见》，明确高职高专教育的基本特征，它的培养目标是"拥护党的基本路线，适应生产、建设、管理、服务第一线需要的，德、智、体、美等方面全面发展的高等技术应用性专门人才"。2002 至 2004 年，教育部连续三次组织召开全国高职高专教育产学研结合经验交流会，确立高等职业教育以服务为宗旨的办学面向。2004 年 4 月，教育部印发的《关于以就业为导向深化高等职业教育改革的若干意见》（教高〔2004〕1 号）指出，以就业为导向，切实深化高等职业教育改革。同年，教育部印发《普通高等学校高职高专教育指导性专业目录（试行）》，并启动高职高专院校人才培养水平评估工作，这些政策对避免高职院校教学成为本科"压缩饼干"起了基础性作用，可以说，新建高等职业院校大都是在这个阶段开始在规范办学基础上探索特色发展之路的。

（五）高等职业教育因创新而强

经过近二十年的探索和世纪之交的规模大发展，我国高等职业教育占高等教育的半壁江山，规模效应已经初步彰显，在这样的背景下，如何实现高等职业教育由大向强的转变？为进一步落实"国务院关于大力发展职业教育的决定"精神，2006 年 11 月，教育部印发《关于全面提高高等职业教育教学质量的若干意见》（教高厅〔2006〕16 号）就全面提高高等职业教育教学质量提出九个方面意见，并与财政部联合发布《关于实施国家示范性高等职业院校建设计划，加快高等职业教育改革与发展的意见》（教高〔2006〕14 号），启动国家示范性高职院校建设计划。如果说 14 号文件是为了以点带面，以项目引领方式，推动建设一批特色鲜明的强校，那么 16 号文件的初衷就是促进高等职业教育质量的全面和整体提高，实践已经证明，这两个文件的联袂发布，对促进中国高等职业教育由大变强起到了决定性的作用。

（六）高等职业教育因创新而优

2010 年 7 月，中共中央、国务院印发《国家中长期教育改革和发展规划纲要（2010—2020 年）》（中发〔2012〕12 号），提出大力发展职业教育，建设现代职业教育体系，满足经济社会对高素质劳动者和技能型人才的需要。教育部、财政部进一步推进《国家示范性高等职业院校建设计划》实施。2012 年起由《高等职业教育人才培养质量年度报告》（2014 年起更名为《高等职业教育质量年度报告》）独立第三方编制并向社会发布。2014 年 6 月，习近平总书记对职业教育工作的重要指示极大地鼓舞了高职教育战线的信心。为贯彻落实习近平总书记重要指示、《国务院关于加快发展现代职业教育的决定》（国发〔2014〕19 号）和全国人大常委会职业教育法执法检查的要求，2015 年底，教育部印发《高等职业教育创新发展行动计划（2015—2018 年）》（以下简称《行动计划》），提出了今后一个时期高等职业教育创新发展的指导思想和具体要求，高等职业教育由此迈上创新而优的道路。

三、创新发展高等职业教育的动因分析

（一）超大规模高等职业教育面临的质量拷问

我国的高等职业教育作为专科层次的学历教育，在我国的国民教育体系中曲折发展了三十多年，世纪之交得到了完全确认和超级大发展，到 2014 年，作为类型和层次的交叉概念再次写入了国务院的文件，即专科高等职业院校发展到现在，我国的高等职业教育（大类归纳）已达 1327 所，在校生规模超过 1000 万人，真正成为高等教育的半壁江山。应该说，规模的大发展也是重大成绩，然而每年 300 余万的毕业生需要合适出路，也应有相适应的人才定位，做出相适应的贡献，这就对高等职业教育的结构优化和培养质量提出了要求，提出了不可替代性的质量拷问，而要解决好这一问题，唯一的出路是继续改革、创新求特，以创新整合资源、以创新激发活力、以创新提高质量、以创新开拓市场。

（二）高等职业教育新一轮发展面临的机遇挑战

当前，我国经济社会发展进入新常态，如何适应新常态，特别是适应新技术变革和国家发展战略的要求，确实值得我们认真研究，这至少表现在：一是中国制造 2025 和工业 4.0 的发展战略，高等职业教育如何推进基于"互联网＋"的专业改造和技术提升，真正适应从制造向智造，从制造向创造的转变；二是"一带一路"战略的实施，高等职业教育如何为"一带一路"培养适需的人才，尤其是为走出去培养人才，为"一带一路"所在国培养人才，都需要有专业结构及教学内容方面的改革；三是"大众创业、万众创新"的国家战略的具体要求，如何加强在校学生的创新创业教育，培养具有创新精神、创业意识和创新创业能力的高职学生，学校如何在教学指导思想、教学内容、教学方法等方面与之相适应；四是根据我国全面深化改革和全面依法治国的要求，我国的财税体制改革将进一步推进，推进的基本方式是：全面实行高职教育生均拨款制度，中央财政基此加大一般性转移支付，并相应减少专项转移支付，与此同时，财政将进一步加大对财政资金使用绩效的考核力度等，都需要我们认真研究并加以

应对。

(三)高等职业教育自身发展需进一步解决的问题

我国高等职业教育发展成就及其对经济社会的贡献有目共睹,但长期的大发展确实也带来了许多矛盾和问题,有些是大发展过程中所掩盖的,有些则是发展过程中自身造成的,这些主要表现在:第一,部分院校办学定位不正确,有些热衷于升格升本,有些仍然是本科压缩饼干型,有些则高等性质不明确;第二,部分学校办学条件不佳,尤其是校舍、建筑面积和实验实训场地和设施达不到要求,甚至赶不上中职学校的水平;第三,部分学校教师数量和水平达不到要求,由于快速发展,不少学校教师数量不足,生师比过高,也有部分学校教师队伍建设跟不上,尤其是"双师"结构、"双师"素质的教师严重缺乏和不足;第四,高等职业教育在整个办学体制机制方面存在差距,外部支持尤其是校企合作机制跟不上,外部资源整合能力不强,办学经费中来自社会和校友捐助的比重偏低偏少。中央提出用混合所有制等办法进行改革探索,这扩大了学校财务的自主权,同时对学校自我管理能力即学校治理体系建设如校政、校行、校企、校会合作问题等都提出了要求。上述诸多发展中的重要因子解决不好,将会影响高等职业教育的创新发展。

四、创新发展高等职业教育的行动方略

在高等职业教育发展成为时代主题的背景下,其发展模式需要由制度推动型到创新发展型转变,政策推动型发展强调自上而下的制度传递,内涵创新型发展强调自下而上的创新激发。创新发展既是一种发展观,也是一种方法论。为切实提高高等职业教育发展的实效性和针对性,我们必须实施创新发展高等职业教育的行动策略。

(一)注重系统整体设计

《行动计划》作为继国家示范性高等职业院校建设计划后又一个较为全局性的高等职业教育工作项目,而且又冠以《行动计划》而落脚,因此必须从发展规模、结构优化、体制机制、保障支持等方面进行总体考虑,并且要注意中央政府、地方政府、单办方、行业企业和学校等各方面的责权利统筹和安排,尤其要以面向 2020 年,与全面建成小康社会的目标相一致。我国高等职业教育在规模、层次等方面怎样布局应该有方向性安排,而且要把它放在我国整个教育结构中来进行设计,要放在国家战略的要求中考察专业结构和招生结构,要放在国家整个体制改革中来设计体制机制,不能孤立地进行,从这一点而言,我们仍需要研究和思考。

(二)着力类型特色打造

应该说,中国的高等职业教育从夹缝中生存,经历"三不一高"和"三改一补"到规模发展、特色定位到示范引领,在创新发展的道路上取得了骄人的进步,引领了整个职业教育的发展并为应用型本科转型提供了示范。可以说,大职业教育视野中的"产教融合、校企合作、工学结合、知行合一、合作办学、合作发展、合作育人、合作就业"理念的形成,高职示范建设功不可没,但我们必须清醒地看到,从理念到行动,从要求到自觉还有很长的路要走,知与行

还有脱节，点与面更有差距，如何坚持问题导向，坚持创新驱动，把高等职业教育发展中的深层次问题解决好，确需我们很好研究，高等职业教育如何精准定位，真正打造类型特色，需要系统性设计和整体思考，如高教性与职教性的关系如何协调处理、如何体现彰显，究竟是姓高名职还是姓职名高还是高职复姓，校企合作机制如何有效构建，混合所有制办学体制怎样构建，企业和用人单位积极性怎样调动，企业和社会资源怎样有效整合，都需要以创新发展行动计划为契机构建好一个科学有效的发展系统，解决好类型、层次、特色、体制、机制、要素等问题。

（三）发挥教师主体作用

教师是办学的主体，更是创新发展高等职业教育的主体，高等职业教育要实现持续快速健康发展，必须把教师的积极性、主动性和热情充分调动起来。为此，第一，要注重《行动计划》的教师元素，把教师作为《行动计划》框架的重要主体来打造，注重项目的教师参与热情，教师参与绩效；第二，要有教师发展项目，教师既是《行动计划》和高职教育创新发展的主体，也是《行动计划》的重要项目内容，要让教师看到政府是真正在把教师作为主体，国家的工程是既见人又见物而且是更见人的，把培养教师、发展教师、提高教师作为重点之一；第三，要体现教师的多数原则，让大多数教师能够或可以参与，与大部分教师的利益和发展相关，创新发展高等职业教育的事就是全体教师的事；第四，要通过活动，使教师的师德教风、教育教学能力、职业教育理念得到加强和提高，真正实现教师发展提高和高职创新发展的同频共振。

（四）关注学生真正受益

学校的基本任务是培养人才，学生是教学工作的主体，"一切为了学生，为了学生一切，为了一切学生"应该是学校的指导思想和行为文化。很显然，创新发展高等职业教育的落脚点必须放在学生身上，这至少应该有三个关注点：第一，要把学生是否受益，是否与学生成长发展相关作为关注的重心，凡是有利于学生增值和成才成长的事多做、快做、好做、做好；第二，要花气力研究学生即期增值，也就是说，要关注好学生三年的成长、进步和成才，在三年有限的时间里，实现学生从普通中学生向和谐职业人的转变，提高学生适应市场和适应岗位的能力；第三，要积极创造条件，关注和研究学生的后续发展，使学生在成才基础上不断成长、有所成就、努力成名。正是从这些意义上说，加强学生思想教育和社会主义核心价值观塑造意义重大，把职业精神和职业技能培养结合起来意义非凡。

（五）构建发展保障体系

高等职业教育占我国高等教育的半壁江山，尽管学历不是很高，但如何办出特色、办出水平亦十分重要，它关乎现代化建设所需要的技术技能人才，关乎全面建成小康社会目标的实现。正因为这样，创新发展高等职业教育，必须有条件保障和机制创新，国家如何加大投入，生均拨款机制如何完善，财政如何建立绩效奖补机制都应该确保，质量监控体系如何建立，质量报告制度等如何建立，都需要研究和关注。也就是说，要从条件保障、要素考核等方面确保高等职业教育朝着积极发展、适需适用、内涵建设、质量提升的正确轨道上前进。

五、创新发展高等职业教育的主要抓手

事实上,高等职业教育无论作为高等教育的一个类型还是作为职业教育的一个层次,或者说类型和层次的综合,都有其生存和发展的前提,都有其生存和发展的价值,也有其自身的特色。当然,也必然存在着这样那样的不足和缺陷,创新发展高等职业教育从理想主义角度看,或者从适应和满足经济社会需求和人的全面发展需求看,也确实存在着许多矛盾和问题,但是解决矛盾必须找到重点和关键。

(一)从宏观发展战略看,要解决好结构和层次问题

结构和层次问题不仅仅是高等职业教育自身问题,更有整个教育及其与经济社会迫切性问题。一方面,我们要从国家高等教育、职业教育乃至基础教育发展的统筹中研究高等职业教育的占比和层次,如中职与普高的关系,义务教育是普九还是普十二等;另一方面,在整个高等教育体系中,知识(学术)型教育与职业(应用)型应该是什么样的关系;更为具体的,作为高等职业教育本身,其区域结构、行业结构、专业结构如何协调发展,也值得研究。我们的观点是:第一,作为职业(应用)型的高等职业教育需要加大发展力度,无论是鼓励高职适当扩规模还是推进本科向应用型转型,都是必需的;第二,为提高教育和人才对经济社会发展的适切性,进一步满足人民群众的愿望,高等职业教育需要在基本稳定的同时,采用双管齐下(即部分升格和新建本科转型)的办法来发展本科层次职业教育;第三,现有专科层次高等职业教育要优化专业结构、区域结构,新建学校应尽量鼓励建在三线城市,三线城市学校可适当扩大规模,同时,专业结构更多向先进制造业和现代服务业倾斜。根据这样的思路,教育行政部门可会同发改委等制订一个《高等职业教育发展2025》,作为指导意见。

(二)从推动创新发展方式看,应当采取示范和项目引领的办法

我国的高等职业教育在规模上已占据高等教育半壁江山,学校数达到1327所,在校生超过1000万,面上的质量需要保证,财政投入需要到位,办学条件必须达标。与此同时,高等职业教育的创新发展必须有示范引领和项目驱动,既为建设一批标志性成果创造条件,也对整个战线起引领作用。为此建议:第一,巩固国家示范和骨干院校建设成果,在此基础上,再建设100所左右的特色或优质学校,形成国家层面高水平学校的一大方阵,数量约为300所,这300所学校成为高职教育的国家队,也可把这300所学校重新整合成为两个层次,形成适当梯队;第二,鼓励各省(市)从实际出发,建设数量相当、区域特色鲜明的省级示范(特色、骨干校)300—400所,以此形成国家示范、国家骨干、省级重点(骨干、示范、特色)等三个层面,并呈现宝塔型格局;第三,与学校建设相适应,从高职院校特点出发,应支持建设好一批重点(骨干、优势、品牌)专业,既是学校发展的基础,也是人才培养的基点,更是学校服务行业企业和区域经济社会发展的切入口。在国家示范建设、骨干建设过程中都采用了这种行之有效的方法,许多省份也有这方面的经验,我们可继续设计项目并予以相关支持,真正形成高等职业教育重点(骨干、特色、优势)专业(群)。

（三）从人才培养视角看，必须系统关注互联网的影响和挑战

当今世界，互联网迅速发展，正在深刻地影响和改变着我们的生活和工作，互联网对学习和教育的影响更是前所未有，这给我们的专业建设、课程建设、课堂教学产生了十分深刻的影响，引入新技术、应用互联网思维改革改造我们的专业建设和人才培养模式，势在必行。正因为这样，创新发展高等职业教育，不仅需要理念创新、模式创新，也需要技术创新和方法论创新。在互联网技术背景下，教师的中心地位越来越不突出，去中心化和知识碎片化成为必然，伴随着慕课的推行、微课的扩展，翻转课堂也将成为常态，从制订人才培养方案开始，到教学内容的选择都将迎来革命性变革，我们必须适应不断发展和变化的世界和未来，高等职业教育作为面向行业企业和区域生产建设管理服务一线需要的教学，更显得重要。

（四）从增强学校活力角度看，必须赋予学校更大的自主权

学校依法自主办学，一直是教育改革的命题，但事实上始终没有解决好，高等职业教育作为一个新的类型，产教融合、校企合作、工学结合、知行合一是其重要机制特征，要很好地体现和彰显这一特色。这至少包括：第一，按学校作为一个相对独立的法人单位来研究对学校的管理、普遍制订并颁布"章程"，以"章程"来规范行为、依法办学、引领发展。政府对学校的管理要求在"章程"中充分体现；第二，赋予学校在人财物等各方面的自主权，落实学校主体地位，确保学校法人主体地位的落实；第三，鼓励和支持学校根据发展需要，进行集团化办学、混合所有制办学、中外合作办学、现代学徒制培养等方面的探索和创新，鼓励学校在各自的领域办出特色、办出水平；第四，鼓励和支持学校积极采用多种体制和形式开展社会服务和产学研合作，以发展和壮大自己。

我国"十三五"发展规划纲要提出加快发展职业教育和提高高等教育质量的战略，作为横跨职业教育和高等教育的高职教育，意味着既要"加快发展"，又要"提高质量"，因此，"十三五"对我国高等职业教育发展而言仍然是一个重要的战略机遇期。高等职业教育要以创新发展理念为引领，抓住关键，破解发展难题，系统出招，厚植发展优势，不断将中国特色高等职业教育发展向前推进。

［参考文献］

[1] 姜大源. 高等职业教育中国对世界教育的独特贡献[N]. 光明日报，2015-10-27.

[2] 斯图亚特·S·那格尔. 政策研究百科全书[M]. 林明，等，译. 北京：科学技术文献出版社，1990.

[3] 马树超. 中国特色高等职业教育再认识[J]. 中国职业技术教育，2008(23).

[4] 杨金土. 30年重大变革——中国1979—2008年职业教育要事概录(下卷)[M]. 北京：教育科学出版社，2011.

[5] 习石伟平，匡瑛. 中国高等职业教育发展的历史、现状和趋势[J]. 教育展望，2005(9).

[6] 鲁昕. 在改革创新中推进职教科学发展[N]. 人民日报，2010-5-23.

[7] 马树超，等. 中国高等职业教育历史的抉择. 北京：高等教育出版社，2009.

［8］柴福洪,陈年友.高等职业教育名词研究.北京:高等教育出版社,2012.

［9］周建松.高等职业教育可持续发展研究.杭州:浙江大学出版社,2013.

［10］钟秉林.努力开创高职高专教学工作新局面［J］.国家高级教育行政学院学报,2000(1).

（本文发表于《高等工程教育研究》2016 年第 6 期）

高职学生能力培养争刍议

李逸凡

[摘　　要]　高职院校学生能力是一个复杂和多元化的系统,在高等职业教育发展过程中,必须以能力本位为指导,构建相应的教育教学体系,从整体上提升学生职业能力和综合素质。

[关 键 词]　高职院校　学生　职业能力　培养

高职院校学生能力是一个复杂和多元的系统,包括多个层面,是在高职院校的发展演变过程中长期培育、积淀而成的,孕育于校园文化,并深深地融合在学校的内质之中。高职院校学生核心竞争能力的形成,必然是高职院校整体优化和学生综合素质提高的结果。

一、高职学生能力培养存在的问题

我国高等职业教育起步较晚,在发展过程中不可避免地存在着一些问题。要提高学生核心能力,必须广泛吸取以能力本位的职业教育精髓,建立相应的职业教育教学体系。从目前看,我国高职院校在培养学生核心能力方面主要存在着以下几个问题。

(一)办学环境不够理想

从内部环境来看,高职教育自身结构体系尚待进一步完善。尽管高职教育在规模上已经占全国高等教育的半壁江山,但专业结构、类别结构、层次结构、体制结构还不完整,而且50％以上的高职院校是近五年内刚建立起来,人才培养还处于摸索阶段,质量和效益评价体系、监控机制等有待逐步健全和完善。这都不利于学生核心能力的培养。

从外部环境来看,高职教育经费存在缺口,投资机制有待完善。许多高职院校特别是近年来批准设立的院校基本没有新的财政投入,主要靠收取较高的学费运作,资金来源单一,数量有限,缺口较大。这类院校特别是工科类院校注重实践性教学,要求的实验实习设施和设备投入大、更新快,培养成本相对较高,经费紧张在很大程度上影响了培养质量。

(二)培养方向模糊不清

一方面,目前对高职教育培养目标定位还缺乏统一的认识。社会各界对高职人才培养目标定位持两种不同观点:一种观点认为应该侧重于培养技术型人才;另一种观点则认为应该侧重于培养技能型人才。由于培养目标定位的不统一,导致了对人才培养规格要求上的盲目性和不一致性,影响了学生核心能力的培养。

另一方面,一些职业院校不能根据高等职业教育特色进行科学定位,在办学上存在一定的盲从倾向。一是向普通本科院校、综合性大学靠拢,一切按普通本科院校或综合性大学的标准要求自己,课程照搬,教材照搬,教育模式照搬,求大求全,脱离实际需求,忽视实践技能的培养。二是向中等职业技术学校或职业培训机构靠拢,降低人才培养标准,随意削减理论课、基础课,打破培养"高素质应用型人才"的科学性、系统性。这两种倾向都偏离了高等职业技术教育的培养目标和方向,无疑是拿自己的劣势与普通高等教育、中等职业教育的优势相比,可谓"扬短避长",既丧失自身竞争优势,又丢掉生存发展空间,无助于学生核心能力的提升。

(三)教学模式存在弊端

大部分高等职业教学模式仍没有摆脱普通高校教学模式,存在以下弊端:

在教学方法上,引导学生死记硬背、机械记忆。学生对理论知识只是死记硬背、机械记忆,很难达到灵活应用的目的,难以提高学生的学习积极性。学生做作业没有实践操作的机会,缺乏感性认识,很难提高思维能力和实践能力。

在教学内容上,重课程理论体系,轻课程间整合渗透。各课程自成体系,缺乏应有的沟通,造成了理论和实践的脱节,特别是公共课、专业基础课的目的性、应用性不强,很难形成整体培养目标服务的合力和效果。

在教学设计上,理论教学与实习实践脱节。不合理的教学设计必然造成学生知识面狭窄,职业意识淡薄,动手能力差,理论和实践脱节,缺乏创新精神和创造能力等。实习教学滞后,加重了理论与实践的脱节。

(四)教师队伍有待强化

就整体而言,尽管目前高职教育"双师型"教师队伍建设有了很大发展,但仍落后于高职教育发展要求,与教育部门有关"专业基础课和专业课中'双师'素质教师比例要达到50%"的合格要求对照,仍存在较大差距。如从学历和职称情况看,高职院校与普通本科院校相比差距明显。2005年全国普通本科院校专任教师中,具有研究生学历教师的比例达到37%,而在独立设置的高职院校中,研究生学历教师的比例仅为13.4%;2005年普通本科院校专任教师中高级职称的比例为42.6%,而独立设置的高职院校中的相应比例不到30%。另外,教师缺乏实践技能和适应市场需要的多专业教学能力。这个现象反映出一个问题,即在高等职业院校教师队伍的建设上存在着丢掉特色,向普通高校看齐的问题。

(五)评价机制不够健全

考试方式比较单一,考试内容重知识轻能力。现在课程考核方式通常是在课程修完或学期结束时进行一次书面测验,主要形式仍是笔试。这种方式难以准确评价一个学生的职业技能水平。这种书面测验的试题,通常也只能覆盖所要求掌握的必要知识的极小一部分,而不可能考查所有要求掌握的知识与技能。片面注重知识的考核使学生习惯于这种考试模式下的惰性思维,遮蔽了对发展自身能力的关注,同时也背离了高等职业教育的培养目标。更主要的问题是,它向学生提供了错误的导向,即死记硬背仍是学习最重要的东西。

对学生所掌握知识与技能的评价不准确。这种考核指向于所有要求掌握的学习目标中少数的目标,而不能覆盖所有的学习内容,因此评价的结果是值得怀疑的。由于评价目标的狭窄,这也就常导致被评价者进行猜题与押题,导致学生"应试教育"的倾向。另外,学生的学业成绩往往取决于课程学习结束时的一次测验,这也导致人们对考核效度的怀疑。有时学习者仅因为某个原因(如缺乏考试技巧)而不能在测验中表现出他实际掌握的知识与能力的话,也就没有其他评价证据可以证明。

二、高职学生能力培养的对策

高等职业教育只有明确自身不足,才能找准定位区间和发展空间,充分发挥自身优势,找到生存和发展的契机。为进一步培养学生核心能力,高等职业院校应做如下调整:

(一)准确定位,明确目标

高等职业教育的培养目标指向具有一定理论基础的高素质的应用型人才,即"高级蓝领"——活跃在一线的高级技师和专业管理人员。这一定位的关键是培养"应用型"人才即对理论水平有一定要求,同时对实践应用能力有较高要求。这显然有别于普通高等教育和中等职业教育的人才培养,相反正是高等职业教育的最大特色之所在,也是高职学生核心能力培养的基本目标。

(二)服务地方,多元办学

为更多人创造接受高等职业技能的机会是社会发展过程中赋予高职教育的一个新职能,因此,高职院校必须面向社会,根据区域经济和产业结构调整的需要,培养适合本地区社会经济发展的人才,服务地方经济建设。同时,在与地方经济互动发展的过程中,引入多种运营机制,如民办高校的运营机制、校企联办的运营机制、中外合作的运营机制等,提高学校办学效益,为学生核心能力培养提供重要外部保障。

(三)改革教学,突出实践

学生核心能力的培养要求学校积极贯彻"素质为本、能力为主、需要为准、够用为度"的原则,在尊重职业教育自身规律的前提下,打破传统的学科体系,改革教学内容和方法,按知识、能力、素质结构要求重新整合教学内容和体系,并通过实践环节培养进行。这样,学校所培养的学生才能具有与高新技术岗位工作的情景性、鲜活性相贯通的、功能灵活的,并以案例形式存在、积累和传承的知识,成为"上手快、适应性强"的高级技术人才。

(四)培育"双师",优化师资

学生核心能力培养对教师素质的要求是相当高的。一方面,学校应通过师资培训与结构调整,建设一支以专职核心课程教师、素质课程教师为主,以兼职班主任、社团导师、专业导师为辅的团队,重点开发学生核心能力。另一方面,应积极利用多种渠道,进一步提升教师基本素质,使大学教育从追求完整的知识结构转向形成全面的能力结构,使大学课堂从提供课程和修业计划转向创设有利于综合素质培养的场所。

(五)注重过程,综合评价

高职院校学生核心能力培养既复杂又多元,因此,对其评价有一定的特殊性。从时间上看,核心能力的提升需要一定时间,过程评价比传统考核方式更能体现学生个体水平和发展过程。从方法上看,运用心理测量、行为评价等现代测量技术,不仅有利于科学评价学生能力,而且客观、准确、易于操作。

（本文发表于《教育发展研究》2008 年第 9 期）

基于职业教育人才培养目标定位的中高职衔接问题研究

盛　健　唐林伟

[摘　　要]　人才培养目标定位是中高等职业教育进行衔接的前提,我国职业教育人才培养目标定位长期以来犯了简单"二分法"的错误,但总体而言,职业教育人才培养目标具有双重性特征:既要培养高素质劳动者,又要培养合格公民。中高职衔接目前面临的主要问题是:盲目进行衔接,高职"引领"中职发展以及职业教育自身吸引力被弱化克服。这些问题的主要策略包括:对中高职衔接进行合理定位、科学设计和全面实施。

[关 键 词]　职业教育　人才培养目标　中高职衔接

我国职业教育制度建设在过去三十多年取得了显著成就,职业教育体系内部中等与高等职业教育已在"形式上"实现了接轨。[1]《国家中长期教育改革和发展规划纲要(2010—2020 年)》指出:"到 2020 年,形成适应经济发展方式转变和产业结构调整要求、体现终身教育理念、中等和高等职业教育协调发展的现代职业教育体系。"《规划纲要》颁布实施以来,各地积极推进中等职业教育与高等职业教育之间的衔接工作,相关改革如火如荼。但在深入推进中高职教育有效衔接的"热潮"中,我们也须保持清醒头脑,深入思考这一工作的逻辑起点、其面临的深层问题及发展路径。本文从职业教育人才培养定位的角度,对目前我国中高职衔接这一热点问题进行冷静思考,以澄清认识,正本清源。

一、职业教育人才培养目标:中高职衔接的前提

人才培养目标是教育的出发点和归宿。职业教育的人才培养目标包括职业院校学生培养的基本方向定位,以及由此决定的学生在接受完职业教育之后在知识、能力和素质方面达到的规格要求。职业教育人才培养目标是其人才培养模式选择、课程体系建设、教学内容组织以及人才培养评价标准等的基本依据,是中高职进行有效衔接的基本前提。

(一)对技术型与技能型人才的再认识

技术型人才和技能型人才培养的分歧是贯穿我国职业教育人才培养定位探索的一条主线。一般认为,技能型人才习得知识、技能的过程是一个自下而上、反复训练的、归纳的、经验的过程;而技术型人才知识与技术的获得则主要是把所掌握的较为系统的科学理论知识应用于实践的过程,是不断解决技术难题、演绎的、迁移的过程[2]。众多的职业教育的实践和理论工作者认为,中等职业教育主要强调从生产实践中学习,逐步提高技能,丰富经验,增长知识,掌握传统的经验技术,所以其主要培养目标为"技能型人才";而高等职业教育则突

出学习掌握科学系统理论知识,并应用于具体的技术领域,培养具有解决技术问题的一定专业技术能力的技术型人才。但从影响我国职业教育发展的政策文本看,似乎对这一定位也在不断地摇摆,比如,历史上较长一段时期我国高等职业教育人才培养目标定位都为"技术型人才",后来又提出过"实用人才""高技能人才""高素质高级技能型专门人才"以及"技术技能型人才"等种种提法。这一现象一方面表明,时至今日我们对不同层次职业教育的人才培养目标仍没有清晰的认识,另一方面也客观上体现出职业教育现象的复杂性。

与区域经济社会发展的紧密联系、不同专业的特殊性以及生源的多样性等因素,决定了职业教育的复杂性特征。职业教育的这种复杂性、多样性决定,笼统地对中等职业教育和高等职业教育进行人才培养目标定位的划分犯了简单"二分法"的错误,好像是非此即彼,事实上却远非如此。对于技术含量较低的工作岗位,比如烹饪、家政、酒店管理等专业,即使是高等职业院校,其培养的目标也仍然是技能型人才;而像机电等高技术专业,随着产业的发展,即便是中职学校,也可能要以技术人才培养为主要目标,职业教育的这种复杂性对中高职衔接进行人才培养造成了客观影响。

(二)职业教育人才培养目标及其对中高职衔接的基本要求

事实上,不管是技术型人才,还是技能型人才,这些职业教育人才培养目标定位都充斥着"工具主义"的价值期待,都缺少对职业教育人本价值的关注。此外,鉴于职业教育的复杂性特征,我们认为,不管是高等职业教育,还是中等职业教育,整体而言,社会对"职业教育"这一教育类型在人才培养目标的价值期待上包括两个方面,即培养合格的从业者和合格的公民。培养合格劳动者是职业教育的特殊性所决定的,而培养合格公民又是教育本质使然。从功能与价值看,职业教育注定是一种"折中"的教育类型[3],它既要满足和促进经济社会发展,同时还要兼顾学生综合素质的提升;在满足学生一次就业能力的同时,又要满足学生再就业能力的提升。满足学生可持续发展的需求,对职业教育本体价值的关注,内在地要求为学生搭建起满足其终身发展的职业教育体系,但对经济社会发展的价值期待又客观地要求职业教育为区域经济发展提供多种规格、不同层次的技术、技能型人才。职业教育人才培养目标的这种"双重性"一方面要求建立起中等与高等职业教育的有效衔接体系,但同时对中高职衔接提出了更高的要求:建立中高职既能内部有效进行衔接,又各自相对对立,能为区域经济社会发展提供"留得下、用得着"的各级各类人才的职业教育体系。

二、中高职衔接中的问题与思考

由于对职业教育人才培养目标认识不清,加之在职业教育改革过程中的功利倾向,笔者认为,目前我国中高职衔接出现了种种问题,这些问题中,以下三个问题尤其应引起我们思考。

(一)问题一:盲目进行中高职衔接

在《国家中长期教育改革和发展规划纲要(2010—2020年)》宏观政策指引下,目前各地都在推进中高职衔接的改革和实验,"3+2模式"、对口升学、"单考单招"等不一而足,但一个亟须深思的问题是，是不是所有的专业都需要进行"衔接"？从系统论的角度看，中高等职业教育是两个相对独立的教育系统，同属于职业教育类型的两个系统在层次上有高低之分，两者之间的衔接需要在系统内各个层面实现沟通，而在系统外也需要实现与由产业结构决定的职业结构的协同。[4]中高等职业教育虽然有层次的高低之分，但同属于职业技术教育范畴，都强调以职业为导向，以培养具备职业知识、职业技能和综合职业素质的职业专门化人才。因此，在构建终身教育体系，满足学生终身发展的同时，还要结合各自专业的特点，结合区域产业发展的真实需求及学生就业的需要，进行具体安排，对区域内的职业教育体系建设进行整体设计，为区域经济社会发展提供适合的技术技能型人才。从这种意义上讲，中高职衔接更应该成为学生（包括公司、企业员工等）职业成长的通道和立交桥，而不是仅仅是学历提升的途径。

(二)问题二：高职能否"引领"中职发展

在推进中高职衔接的过程中，我们往往有一种错觉或错误的认识，即认为高等职业教育属于高层次的职业教育，那么在中高等职业教育衔接过程以及中高等职业教育协调发展的过程中，高等职业教育就要"引领"中等职业教育"科学发展"。笔者认为，这种观点从实践和理论上都是值得商榷的。从历史发展上看，我国中等职业教育（中专、技校）的历史要明显长于高等职业教育，因此，从如何办好职业教育这方面的经验上看，可能中等职业教育更有发言权，更能体现出职业教育的特征。从人才培养目标看，中高职应当有各自的清晰定位，如果认同中高职分别培养技能型和技术型人才，由于这两种人才类型的成长和培养规律的内在差异，中高职在教育教学模式上是有区别的，这也决定高职难以"引领"中职发展。这正如我们从未听说研究生教育要"引领"本科生教育一样，本科生与研究生的培养目标不同，研究生教育是针对部分本科生的，它是部分学生发展的通道，而不是专业教育的衔接，一味"引领"的恶果可能使后者失去个性，变成前者的"附庸"，使后者沦为升学教育。因此，不能简单地把中等职业教育作为高等职业教育的基础，从就业这个角度上看，对某些专业而言，在中西部欠发达及落后地区，发展中等职业教育的意义甚至要大于高等职业教育，中高等职业教育应当在清晰各自人才培养目标的基础上，不断提升内涵，提高教育质量，而中职要向高职学习，或可以称作是"高职引领中职"的方面可能包括科研、学校管理及文化观念等。

(三)问题三：职业教育自身吸引力被弱化

中高职衔接作为我国现代职业教育体系建立的重要途径和关键步骤，是构建现代职业教育体系的重要内涵之一。中高职的有效衔接有助于解决高职生源问题，推动中高职协调发展，有助于促进学生可持续发展能力以及学历层次的提升，为区域经济社会发展提供更高层次的技术技能型人才。但目前存在着中高职衔接的功利化取向，这种功利性使得中高职衔接不仅没有提升职业教育的吸引力反而弱化了其吸引力：以吸纳生源为直接目的的中高职衔接会在培养目标、专业设置、课程改革等没有进行很好设计的情况下匆忙招生，这可能会造成高职入学门槛的降低，对高职人才培养质量造成不利影响；在没有建立起针对中高职衔接的合理的高职招考制度的前提下，中职生源的升学"冲动"势必影响中等职业教育以就业为导向的培养目标的实现；职业教育的独特魅力在于其能对区域经济发展提供规格适合的具有较高素质的劳动者,能够"使无业者有业,有业者乐业"。这是职业教育所具有的"天然吸引力",而如果高职成为"抽水机",中职变成了高职的"蓄水池",那么我国中等职业学校自身的吸引力,其存在的合理性和价值必然大打折扣。

三、中高职衔接的策略与建议

1999年第二届世界技术与职业教育大会把职业教育的功能界定为:"技术与职业教育既是职业准备的手段,又是终身教育的组成部分;它既是为就业准备而进行的教育,也是为学生适应职业变化,有能力继续学习和接受高等教育打好基础的教育。"[5]职业教育在人才培养目标上的双重属性决定,中高职衔接问题的实质是如何处理好学生可持续发展与满足人力资源需求之间的平衡问题。基于这一认识,笔者认为,在建立现代职业教育体系过程中,要重点做好以下四个方面的工作,才能实现中等与高等职业教育的有效衔接。

(一)提高认识,对中高职衔接进行合理定位

种种现象表明,功利化的认识倾向是造成我国中高职衔接问题的重要根源所在。我们有必要在现实改革中不断深化对相关工作的理解与认识,对中高职衔接进行合理定位,从而实现中等与高等职业教育的有效衔接。从职业教育人才培养目标的双重性看,中高职衔接不是高职引领中职科学发展的必然途径,一也不是解决高职生源危机的应景之举;中职不能仅仅是高职的"蓄水池",更应当是区域经济社会发展的"发动机";中职毕业生不是劳动市场上的"半成品",而应该是基本合格的高素质"准劳动者";中高职衔接不是中职学生学历提升的通道,而是他们职业成才的通道。因此,我们认为,我国中等职业教育与高等职业教育的衔接不是简单的"学历嫁接",它是中职教育实现从终结性教育走向终身教育的主要手段,是终身教育体系的重要组成部分,它是职业教育培养更高层次合格劳动者和合格公民的必要措施与重要手段。

(二)合理规划,引导中高职教育协调发展

从目前中高职衔接轰轰烈烈的改革中遇到的问题看,不仅我们的相关理念跟不上形势的发展,我们的思想需要解放,而且我们对中高职衔接更缺少系统化的顶层设计。首先,由于区域经济发展的不平衡性,各地对技术技能型人才规格、层次需求是不同的,这要求各地要对区域人才需求做出科学的预测,合理规划职业教育,以避免教育资源的浪费。其次,各地职业教育发展水平不同,我国东部地区职业教育发达,资源丰富,产业转型升级的"倒逼"以及人们对终身学习观念的接受,迫切需要建立起甚至包含本科层次在内的现代职业教育与培训体系。而对于中西部地区,尤其是偏远山区,中等职业教育应当是职业教育发展的重中之重,中等职业教育人才培养质量提升的意义远远大于职业教育体系完善的意义。最后,职业教育专业的复杂性要求,不是所有的专业都要进行"中高职衔接",对于技术含量低的专业,中等职业教育培养的技能型人才就足够了;而对于与高技术相关的技术含量高的专业,对相关理论的掌握、心智技能的获得恐怕需要越来越多的学生接受高等职业教育才能胜任未来的工作岗位。因此,各地、各学校,甚至是各专业,都要认真调研、科学决策,在培养目

标、专业设置、学制年限以及培养方案等方面进行切合实际的系统设计,实现中高职的有效衔接,引导中高职协调发展。

(三)完善通道,构建现代职业教育体系

中高职衔接是我国现代职业教育体系建立的重要途径和关键步骤,是构建现代职业教育体系的重要内容,但现代职业教育体系建立的前提和重点并非中高职衔接,而应该是职业教育体系内部以及职业教育与普通教育之间"立交桥"的建立。只有建立了教育体系间的"立交桥",实现了学生(包括公司、企业员工等)的自由流动,才能真正发挥不同层级职业教育的功能,从而自然地实现中高等职业教育的有效衔接。首先,要不断完善职业院校学分制、弹性学制等相关制度。只有真正建立起了学分制和弹性学制,建立了职业院校内部以及职业教育与普通教育系统之间的学分互认制度,才能实现学生的自由流动和身份、角色的不断转换,从而不断促进学生职业能力的发展。其次,要不断完善职业院校及普通高校招考制度。这些制度不仅应该包括与中高职衔接的相关招考制度,还要在更广泛的范围内促进学生在职教与普教系统之间、学校系统与工作系统间的流动和转换。再次,完善职业培训制度。开展包括岗前、在职等多种形式的职业培训是未来学校职业教育的重要功能,职业院校通过自身内涵建设,承担越来越多的职业培训任务是促进企业员工职业生涯发展的重要途径,是形成学校学历职业教育与在职培训互动、协调发展的良好局面的基础。最后,要加强对发展技术型本科等方面的职业教育研究工作。相关的研究主要包括,高职院校以及独立学院等举办技术本科培养高素质技术技能型人才的可能性及科学性的论证,构建以"专科—技术本科—专业硕士—专业博士"为主线的职业教育学历体系的研究和论证,以及职业教育学历证书体系与职业资格证书体系的等值与互认问题研究等。

(四)走向微观,深入开展中高职衔接相关工作

中高等职业教育的衔接,不能仅仅停留在宏观层面的模式设计上,从宏观走向中观和微观,是实现"有效"衔接的关键。我们需要系统考虑的问题包括:第一,专业方面有哪些专业需要进行衔接、专业如何设置、如何对口等。第二,评价手段方面如何确定要"衔接"的生源对象,我们需要建立怎样的筛选机制,通过哪种方式的考试,还是通过获取某种职业资格证书。第三,课程与教学方面。中高职院校如何合作制定人才培养方案,课程如何设置,教学如何安排,如何建立有效的学分转换制度和综合性的资格框架,加强对先前学习的认可等。第四,学生方面中职生源与高职生源的有哪些不同,他们有哪些优势以及如何发挥他们的优势等。此外,要实现中高职的有效衔接,中等职业学校要培养学生专业技能的同时,兼顾通用技能的培养,还要建立更加完善的生涯指导机制,通过提供更有效的生涯咨询,为学生提供更加准确的目标导向的升学和就业信息,引导学生根据自己的兴趣和个性特长成长回。

[参考文献]

[1] 高原.我国中高职衔接研究综述[J].高等职业教育,2004(OS).

[2] 严雪怡.为什么必须区分职业教育和技术教育[J].职教论坛,2009(25).

［3］琳达·克拉克.职业教育:国际策略、发展与制度［M］.翟海魂,译.北京:外语教学与研究出版社,2011.

［4］武金陵,闰智勇.中高职衔接的系统模型研究［J］.教育学术月刊,2012(10).

［5］张健.对职业教育功能的再认识［J］.职教通讯,2000(6).

［6］李玉静.学生有效流动:中高职衔接的关键［J］.职业技术教育,2011(10).

(本文发表于《职教论坛》2013 年第 26 期)

论高等职业教育质量观的转变

姜　进

[摘　　要]　高等职业教育质量日益成为社会与学界关注的话题,从高等职业教育质量观的类型分析入手,结合高等职业教育发展的现实,从人才培养的过程、资源整合利用与国际市场拓展等三个方面阐述了当前高等职业教育质量观转变的重点,由此管窥今后一个时期高等职业教育发展趋势与重点

[关 键 词]　高等职业教育　质量观　转变

《国家中长期教育改革和发展规划纲要(2010—2020 年)》明确提出:到 2020 年,形成适应经济发展方式转变和产业结构调整要求,体现终身教育理念、中等和高等职业教育协调发展的现代职业教育体系,满足人民群众接受职业教育的需求,满足经济社会对高素质劳动者和技能型人才的需要。这意味着高等职业教育作为现代职业教育体系的重要部分,将承担更多新的使命,迎来新的转变。同时,在高等职业教育蓬勃发展的十余年间,人们对高等职业教育的理性认识也发生了诸多转变。这些转变一方面蕴含着对高等职业教育质量的高度关注,同时也揭示了教育质量观的发展轨迹,由此,可以管窥今后一个时期高等职业教育的发展趋势与重点。

一、多样与统一:高等职业教育质量观的分类

何为优质高等职业教育? 这是一个高等职业教育办学者与受教育者一直追问的话题,作为高等职业教育基本理论的重要内容,高等职业教育质量观是政府、社会及高职院校对教育工作本身与教育工作对象质量的目标及实现程度的系统认知。教育质量是一个动态的概念,由于不同的时代与个体赋予教育质量以不同的视角,随之形成了不同的教育质量观。就新世纪高等职业教育的改革发展而言,其质量观可以梳理为以下三个基本类别。

(一)政治导向的质量观

尽管"学术自由、教授治校"一直是高等学校存在与发展的原则,但高职院校似乎从诞生之初起便没有很好地"遗传"传统大学的"基因",作为我国高等教育大众化进程中的主要力量,高等职业教育不仅很好地发挥了科教兴国的战略作用,而且在促进教育公平、保障民生、实现高等教育大众化中占有举足轻重的地位。其任务是以就业为导向,培养数以千万计的高素质技能型专门人才,以适应优化人才结构,服务经济发展与产业转型升级的需要,成为解决就业、转岗、农村剩余劳动力转移等重要民生问题,促进社会和谐发展的重要支撑力量。

因此,政治导向的质量观也往往被指责为偏重于高等职业教育的工具价值。

(二)产品导向的质量观

有学者从经济学的视角考量,认为高等职业教育质量的优劣主要看生产的产品——学生、由于高等职业教育与经济活动的天然联系,使得这种质量观在实践领域得到一定程度的认可。由此,高等职业教育举办者简单地认为举办高等职业院校如同像办企业,为了满足不同企业、地区的需要,作为"产品"的生产自然应有其不同的质量标准,评价"产品",的标准便应由"产品使用方"来制定,这样才更符合市场规律。"只有让用户满意的产品才能变成商品,才能创造价值。"而产品导向的质量观,简单地将学生视作"产品",显然不符合人的主体性原则,会使人才培养工作宛如工厂流水线,泯灭了教育促进个体自主发展的终极属性。因而,也有许多学者倾向于将课程或教育服务视作学校的"产品",而非学生本身。因为课程作为教学内容而非教学主体才更能体现"产品"的特性,而学校作为教育服务的提供者,其服务本身也可以视为一种"产品"。

(三)个体导向的质量观、

个体导向的质量观强调以满足学生内在需求为本,持此观点的学者针对高等职业院校人才培养日益偏重技能、强调实践的趋势表示了担忧,认为高等职业教育要培养全面发展的人才,满足学生对自身发展的需求,实现个人价值。同时,高等职业院校也应为学生的未来发展提供坚实基础——不仅包括职业生涯发展,而且包括对个体幸福生活的追求。与此同时,许多学者提出了"学生满意""幸福论"视角下的高等职业教育质量观,其基本诉求均在于"以满足学生内在需求和个性发展为标准提升高等教育质量"。

事实上,上述三类质量观从本质上都基于对"人"这一培养对象属性认识的差异。因为人作为多重属性的有机统一,既有个性属性,也有社会属性,人才培养过程可以规范化管理,但人才培养结果却不能用统一标准衡量;所以,当前高等职业教育改革应在把握自身发展规律的基础上,彰显"人"的丰富性,既关照社会需求,同时也要关照个体的自主发展,使高职教育各类质量观的着眼点落实到学生的自主发展上。

二、现实与预期:高等职业教育质量观的两难

多样化的质量观反映了迈入深化内涵建设时期的高等职业教育正在面临"两难"问题,反映了高等职业教育发展的现实与人们对其预期之间尚存差距,这恰恰是提升高等职业教育吸引力所必须面对的问题。

(一)能就业与就好业

从《教育部关于以就业为导向深化高等职业教育改革的若干意见》(教高〔2004〕1号)到《教育部关于全面提高高等职业教育教学质量的若干意见》(教高〔2006〕16号),"以就业为导向"便是高等职业院校的重要办学方针。但高等职业院校的学生不仅需要能就业,还需要就好业,这已经成为高等职业教育质量的主要标准。这里主要面临着两大问题:一是结构性

问题,即当前产生的"用工荒",在很大程度上反映了企业技工缺乏与高等职业院校未能培养相应一线人才之间的矛盾,使得许多毕业生无法获得相应的紧缺型岗位,却在人才供给富余的岗位中过度竞争;二是就业质量问题,即一方面学生与家长不仅希望能拥有较高的起薪水平,还希望能在职业生涯中强化自身竞争力,这就要求高等职业院校不仅要提高全日制学历教育阶段的质量,还需要进一步介入到继续教育与职业培训中去,成为终身教育体系中的重要组成部分。

(二)质量工程与资源共享

教育部、财政部于 2007 年起实施"高等学校本科教学质量与教学改革工程",从名称判断似乎这与高等职业教育的关联性不大。而事实上,从精品课程、规划教材、教学名师到教学团队,高职院校不仅在评审之中,而且经历了与本科院校同用一个指标到形成不同的评审指标的过程。问题在于,"质量工程"中的部分项目,如精品课程虽然集中了许多优质教学资源,但基本处于一个各自为战的状态,其展示作用往往大于教学实践价值,没有在更大程度上推动资源共享,从而更好地服务于专业人才培养的合力,而这却是"质量工程"应有的"质量标准"。

(三)职业教育与高等教育、高等职业教育拥有"职业性"与"高教性"双重特性

十余年来,双重特性之间的冲突与调和并未成为高等职业教育发展的阻力,反倒成为推动其实现与中职教育、本科教育差异化发展,走自身类型发展道路的动力。今天,对于高等职业教育的争论,其焦点已经不再集中于"姓职还是姓高"的问题,而是在如何完善职业教育体系与高等教育体系中扮演角色的问题,即如何促进高等职业教育与中职教育、普通高等教育之间的衔接问题,或是进一步协调职业资格证书体系与各级普通教育文凭之间的对接问题。这其实是我国高等职业教育国际化进程,即质量标准国际化这一命题必须解决的问题。因为这其实是一个市场规格问题,而这个问题的两难在于:一方面需要提升高等职业教育的地位;另一方面则要避免高等职业院校以升本为目标的"学术上漂"。

三、创新与整合:高等职业教育质量观的转变

在高等职业教育改革背景下,综合主流高等职业教育质量观,结合浙江金融职业学院的探索与实践,笔者认为:当前,高等职业院校需要从人才培养这一根本任务出发,从人才培养的过程、资源整合利用与国际市场拓展等三个重点领域,更新高等职业教育质量观。

(一)从就业导向到生涯发展

学生与家庭对于职业生涯更为长远的关注使高等职业院校不能将就业工作局限为一项阶段性的工作,而应视为一项长期性的工程。为此,浙江金融职业学院创新人才培养工作理念,推行了"六业贯通"的人才培养工作体系,"六业贯通"即办好专业、注重学业、关注就业、鼓励创业、强化职业、成就事业,使之涵盖人的整个职业生涯。(1)办好专业。学院强调每个专业应有正确的定位和稳定的市场,要准确分析专业的市场面向与人才培养规格,推进专业

人才培养模式改革。(2)注重学业。学院坚持各项工作以教学为中心、学生以学为主,要通过专门学习,让学生能够学到多种知识,学得愉快、学有成效。(3)关注就业。在坚持就业导向的基础上,学院进一步完善专业市场调研工作,引入第三方调研机构,完善毕业生质量跟踪调研机制,并将调研结果反映到专业人才培养方案制订中去,使就业不再是人才培养的终点,更是人才培养的起点。(4)鼓励创业。学院按照分类指导的原则鼓励学生创业,在普及专业知识的同时,有重点地推进以创业能力、创业知识、创业机会、创业环境、创业条件等为主要内容的创业教育,培养一批具有创业能力的学生,以创业带动就业。(5)强化职业。学院按照强化学生综合素质的目标,营造良好的职业氛围,积极创造条件对学生进行职业态度训练,使学生养成良好的职业意识与职业习惯。(6)成就事业。学院积极构建有利于学生在岗位上成长成才的交互平台,完善信息系统,注重学院品牌建设,加强与社会各界的联系,为毕业生在岗位上良好的成长成才搭建平台。

(二)从要素建设到资源整合

从"十五"期间支持的国家精品课程建设到"十一五"末期重点资助的国家级专业教学资源库建设——教育管理部门这一转变轨迹意味着从对于部分教学要素建设的关注转移到了对教学资源的整合上。针对"质量工程"项目建设中的"松散组织"这一问题,学院以专业教学资源库建设为抓手,重点推进教学资源的整合。目前,学院主持的金融专业教学资源库已经被教育部立项为国家级专业教学资源库,并参与了会计专业国家级专业教学资源库建设项目。金融专业教学资源库建设项目整合了教师教学改革实践平台、学生在线自主学习平台、职员业务素质提升平台、大众金融知识服务平台四大功能及相关资源,以实现教师分享成果、学生在线学习、职员网上点击、大众辐射共享,使课程、教材、师资、实践教学等教学要素的建设,更好地服务于专业人才培养与职业人才发展的整体要求。

3.从国内市场到国际市场

近年来,合资办学的高等教育机构正日益增多。而先于此,中国学生早已成为英、美、澳等国家高等教育服务贸易的主要客户,与高等教育大众化的进程相似,高等职业教育因其与产业的紧密联系,必然也将成为经济全球化背景下高等教育国际化的主力。因为,在 WTO 议定的"服务贸易总协定"(GATS)的框架下,高等职业教育的国际化竞争就是一场教育服务的市场竞争,我国在这个方面常年累积的巨大贸易逆差让我们不得不重新审视这个问题,即我们的人才培养质量标准不仅应针对国内市场,还要面向国际市场。基于此,浙江金融职业学院提出了打造"国内一流、国际知名"高等职业院校的目标,在具体实践中,结合中外合作办学项目建设,学院尝试将国际化产品标准、服务标准、国际通用的职业资格标准融入专业与课程教学标准中,致力于培养拥有多元文化理解力,符合跨国企业岗位职业能力标准的学生,打造具有国际视野、能从事国际教学的师资队伍,以做好进入国际高等职业教育服务市场的准备。

[参考文献]

[1] 马万民.试述高等教育质量观的演进与建构[J].高等工程教育研究,2007(4).

[2] 张安富,施佳璐.高等教育质量观多样性的逻辑起点[J].教育评论,2009(2).

（本文发表于《中国高教研究》2011 年第 6 期）

论高职院校教学质量监控重点的转变

陈利荣

[摘　　要]　高职院校的教学质量监控应根据当前高职教育改革与院校内涵建设的趋势与要求进行调整,这需要广大高职院校通过更好地认识教学质量的内涵与外延,通过从课堂走向课程、从局部走向整体、从单一主体走向复合主体、从封闭走向开放、从学校教育走向终身教育等5个教学质量监控中的重点转移,进而实现从重视管理向强调服务的整体转移。

[关 键 词]　高职院校　教学质量　监控

当前,以校企合作、工学结合为主要特征的高职教育改革正进入关键阶段。随着高职院校内涵建设的日益深入,传统观念与做法已渐破除,但新的探索与实践仍未成体系。在这旧渐破、新待立的教学改革阵痛期,教学质量监控的重点亦有必要重新予以审视与调整,使之与教学改革的趋势保持一致,从而解决改革过程中的规范问题,实现教学质量的同步提升。

一、背景与现状：高职院校教学质量监控存在的问题

(一)重视了对课堂教学的监控,忽视了对课程本身的监控

"行动导向、任务驱动"已成高职院校课程改革的主流。在"教学做一体化"思想指引下,课堂教学愈发受到了重视。教师的课堂教学组织能力、学生的课堂教学参与程度都得到了更多的关注,成为教学质量监控中的重点。但课堂始终只是教学的一个部分,从更高层次的眼光来看,高职院校的质量监控仍然存在几个被忽视的重要问题:一是课堂教学效果很好,但课程本身是否吻合学生职业能力发展的需要？ 这其实是课程设置必要性的问题。二是学生在课堂上学得很好,但课程是否为学生提供了有助于自主学习的平台？ 这其实是课程资源共享的问题。三是课堂教学体现了"做中学",但考试是否体现了"做中考"？ 这其实是课程考核的问题。上述三个问题都从不同侧面说明了高职院校需要加强对课程本身质量的监控。

(二)重视了对教学环节的监控,忽视了对育人环境的监控

在经过人才培养水平评估与示范性建设的洗礼之后,高职院校对于教学准备(教材、教案、教学大纲)、教学实施、教学评价等教学环节的质量监控已较为完善,特别是对实训、实习等实践教学环节的重视程度也大为提升,但教学环节的各项活动从来都不能脱离于具体的育人环境而开展,特别是当前广大高职院校越来越重视教学环节的设计与管理,育人环境监

控的滞后性也日益显现。育人环境的建设或营造的滞后，从本质上来说，其实是使教学的效用无法在课堂之外得到延伸，从而使育人活动的丰富性被程式化的课堂教学活动所代替，造成了高职院校诸多内涵的缺失，进而影响了人才培养的质量。

(三)重视了对学生学习的监控,忽视了对教师成长的监控

尊重学生的主体地位已经成为高职院校教学改革中的重要原则。能否发挥学生的主体作用，则是评判教学质量的重要指标。随着就业形势的日益严峻，高职院校更为关注学生通过学校教育学到了什么、能否为其提升就业竞争力增添砝码，而有意无意地忽视了教师在教学中的主体性。但是，教学活动从来不是单个主体所能完成的"独角戏"，重视教师在教学中的主体作用也并不意味着伤害了学生的主体地位，姑且不论传统教学模式中学生主体地位的削弱是否有教师不可推卸的责任，但更需要明确的是，教师同样也是通过在教学活动中发挥其主体价值，"为学生构建了有意义的学习经验"。特别是在更为强调通过教学互动来提高学生实践能力的高职院校，怎样在让学生"动起来"的同时，让教师也"动起来"，从而实现教学相长，这是一个迫切需要正视的问题。

(四)重视了对教学质量的内部监控,忽视了教学质量的外部监控

在高职院校强化内涵建设与质量管理的过程中，教学质量的学校内部监控已经有了较为完整的队伍与完善的制度，但是对于教学质量的学校外部监控却仍受到了一定程度的忽视。这里的"忽视"主要是方法或机制层面的。因为，日益开放的高职院校教学的质量监控是当前广大高职院校必须直面的管理难题，已经备受重视，可是一方面建立了校内督导队伍强化教学质量的内部监控，却忘了高职院校的教学质量需要由行业、企业等更多的利益相关者来监控。同时，随着高职院校社会服务功能的日益拓展，学生社会实践活动也将成为教学的重要组成部分，其质量的监控亦理应纳入整个教学质量监控的范畴中来。

(五)重视了对当前教学质量的监控,忽视了对后续发展能力的监控

教学作为育人活动的重要组成部分，其质量的衡量不同于一般的在市场上销售的普通商品或是提供的服务，而具有更长的延续性，即教学质量的衡量不仅要依据当前学生的满意程度与就业能力，还需要结合若干年后的受益者，包括毕业生、用人单位、政府乃至社会的满意程度——后者在更大程度上取决于毕业生在职业生涯中是否具有进一步的发展，做出更大贡献的能力。而从目前的实际情况而言，高职院校虽然十分重视用人单位对毕业生的满意度调查，但对于如何通过调查获得针对学校教育阶段所能提供给学生可持续发展能力的信息却不够重视。这其实反映了高职院校在提供职业培训、考证服务等终身学习渠道上的功能性缺失，对持续提升学生岗位竞争力与生涯质量的忽视，而这其实是高校作为学习型社会中的重要机构的重要功能。

二、内涵与外延:高职院校教学质量的再认识

结合上述 5 个问题，从整个高职教育改革与发展的走向来看，需要对于高职院校教学质

量进行重新认识。就内涵而言,教学质量的实质与核心是育人质量;就外延而言,教学质量包括为育人活动提供课程、环境、师资、管理、培训等领域服务的资源与活动的质量。尤其是广大高职院校,其发展方向将是面向各职业领域提供高质量教育服务的开放式平台,需要进一步认清高职院校教学质量的内涵与外延。

三、对策与转变:推进高职院校教学质量监控的重点

在进一步认识了高职院校教学质量的内涵与外延之后,为更好地发挥教学质量监控的作用,需要从以下 5 个方面推动教学质量监控重点的转移:

(一)从课堂走向课程

从一定程度上说,课堂是课程实施的重要场所,从课堂走向课程意味着教学质量监控需要更为宽阔的视野,更为强调课程的设计。一是要注重课程设置。这主要是指强调基于岗位职业能力标准进行课程开发,完善课程体系与结构,使课程体系与人才培养目标对应,使各门课程的教学"紧密围绕典型的职业活动"[2],提高课程教学的效率。当前基于工作过程系统化的课程开发、项目课程开发等都是可供参照的开发模式,有助于优化课程设置。二是要注重课程教学资源与课程教学平台的建设。这主要是指通过课程标准、案例、课件、录像等课程教学资源建设与课程网页的建设,为学生提供自主学习的课程平台,培养学生自主学习的能力。三是要注重课程考核方式的改革。这主要是让课程考核方式更加符合课程所对应的工作任务的特点,避免因采用传统的考核方式而影响对学生能力发展的判断,使课程改革无法彻底。

(二)从局部走向整体

从局部走向整体意味着高职院校要从单纯关注显性课程走向综合考虑显性课程与隐性课程的整体建设。隐性课程作为显性课程的有益补充,在育人工作中发挥着不可替代的作用,特别是在职业氛围营造、学生自我管理能力提升、校园文化传承等方面发挥着至关重要的作用。相较于传统更为悠久的本科院校,办学时间较短的高职院校,更需要通过强化隐性课程建设来彰显办学特色与内涵,但隐性课程也需要像显性课程一样进行优化设计,以做到隐性课程建设的"形散神不散",主要措施可包括:通过强化学生社团建设,培养学生的创新精神与自我管理能力;通过职业氛围的营造,实现对学生职业精神的熏陶,帮助学生完成从学生到职业人的平滑过渡;通过校园文化建设,积淀高职院校的特色与传统,传承高职教育的文化基因,从而为形成高职教育的文化奠定基础。

(三)从单一主体走向复合主体

从单一主体走向复合主体并不意味着降低学生在教学中的地位,而是强调高职院校需要更加重视让教师通过参与教学改革与研究提升自身的教学能力,获得自身的专业发展。从众多本科院校中存在的教学与科研的矛盾来看,是因为科研在教师的专业发展中占据了突出的地位,是高等院校科研与教学两大功能在一定程度上产生了错位而造成的影响。但

就高职院校而言,应当更加强调教学功能的高等院校,无论是社会服务还是技术开发也都应是服务于人才培养工作这一根本。从具体的教学质量监控层面而言,就是要强调教师教学设计能力与实践教学指导能力的培养,并让教学改革与研究的成果在高职院校教师的考核与职称评定中占据更为重要的地位,从而更好地发挥教师的主体作用,凸显其主体价值,避免教学改革中出现矫枉过正的错误。

(四)从封闭走向开放

高职院校的教学质量监控从封闭走向开放是高职院校开放式教学的必然要求,开放式教学不仅意味着有更多的行业、企业与社会人士参与到教学中来,也意味着教学质量需要接受来自行业、企业、政府、社会等更多利益相关方的监控,还意味着必须有更为开放的监控途径。这不仅需要广大高职院校在教学质量监控中予以足够的重视,更要采用与建立更具实效的监控机制与方法,主要包括:一是强化外部监控队伍的建设,需要建立融合行业、企业、学生家长等多方利益相关者的监控队伍,使教学质量监控的标准与行业标准、企业与家庭需求相结合;二是在进一步发挥专兼结合的教师队伍的监控作用的基础上,加强对学生自我监控能力的培养,这是学生在其职业生涯的开始必须培养的能力;三是采用问卷、访谈、个案分析、在线问答等实证性的监控方法,获取更为具体、有效的信息,提高质量监控的时效。

(五)从学校教育走向终身教育

从学校教育走向终身教育意味着高职院校必须进一步拓展毕业生质量跟踪调查的信息采集面,将毕业生在就业岗位的发展情况与发展需求纳入调查范围中来。从长远发展来看,高职院校必须承担起更多的岗前培训、职业考证服务、在职培训、成人教育等任务,为个体职业生涯的可持续发展做出贡献,成为学习型社会中的重要功能型机构。这就需要广大高职院校提高教师的社会服务意识与能力,搭建更为丰富的社会服务平台,特别是要重视对其毕业生终身学习的服务。因为学生就是学校的品牌,在高职院校普遍办学历史较短的现实情况下,只有通过培养优秀毕业生,并帮助他们在岗位工作中取得更为出色的业绩,做出更大的贡献,这样才能形成更为出色的校友队伍,从而产生更强的品牌效应。

四、管理与服务:高职院校教学质量监控的发展趋势

教学质量监控是教学管理的重要组成部分,从国际高职教育发展的现状来看,WTO已经把教育视作服务业纳入其服务贸易总协定框架,作为一类服务业进行商业运作,而高职院校则是其中一支主要的力量。因此,高职院校教学需要进一步正视教育的服务属性,教学质量监控也需要从重视管理向强调服务转移,这是一种整体性的转变,不仅是观念层面的,也是实践层面的。文中所述的5个重点的转移则是从更为具体的角度来阐述这一整体性转变,这也是高职教育实现自身类型化发展的题中应有之义。

[参考文献]

[1] 周建平.教师参与课程领导:分析与建议[M].课程与教学评论:第1辑.南京:南京师范大学出版社,2008.

[2] 姜大源.职业教育学研究新论[M].北京:教育科学出版社,2007.

（本文发表于《中国高教研究》2009年第6期）

高等职业教育文化逻辑的分析

王　琦　邢运凯

[摘　　要]　高等职业教育文化以职业发展为逻辑原点，在与企业和社会的互动中形成不同于其他教育文化类型的生成机制和存在规律，并由于职业教育的属性，在职业性与社会性、技术与人文、工具理性与价值理性、企业伦理与社会伦理等对应关系中形成悖论。高等职业教育文化只有秉持技术伦理走向人文精神的成长路径，才能在悖论中前行，从而形成文化共识并走向文化成熟。

[关　键　词]　高职教育　文化　逻辑

英国人类学家 E. B. 泰勒被称为人类学之父，他在《原始文化》一书中对"文化"的定义为："文化或文明，就其广泛的民族学意义来讲，是一复合整体，包括知识、信仰、艺术、道德、法律、习俗以及作为一个社会成员的人所习得的其他一切能力和习惯"。[1]因此，可以认为文化源于群体生存活动的方式，是群体基于生存活动方式而生发的理念、制度与仪式。其中，理念包括精神（信仰）、思想（观念）、心理（行为倾向），核心是价值观和围绕价值观的一整套逻辑；制度是行为选择的规则和目的性的行为组织方式；仪式则是一套象征体系。在这种广义的"文化"属性的基础上，不同领域、不同语境、不同维度又生成不同的类文化和属文化。其中，高职教育由于其教育类型的鲜明特色、人才培养模式、教育教学机制的个性诉求，也在教育实践中积累和生成了自己的文化，即高职教育文化。具体而言，高职教育文化包括高职教育的生存状态、高职教育的价值观、高职教育的运行规则以及高职教育的象征符号系统或仪式。

一、高职教育文化的逻辑原点

对文化的逻辑分析，首先要找到逻辑原点。与普通高等教育相比较，职业教育的逻辑原点是职业发展。职业发展是职业教育的生存逻辑、发展逻辑，因此，高职教育的逻辑与高职教育历史具有一致性，逻辑原点与时间原点高度契合。

（一）高职教育文化的时间原点

高职教育作为职业教育类型，其文化属性应当追溯到职业教育产生的时间原点。

第一个时期是 20 世纪初期晚清民国时期实业救国与职业教育的产生阶段。1902 年，清政府颁布《钦定学堂章程》[2]，首次将实业教育与普通教育、师范教育并列，职业教育开始列入学制[3]136 1913 年，民国政府颁布《实业教育令》，集中体现了实业教育思想"尚实"的内容[3]147。1926 年，职业教育机关达 1695 所[4]112；同年黄炎培提出"大职业教育主义"，提倡"职业教育同时须分一部分精神，参与全社会运动"[4]113 1928 年，蔡元培主持召开全国第一次教育会议，提出"应该提倡劳动，用科学的方法，增进生产的技能，采取艺术的陶熔，丰富生活的意义"[4]130。从这几个主要历史事件的关联看，职业教育形成和发展的初期，就传承了与社会融通、注重实效、实德、实能的核心教育理念，并通过具体的制度安排使其得到贯彻。从上述史料可以看出，职业教育的产生，就是为了解决相关人的生存问题，即以"技能"实现其职业发展，通过"尚实"的理念增进学生的生产技能，进而丰富生活意义。这一阶段实业教育的倡导及实施，不仅实现了职业教育与就业在时间原点上的还原与契合，而且还通过实业教育理论、实业教学课程、实业教育政策、实业教育行为的实施不断吸收和积累"文化"的元素。

第二个时期是 20 世纪后期高等教育大众化与高职教育的产生阶段。这一时期，社会对高等教育的需求增加，尤其是经济的活跃和产业类型的细分，加大了社会对高技能人才的需求。在这一背景下，一方面高职教育在职业发展的社会需求下被激活，教育规模呈现补偿性扩张，职业发展的内生性动力和高职教育又一次完成了与时间原点的契合；另一方面，高职教育的补偿性增量，也使其在整体上的软性管理和服务滞后，高职教育待文化的支持，并通过文化反哺提升办学质量，规范教学秩序、优化教育环境，这一时期高职教育文化逐渐趋于系统化和个性化。

（二）高职教育文化的现实原点

高职教育文化以职业教育的使命与社会功能为现实原点。从黄炎培的"平民教育"中强调"使无业者有业，使有业者乐业"的教育思想[5]，到时任国务院总理温家宝的"面向人人的教育""就业是最大的民生"的主张[6]，再到《国家中长期教育改革和发展规划纲要（2010—2020 年）》关于职业教育的论述，都一脉相承地体现了职业教育的教育属性和现实诉求。因此，高职教育文化随着职业教育的兴起而生成时，无论是民国初年的实业教育，还是进入 21 世纪的现代职业教育，提高国民素质、满足社会需求、实现职业发展必然也必须是高职教育文化的现实原点。由此我们看到，在这一现实原点的机理作用下，高职教育文化有了不同于其他教育文化的特点，无论其显性的物态文化、行为文化，还是隐性的精神文化、制度文化，都凸显出高职教育文化特有的职业性、包容性和可塑性等现实元素。很显然，这些高职教育文化的特点是高职教育的职业发展导向作用的结果，也是高职教育文化得以生存、发展并不断成熟的价值所在。

二、高职教育文化的互动主体

与一些类文化不同的是，在高职教育文化兼容、共生、开放的特性下，其主体呈多元状态。换言之，按照现代管理学的观点，高校组织的主体呈现出"文化人"的身份，并在形式上表现为平坦结构和松散联合方式。在高职院校，这一特性由于高职教育与企业、行业及社会各界的更多关联，在高职教育文化的形态上更被放大与核心化。当这种放大效应积累到一定量级时，高职教育文化的多元主体性便显现出来，这也是韦克称之为"松散耦合系统"运行的特点。从对应关系的维度理解，可以把高职教育文化的核心互动主体归为如下两类。

(一)教育文化与企业文化共融形成的校企文化互动主体

高职院校的教育文化不仅要从学生的就业和人才培养出发，还由于就业的关联性和依托性，必须与企业文化对接，以解决学生从"学生"到"职业人"的角色转换时的文化不适；另一方面，企业的效益扩张和发展原则要求不断吸纳新的成员加入以保证人力资源供给，就业方向的共性诉求形成的文化互动主体，文化的主张者和执行者是学校、企业。

但不容忽略的是，互动主体双方的价值取向是不同的。按照博弈论理论的观点，两种文化主体的交融，也是一种合作博弈过程。在这一过程中，每个参与主体都有行动选择的可能，并在行动中坚持有限理性和收益最大化的原则。就高职院校而言，其主张是教育文化应更为关注职业的价值观和职业文化的共性，立足于学生知识、技能、能力的协调进步；而企业则更多从行业个性或企业个体的原则出发，从企业的员工角色维度关注企业的行为准则和企业文化，强调高职院校必须为企业培养直接可用的员工，以企业的职业和岗位需求作为单一价值目标。

(二)教育文化与社会文化互动形成的校社文化互动主体

教育文化是植根于教育本体而附生的，而教育又是社会这一庞大的组织生态体系的一个单元，因此，高职教育文化离不开社会的大文化。换言之，从社会结构角度看，高职教育文化必然是一种次生文化和从属文化，只有在既生既存的社会文化中获得支持和匹配，才能获得自身的生存和发展，并在高职教育文化的受体上发挥作用和形成效益。

从人的根本需求和生存理性看，教育文化和社会文化在价值取向上有基础性的共生力，尤其是当教育文化特指高职教育文化时，对人才的培养因为教育类型而具体化为职业人甚至企业内高素质高技能员工。此时，高职教育文化和社会文化对文化受体的基本要求都是诚信、自律、合作等体现人类共同价值取向的道德规范。社会对其成员的要求往往是价值、个性、质疑、独立、人格等，但具体到企业对员工的要求，则更为具体和自我化，如对员工利益、标准、服从、依附、能力的要求，使企业的个体文化诉求更为显性。这也正是高职教育文化的困境之一，正如法国学者埃德加·莫兰所言："现代文化的福祉正好隐含着它的祸根，个人主义包含了自我中心的闭锁与孤独，盲目的经济发展导致了人类道德和心理的迟钝，科学技术在促进社会进步的同时，也在造成新的不平等。"[6] 因此，高职教育文化必须从"大社会""大文化""社会人"的维度完成对"小社会""小文化"和"职业人"的培养。

上述的两组互动主体，在逻辑关系上是一致的，即从职业发展的逻辑原点出发，高职教育文化必须满足学生对就业的文化需求。但是，就文化主体的本位论而言，不同的高职教育文化主体，如企业和社会，对其成员的生存需求规则是不同的，两者对文化诉求的着力点、关注点迥然有异。企业对成员的生存需求是基于效率和效益导向形成和制约的，而社会则更多地从道德、公正、包容、法制等导向要求组成成员。于是，主体诉求不同带来了文化冲突和矛盾，由矛盾形成文化悖论，即高职教育文化的四个基本命题。

三、高职教育文化的基本命题

（一）职业性与社会性

高职教育的就业导向具有多重属性。首先，它是一种职业属性导向，意味着高职文化在职业人培养过程中认可职业（企业）所认可的价值，遵循职业（企业）所遵循的准则，接受职业（企业）所接受的规则，并按照企业规则的要求培养人才；其次，就业导向还是一种社会属性导向，就业者不仅要在职业中生存，更要在社会中生活，而职业规则的合理性并不等同于社会规则的合理性。因此，高职教育文化要在文化互动中不断规制、批判与纠正企业的文化制式中不合乎社会规则的部分，使企业文化的职业性认可、遵循、接受社会的价值、准则与规则。

（二）职业素质与人文素质

人文素质指人们在人文方面的综合品质或者已达到的发展程度，即人的外在精神风貌与内在精神气质的综合体现；职业素质则是职业人对职业了解与适应能力的综合体现。在高职教育文化机制内，两者的区别不仅在于培养渠道与主旋律的不同，更在于文化倡导不同。人文素质的着眼点是人文精神、人的价值、人格尊严、平等与尊重、理想与意义等，而职业素质的着眼点则在于技术（技能）、业务拓展能力、团队合作、沟通交往、创新等。在一定程度上，人文素质与职业素质，是宏观与微观、虚与实、倡导与落实的对应关系。高职教育文化应在自我体系的构建中，通过多元形式的显性教育和隐性教育，使自己的文化主张内化为学生的文化自觉，学会通过人文精神和人文方法提高职业素质，并反过来在职业人个体的职业行为中反映和体现人文素质的普适性。

（三）技术与人文

《辞海》对人文的解释："人文指人类社会的各种文化现象。"而西方国家最初的"人文"的含义是"教化教养"，在文艺复兴中，"人文"强调的是重视人的文化，由此可见中西文化中"人文"的相通性。在高职教育文化体系中，两者的起点和归宿明显不同。人文的主要指向是价值性、"无用之用"、自由的心灵、浪漫的感性等；而技术是指工具性、实用性、程序性、规范性和精致的理性。在高职教育的文化悖论中，人文与技术一直以一种导向冲突的状态存续。基于现实和功利导向的职业发展需要在高职教育文化中凸显出技术教育的重视和不可替代，而基于实现人的全面发展的人文诉求，又在高职教育文化中强调人文对于人的成长的重要性。这种互动对应关系其实由来已久，从 20 世纪 30 年代的永恒主义教育哲学、要素主义教育哲学到 20 世纪 60 年代的通识主义教育运动，都在反复论证过度单一和目的明确的专业化教育、技术培训忽略了人的发展，不利于人的生命历程中的人文素养、人文安全与人文享受。高职教育文化必须在这一对矛盾中实现人文诉求与技术需求的融合，通过互动完成培养目标。

(四)工具理性与价值理性

价值理性与工具理性在高职教育文化的机体内,显然是以合作博弈的姿态出现的。毫无疑问,价值理性是超功利的,它所关注的是应然性,其在哲学意义下探究并求证高职教育原动力、高职教育责任与使命、高职教育社会价值、高职教育伦理等形而上的命题。而工具理性则显然是实用和功利的,它从市场化、商业化的取向出发,追问实现高职教育效益的最佳路径和手段,以及实现效益的程度和规模。

联合国教科文卫组织的咨询报告《学会生存》认为,教育的目的是"完人",即"人的全面发展"[7]。高职教育文化显然应该在文化的运行线路中体现这一价值,引导学生通过对历史的追溯与反省、对艺术的欣赏与赞美、对异质文化的比较与批判,完成自己的人格塑造,实现理性价值;同时,职业教育应"以生利为主义","凡养成生利人物之教育,皆得谓之职业教育"圈,职业显然是高职教育的另一个价值追求,但是却不能以技术性的逻辑推演和职业性的功利价值而忽略高职教育的理性价值,只有抛弃"工具教育"中把人当作社会的构件去模塑的观念,在"现实的功利取向"与"全面自由发展的人的教育"[9]中审慎取舍,才会使高职教育剥离工具化倾向,使高职教育文化的价值理性与工具理性能共生共存并与文化机制内良性互动。

上述的四种基本命题构成了高职教育文化的四组悖论。特别需要强调的是,高职教育文化不同于其他普通高校的文化具有普适性、共性和合力。高职院校由于其职业培养定位、岗位细化和教育类型的差异性,几乎每所高职院校的教育文化都有自己的个性和不可复制性。因此,高职教育文化生动而丰富,张力巨大,而一旦巨大的文化张力超越了现实需求就容易形成溢出效应,有可能撕裂高职文化的结构,进而消解高职文化存在的合理性。因此,高职教育文化必须寻找到一条合理的路径,消弭高职教育文化的张力,使高职教育文化在主体互动中与其他文化环境和文化主张达成文化认同。这条路径就是高职教育文化由技术伦理走向人文精神,克服高职教育学制、学量等制约因素。通过强调技术伦理,让学生了解、接受人文精神,完成高职教育人文精神的内化过程;同时不断递增高职教育文化的话语权,使高职教育文化由文化自觉走向文化自信,完全文化建构,在文化的积淀过程中使高职教育文化走向系统和成熟。

[参考文献]

[1] 倪梁康.现象学及其效应[M].北京:生活·读书·新知三联书店,1994:76.

[2] 舒新城.中国近代教育史资料(中册)[M].北京:人民教育出版社,1961:152—153.

[3] 朱有瓛.中国近代学制史料(第二辑上册)[M].上海:华东师范大学出版社1987:136.

[4] 陈青之.中国教育史[M].上海:商务印书馆,2006.

[5] 章富勇,等.中国近代教育史资料汇编(实业教育、师范教育卷)[M].上海:上海教育出版社,1994:98.

[6] 余祖光.先进工业文化进入职业院校校园的研究[J].职业技术教育,2010(22).

[7] 费孝通.对文化的历史性和社会性的思考[J].思想战线,2004(3).

［8］刘国珍.关于高等职业教育文化的界定［J］.继续教育研究,2010(6).

［9］虞希铅.论高等职业教育的文化自觉［J］.中国高教研究,2012(12).

（本文发表于《中国高教研究》2013 第 11 期）

工学结合背景下高职院校教学管理模式探索

——以浙江金融职业学院为例

方　华

[摘　　要]　工学结合人才培养模式改革对高职院校教学管理提出了新要求,高职院校教学管理具有社会性、差异性和综合性等主要特征,浙江金融职业学院探索了与工学结合人才培养模式相适应的"三维一体、三化一式"的教学管理模式。

[关 键 词]　高职院校　教学管理模式　探索

高职教育教学改革是推动我国高等职业教育从外延扩张逐步走向内涵发展的必由之路,探寻高职院校教学管理模式如何更好地适应高职院校教育教学改革与发展的新要求,是深化高职教育教学改革、提高人才培养质量的必然诉求。

工学结合是一种利用学校和企业不同的教育资源与教育环境,发挥学校与企业在人才培养方面各自优势,将以课堂传授间接知识为主的学校教育与直接获取实际经验和能力为主的生产现场教育有机结合,满足企业需要,实现学生职业能力与企业岗位(群)需要对接的人才培养模式[1]。工学结合人才培养模式改革要求高职院校教学管理必须以满足个体和社会发展需要为出发点,以提高管理质量和效率为基础,创新教学管理模式,使教学管理更好地引导教育教学创新,充分发挥校企两种教学资源优势,推进内涵建设,进而推动教育教学质量的不断提升。

一、工学结合人才培养模式改革对高职院校教学管理的诉求

工学结合人才培养模式具有四大基本特征,即现代性、职业性、市场性和大众性[2]。工学结合人才培养模式对高职院校教学管理提出了更新、更高的要求。

(一)高等职业院校发展的轨迹分析

1999 年,高等职业教育随着高等教育规模的扩大而进入了大发展时期,由于高等职业教育在我国发展时间较短,没有成熟的经验可以借鉴,高职院校普遍存在定位不准的问题,沿用本科的教学模式、教学计划和课程体系及教学管理模式,导致高职教育淡化了其职业性。为扭转这一现象,从政府管理层面,到高职院校及广大教育研究专家学者积极探索、勇于实践,将学习职业教育发达国家的成功经验与本土化相结合,提出了以服务为宗旨,以就业为导向,走产学研结合的发展道路,培养生产、建设、管理一线的高素质技能型人才的高职教育改革方针,确立了校企合作的办学模式及工学结合的人才培养模式。在这一历史背景下,深化基于工学结合的教学质量管理体系建设,成为高职院校内涵建设中必须面对与解决

的现实问题。

（二）从人才培养工作的系统性分析

在工学结合背景下，无论是教学主体、教学内容、教学环境，还是评价手段都发生了重大改变。从教学主体看，教师素质需要不断"双师化"，师资队伍的人员构成由于兼职教师的加入也不断对教学制度建设提出新的要求、职业院校单纯的学生身份也在学生与企业准员工之间转换。从教学内容看，课程的开发、大纲的制订、内容的更新都需要行业企业的广泛参与，这对教务管理工作人员课程统摄能力提出了新的要求。从教学环境看，企业工厂实习、实训车间的设立，丰富了教学资源，大大提高了教学环境的真实性，也拓展了教学管理的空间范围。从教学评价的手段看，单一知识评价已经不能满足工学结合人才培养模式的需求，多元化的评价方式为教学质量管理增加了难度。

（三）从工学结合人才培养模式改革的现状分析

目前，我国工学结合的人才培养模式除了在外部运作机制方面缺乏有效的制度保障之外，在"工"与"学"的微观操作层面尚存在着以下主要问题：（1）"工"这部分的内容、要求与专业或课程教学相脱节，或者未能贯穿专业人才培养的整个过程；（2）工学结合只是在校外开展，并且校外实习基地建设缺乏系统性，无法提供稳定、优质的实习机会；（3）工学结合的组织比较紊乱，缺乏有效的管理与监控，放任自流，浪费了大量的教学时间；（4）评价方式仍囿于传统的桎梏，无法体现职业能力的要求。解决上述问题，有赖于教学管理模式及教学管理体系的创新。

二、工学结合背景下高职院校教学管理的主要特征

高等教育管理具有人文性、专业性和科学性等方面的特征[3]。工学结合背景下，高等职业教育教学管理与普通高等教育教学管理相比，具有以下几个方面的主要特征。

（一）社会性

与学术型的普通高等教育相比，高等职业教育与经济社会发展的关系更为直接和紧密，它既受到社会经济发展的制约，同时又更为直接地促进经济建设和社会发展。高职院校的教学管理必须认真研究其社会性，主动、自觉地与经济社会发展相适应，教学管理的内容与形式也必须符合国家相关的方针政策，体现服务社会的基本职能。此外，高等职业教育是以服务为宗旨，以就业为导向，培养面向生产、建设、管理与服务一线需要的，具有良好的职业道德和创新精神的高素质技能型人才，这一人才培养目标的定位要求学校与企业的紧密合作，要求充分发挥学校、企业两个主体的共同作用。共同育人，高等职业院校的这种开放性的办学特征也增加了其教学管理的社会性。

（二）差异性

与其他教育类型相比，高等职业教育的教学管理工作无疑更应该关注学生发展的个体

差异性,这种差异性不仅体现在同一院校中生源的差异性:既有技工类、职高类、中专类毕业生,又有普通高中毕业生;也体现在同一学校、同一专业学生不同学习能力、不同发展能力的差异性上,更体现在工学结合背景下,课程内容、教学方法以及学生学业多元化的评价方式等方面,这些差异决定了高等职业教育教学工作是一个多样性的动态过程、高职院校教学管理必须认真研究这种差异性,设计满足学生个性化需求的人才培养方案,从而满足社会、学生个体对高职教育的多元化需求。

(三)综合性

高等职业教育教学管理的综合性体现在:一是与其他教育类型相比,高职教育与经济社会发展的关系更为广泛、密切,其办学模式与人才培养工作体现出开放性、职业性与实践性等综合特征;二是高职教育教学管理所涉及的职责范围更广、工作内容更为复杂、难度更大,它面临着整合校内外多种教育资源的任务,其复杂程度对高职教育教学管理工作者在能力与素质上提出了更高、更综合的要求。三是高等职业教育教学管理工作所依据的基本理论与管理学、社会学、经济学等都有着密切的关系,这一领域的研究已经成为一个跨学科领域。

三、"三维一体、三化一式"教学管理模式探索

在工学结合背景下高等职业教育教学管理的特征,运用系统论的思维方式,浙江金融职业学院通过多年的实践探索,逐步建立起了"三维一体、三化一式"的教学管理模式。所谓"三维一体、三化一式"的教学管理模式是指以"三全"质量管理理念为先导,集时间维度、空间维度、主体维度3个维度管理于一体,实行人性化、柔性化、信息化、开放式的教学管理模式。它是基于工学结合背景下的高职教育教学改革,以学生的发展为根本,以柔性化管理为方法,以现代信息技术为手段,以开放式管理为平台构建的高职院校教学管理新模式。

(一)三维一体

1.强化时间维度,实现全程化教学管理。

工学结合的人才培养模式改革,对高职院校的教学过程提出了全新的要求,需要构建涵盖从新生入学到毕业生回访全过程的质量管理体系、这一体系包括学生在校3年时间跨度内从人才培养方案设计、始业教育到毕业生质量跟踪调查的系统工程;包括如何就工学结合的各类形式,进行全时质量监控,形成基于工作任务与岗位职业能力分析的工学结合的人才培养方案、校企结合的新生始业教育工作方法、认知实习、专业实习、顶岗实习等实习质量管理制度与方法;包括毕业生质量调研体系开发等系列内容。为此,在教学管理制度设计上,学院按照工学结合人才培养模式的要求,制定了一系列教学管理规章制度,如"学生千日成长指南""人才培养方案制订指导意见""毕业生跟踪调查办法"等,并对教学质量进行全过程管理。

2.延伸空间维度,实现全方位教学管理。

工学结合人才培养模式改革,极大地延伸了教学空间,主要教学场所从教室、学校变为生产性实训基地、顶岗实习基地,模拟或仿真、全真化实验室等。为此,高职院校必须建设涵

盖工学结合主要教学活动空间的教学质量管理工作机制、方法与制度。其中包括学生生产性实训质量管理机制、学生顶岗实习质量管理机制、符合各类工学结合形式的教学质量评价体系等。对此,学院树立"大课堂"的教学观念,从以学校为中心向以他方为中心转变,打破传统僵化的教学组织管理方式,改革原有教学规范中不适宜工学结合人才培养模式的内容,构建全新的教学规范与管理机制,鼓励教师与企业深度融合,教学任务与实际岗位需求结合,重构彰显高职教育特色的教学组织形式。

3. 完善主体维度,实现全员教学管理。

工学结合的人才培养模式改革,必须在全体教师及行业、企业的参与下才能推行,教学质量管理的主体应从教学管理职能部门拓展到涵盖行业、企业的"双主体",及教师、企业与学生等所有参与教学活动的人员。高职院校应打破学校单方评价的传统做法,发动行业、政府与社会力量参与教学质量管理,重视吸纳行业企业技术人员共同参与,实现质量管理主体的多元化,强调评价过程中多主体之间的合作、互动与沟通。为此,学院修订了《兼职教师规范化管理办法》《教师工作业绩考核与工作量计算办法》《教学质量监控与评价办法》等,使校内外教师的教学工作能与工学结合人才培养模式改革相对接,并形成系统的工作机制,促进教学质量管理与企业管理的有机结合,从而有效推动了教学工作规范有序地开展。

(二)三化一式

1. 坚持人本理念,实现人性化教学管理。

人本管理的本质是一种把"人"作为管理活动的核心,以促进人自身完善与发展为根本目的,强调个人价值与集体价值、个人目标与组织目标辩证统一为原则的管理理念。高职院校管理要素中主体性成员——学生,是活生生的人,因此,在教学管理中只有以人为本,把调动人的积极性这个目标转换为通过管理塑造一种环境,激励学生自觉为实现社会价值和个人价值目标的统一而奋斗,这种管理才是有效的管理川。"人性化"教学管理模式的构建体现了这一理念。自 2004 年以来,学院积极探索"准专业证书"制,全院近 600 名学生参加了"准专业"相关课程模块的学习,并取得了准专业证书。自 2005 年起,学院以满足行业企业对高素质应用型人才需要以及学生个性化需求为出发点,积极创新工学结合人才培养模式改革,构建了以订单为载体的个性化人才培养方案,在学生第一、第二学年学习并掌握专业核心能力的基础上,在第五学期专门设置了订单模块、专业深化和拓展模块以及面向全院学生开设的第二专业选修模块,努力加大选修课程比例,使学生有更多的选择余地,满足了学生多样化、个性化的发展需求。

2. 改革教学管理方法,实现柔性化教学管理。

工学结合背景下人才培养模式的改革需要高职院校的教学管理加大柔性程度,使学生有较多的选择余地与发展空间。高职院校应从工学结合人才培养模式出发,构建柔性化的教学管理制度,以适应现代社会对职业教育的要求,改革原有学制、学籍管理模式,推进适合高职院校特点的弹性学制,逐步实施完全学分制,提高学制、学籍管理的兼容性。为此,学院在教学组织、教学运行、教学资源配置、管理方法上力求克服刚性过多、柔性不足的问题,加大柔性程度,鼓励学生取得职业资格证书与自主创业,将学生取得社会实践、顶岗实习、职业资格证书、创业业绩以及获奖等情况折算成一定的学分,逐步实现了柔性化的教学管理.

3. 创新教学管理手段,实现信息化教学管理。

工学结合背景下的教学地点实现了从封闭的学校内部扩展到外部的行业企业中,形成了一个由学校、企业和社会三方共同构成的开放性的教学互动空间。此外,由于学生多样化、个性化需要的凸显,传统的教学管理模式已难以应对教学管理内容的多样化变革,构建"信息化"教学管理模式势在必行。为此,学院十分重视教学管理手段创新,较早地引进并使用现代管理技术手段,从排课、学生选课、"准专业"证书及职业资格证书的报名及考试、学籍管理及学业成绩查询等教学运行管理,到学生评教、人才培养工作状态数据平台等教学质量监控,均充分利用信息管理平台,并在对平台信息数据进行分析的基础上,查找问题、分析原因,研究制订相应的改进措施,不断提高教学管理的质量和效率。

4. 搭建教学管理平台,实现开放式教学管理。

工学结合下教学体系的开放性不仅体现在教学活动的主体由单一的学校变成企业和学校两个主体,而且体现在职业院校的教学体系实现全面的开放,具体表现在教学场所、教学内容、师资队伍、教学评价以及教学资源的构成等诸多方面的开放上。高职院校教学管理应适应开放式教学的要求不断延伸管理范围重建管理制度,再造管理流程,完善质量管理和保障体系,实现由行业、政府与社会力量等共同参与的多元化质量管理主体。为此,学院成立了作为学校下属的二级学院——"银领学院"。银领学院在办学上,以订单培养为始点,以开放式办学为特征,以双师团队为依托、以工学结合为载体,以校企合作为平台,以优质银领为目标,实现了学院"行业、校友、集团共生态"的办学模式和订单式人才培养模式的无缝对接,实现了学生高质量就业。

[参考文献]

[1] 马庆发,唐林伟.中国职业教育研究新进展·2007[M].上海:华东师范大学出版社,2008:319.

[2] 周雪,蓝欣.第四次圆桌会议主题:工学结合校企合作[J].职业技术教育,2007(27).

[3] 项贤明.论学术管理理念与高校内部管理体制改革[J].北京师范大学学报:社科版,2004(6).

[4] 吴卿艳.论以人为本的大学管理理念[J].高教发展与评估,2005(3).

[5] 薛咏戈.开放教育管理模式改革的探索与实践[J].天津电大学报,2004(3).

(本文发表于《中国高教研究》2011 年第 6 期)

思想政治工作的创新与高职院校新型师生关系的构建

盖晓芬

[摘　　要]　构建新型师生关系是提高高职教育教学质量的重要一环,也是进一步加强和改进大学生思想政治教育的内在要求。构建新型师生关系需要以科学发展观为指导,创新高职院校思想政治工作方法和途径,进一步改善师生关系,提升育人成效。创新思想政治工作,能够有力地促进高职院校新型师生关系的建立,而新型师生关系的构建必然会进一步推动思想政治工作的创新,推进社会的和谐。

[关 键 词]　思想政治工作　高职　师生关系

美国心理学家布卢姆在掌握学习理论中指出,"许多学生在学习中未能取得优异成绩,主要问题不是学生智慧能力欠缺,而是由于未得到适当的教学条件和合理的帮助造成的","如果提供适当的学习条件,大多数学生在学习能力、学习速度、进一步学习动机等多方面就会变得十分相似"。从这个意义上说,要把高职学生培养成才,需要研究、探索并推行适应高职学生的教育教学方法,创新思想政治工作,构建新型师生关系。

一、高职院校思想政治工作和师生关系现状分析

师生关系(teacher-student relation)"是指教师和学生在教育教学过程中结成的相互关系,包括彼此所处的地位、作用和相互对待的态度等"。师生关系的性质、类型决定教育实践过程中师生的行为方式,制约教育活动的有效开展和学生人格的发展。随着我国高等教育由精英教育进入大众化教育阶段,高职院校思想政治工作和师生关系均发生了深层次变化,呈现出新的特点。依据 2005 年度浙江省教育厅《思想政治工作与高职院校新型师生关系构建研究》科研项目研究成果中的统计数据结果,高职院校思想政治工作和师生关系的现状和特点主要表现在四个方面:

(一)高职思想政治工作需要在已有成绩基础上,创新工作方法和途径

关于高职院校思想政治工作的总体情况,学生、教师和教学管理人员的评价情况如表 1 所示:

表 1　关于思想政治工作的评价情况

对思想政治工作的评价	很好	较好	一般	较差
学生	7.00%	32.90%	51.20%	7.20%
教师	14.00%	44.00%	33.00%	3.00%
管理人员	12.40%	52.50%	32.50%	2.80%

高职院校教职工对于思想政治工作评价较高，而学生评价中"较好"以上的还不到4000。出现评价上的差异，主要在于教职工往往从自身从事或参与思想政治工作的难度、强度、力度出发来评价工作成效，包含一定的主观因素。虽然高职思想政治工作从总体上看取得了一定成效，但还没有较好地渗透到全体学生中，需要创新工作方法和途径，进一步提高思想政治工作成效。

(二)高职三支一线思想政治工作队伍建设需要进一步加强

班主任、辅导员和思想政治理论课教师是高校面向学生开展思想政治教育的三支一线队伍的成员。关于在发挥思想政治教育作用方面的情况，学生的评价如表 2 所示：

表 2　关于发挥思想政治教育作用方面学生的评价情况

学生对一线思想政治工作队伍发挥教育作用的评价	班主任	辅导员	思想政治理论课教师	有关学生工作的领导	其他教师	父母	朋友(同学老乡等)	其他
学生有困难或重大决定时首先想到的是	10.20%	9.00%	2.00%	5.30%	5.40%	24.90%	28.00%	17.60%
学生最能接受谁的观点	12.80%	9.60%	5.00%	5.60%	18.50%	16.40%	29.50%	0.10%
对学生世界观、人生观、价值观影响最大的是	10.70%	8.10%	8.10%	5.50%	15.90%	36.80%	11.30%	0.30%
做学生思想政治工作做得最好的是	13.70%	14.80%	23.50%	17.70%	20.40%		11.90%	

与普通高等学校相比，高职院校起步较晚，班主任、辅导员和思想政治理论课教师队伍建设还不够成熟，相应的管理体制还有待规范，其作用没有得到有效发挥，需要进一步加强。

(三)高职院校师生关系较以前弱化，亟须构建新型师生关系

我国古代，强调师道尊严，师徒如父子，尊师重道是学生的基本行为准则；近现代师生关系中无论是教师中心论，还是学生中心论、人本论，其典型特点是平等、尊重、民主、自由；新中国成立以来我国高校师生关系日益显露出教师传统思想与大学生追求自由独立理念的矛盾和冲突，自 20 世纪 60 年代后期至 70 年代集中反映出来。在我国社会主义市场经济逐步建立并深入发展的过程中，社会上的急功近利思潮对高校亦产生影响，师生关系呈现一定程度的疏远、淡漠甚至是扭曲、对立，影响了学生的健康成长和教育可持续发展的正常进行。

关于现阶段高职院校师生关系较以前是否弱化的问题,调查结果中回答"是"的比例分别为教师 70.6%,学生 55.1%,管理人员 59.7%,大多数师生都认为存在弱化现象。

高职院校的师生关系较以前弱化,原因是多方面的,包括社会因素、教师因素、学生因素,还有教学体制、管理模式以及学校定位等诸多方面因素。从调查结果来看,37.1%的学生、48.1%的教师和30.01%的管理人员均认为教师权威性下降是导致师生关系弱化的主要原因之一。

从学生关于教师总体形象的评价中,可以看出教师权威性下降,如表3所示(注:学生对下列选项做多项选择):

表 3　关于教师的总体形象学生的评价情况

教师的总体形象	严肃认真	亲近学生	学识渊博、教学有方	品格高尚言行一致
学生的评价	40.8%	33.8%	30.5%	33.6%
教师的总体形象	无责任感	不理解学生	教学水平差	举止粗俗
学生的评价	7.2%	18.9%	19.3%	7.2%

大多数学生对教师持肯定评价,相当一部分教师在学生心目中是可亲可敬的,是良师益友型的理想形象,但也存在着对一部分教师教学水平低下和综合素质不高等情况的评价。"教师在学生心目中的地位"则直接地显示教师权威性下降的现状,如表4所示:

表 4　关于教师在学生心目中的地位

教师在学生心目中的地位	很高	较高	一般	很低
学生的评价	11.6%	40.5%	43.2%	4.7%

与传统观念中教师在学生心中地位"至高无上"相比,存在较大的倒退,折射出教师信任度和师尊地位的缺失。

高职学生喜欢什么样的教师呢?学生的选择如表5所示(注:学生对下列选项做多项选择):

表 5　关于学生喜欢什么样的教师

教师素质	尊重学生	平等公正	言行一致、学识渊博、教学有方、富有爱心、品格高尚	仪表端庄	严肃认真
学生喜欢的比例	74.3%	62.8%	50%以上	30.5%	26.5%

与此相对应,学生不喜欢教师身上的缺点如表6所示(注:学生对下列选项做多项选择):

调查数据表明,尊重学生、平等公正的教师最受学生喜爱,教师的教学能力和素质品格也是受学生关注的,但"严肃认真"并不十分受欢迎,传统观念下的教师形象已经受到当代新的价值观念的冲击。

表6　关于学生不喜欢教师身上的哪些缺点

教师身上的缺点	不理解学生	不太公正	无责任感	教学水平差	言行不一	行为粗俗	知识落后
学生不喜欢的比例	63.3%	57%	52.9%	45%	45%	30%以上	30%以上

关于目前师生关系处理中最关键的做法,学生、教师和教学管理人员的观点如表7所示:

表7　关于目前师生关系处理中最关键的做法

目前师生关系处理中的最关键	平等对待学生	提高教学质量	多与学生交流	塑造教师形象	其他
学生观点	29.40%	15.50%	43.80%	10.50%	0.10%
教师观点	26.00%	23.00%	41.00%	9.00%	1.00%
管理人员观点	34.27%	15.35%	41.58%	10.87%	0.59%

从调查结果来看,"与学生交流"和"平等对待学生"被看作是目前师生关系处理中最关键的两个问题。关于理想的师生关系模式,教师和学生的观点如表8所示(注:学生、教师和教学管理人员对下列选项做多项选择):

表8　关于理想的师生关系模式

理想的师生关系模式	朋友式	自由式	父母与子女式	领导与被领导式	主仆式
教师的观点	81.7%	22%	15%以下		
学生的观点	76.4%	51%			

现代社会人们的平等意识、注重个性自由的意识日趋增强,高职院校教师和学生在师生关系的认识上已趋于一种现代的平等、友爱、和谐的理念。

二、拓展思想政治工作新途径,构建高职院校新型师生关系

新型师生关系是相对传统师生关系而言的。高职院校新型师生关系是指在新世纪、新时期,在科学发展观的要求下,在用以人为本的理念培养适应社会发展需要的高素质、高技能应用型人才为目标的高等职业技术教育中,由师生共同建立的以提高学生动手能力为基础,以发展学生主动性、创造性为重点,以实现学生全面、可持续的发展为目标,以民主、平等、开放、互动、和谐为特征的师生关系。

(一)新型师生关系的含义

新型师生关系的含义不是千篇一律的。因学校层次和专业类型的不同,其教育对象和教学目标有所区别,新型师生关系的内涵也有所不同。就高等职业教育而言,新型师生关系的内涵有下列特点:

第一,新型师生关系是民主、平等的师生关系。高职学生的独立意识和民主意识很强,热切希望与教师平等对话,包括对教育教学内容、教育手段与方法都有自己的想法和意见。调查结果显示,绝大多数学生渴望得到教师的尊重,在师生关系上实现平等公正。

第二,新型师生关系是开放、互动、协调的师生关系。信息时代的到来,使原本传统的封闭的单向传输的教育教学模式变得开放且师生双向互动。教育设备和教学技术的现代化使学生改变了从教师、课堂接受教育和获得知识的单一模式,还可以通过网络、录像片、录音机及其他传媒渠道获得各种所需知识。

第三,新型师生关系是和谐的师生关系。师生在人格地位上是"平等的""互相尊重的",在情感上是"互相爱护的",这为构建和谐的师生关系打下了良好的基础。和谐社会一定是个法制社会,和谐校园也必然是个秩序井然的校园。和谐的师生关系就在共同遵守道德规范、行为规范和其他规章制度前提下建立的师生关系。

(二)创新高职思想政治工作内容,提高师生综合素质

加强思想政治工作是现阶段构建新型师生关系的必经之路。通过加强思想政治工作,提高师生素养,使教育活动的师生双方提高对教育活动、教学质量、尊师爱生等问题的深刻认识,增强自己的责任感和使命感,端正对师生关系的态度,共同营造良好的师生关系。

加强对教师的思想政治教育,首先是加强教师的师德教育。师德教育就是把一定社会的思想观点、政治准则和道德规范,转化为教师个体的道德品质的社会实践活动。教师应自觉加强师德修养,在道德品质、思想意识方面进行"自我锻炼"和"自我改造",达到提升自己教师道德水准的目标。

其次是加强教师的职业道德教育。热爱学生,关心学生,爱护学生是建立新型师生关系的基础。高职学生喜欢同有爱心,能主动关心学生,爱护学生的教师交流与沟通。如浙江省对教育工作者的职业道德要求是"热爱学生,尊重家长,为人师表,教学有方,学而不厌,诲人不倦,教书育人,桃李成行",把热爱学生放在了第一位。在教育工作中无私地奉献师爱,是教育成功的关键,也是衡量教师素质的重要内容。

(三)创新高职思想政治工作途径和方法,增强教育实效性

高职思想政治工作,必须根据社会的发展和学生心理特点的变化,不断改进和创新工作途径和方法,以增强教育实效性。

第一,以分散教育为主要教育方式。传统的思想政治教育方法中集中开会或集中学习方式居多。集中教育方法有其简便易行、影响面广的教育优势,但也存在着人数较多、难以管理的弊端,经常出现学生开小差、发短信、听MP3等现象,教育效果不够理想。而采用分小班、小组、个别谈话等分散教育方式,针对性强,能够实现双向交流,可以克服集中教育存在的一些弊端,达到较好的效果。

第二,以社会实践为主要教育途径。传统的思想政治教育方法中校内理论教育居多,学生通过听取教师、学生管理干部和党政领导讲课、做报告来接受思想教育,处于被动接受地位,往往因其不能直接参与和亲身感受而得不到共鸣。而引导学生参加志愿者活动、社会调查实践、生产岗位实践等各种社会实践活动,使学生了解社会需要什么样的人,工厂、企业、

行业需要哪些知识和技能,什么样的人受社会和市场的欢迎,等等。学生在实践中尝试思考和解决问题,感受和汲取经验教训,从而得出科学的结论。这是提升学生思想认识水平的一个行之有效的方法。

第三,以多元教育为教育发展方向。随着我国经济、文化和科学技术的发展,传统思想政治教育中说教形式的单一模式,难以激起学生接受思想政治教育的兴趣和积极性。加强校园文化建设(包括校园网络文化),开展社团文化活动、公寓文化宣传,以及旅游和各种娱乐活动等,用健康的积极向上的校园文化、网络文化和多种形式的活动,教育和培养学生树立正确的人生观、荣辱观,培养提高学生的各种能力,有效地促进学生思想道德素质的培养。

第四,以动态教育为思想政治理论课的教育模式。在思想政治理论课教育中,以书本为主的静态教育适合理论思辨和理论研究,却不完全适合理论必需、够用即可的高职学生。高职思想政治理论课要不断进行教学内容和方法的改革,通过内容的时效性与形式的多样性吸引学生,激发学生的求知欲望,让课堂教育动起来、活起来,实现良好的教学效果。

三、思想政治工作与高职院校新型师生关系相互作用、和谐发展

(一)创新思想政治工作,能够有力地促进高职院校新型师生关系的建立

创新思想政治工作,在工作中贴近职业、贴近实际、贴近生活、贴近学生,坚持内容和形式上的新、活、奇、特,激发学生的兴趣和热情,使学生能积极参与,使师生共同成为活动的主体,相互交流、彼此理解,实现共同的目的。高职学生希望教师成为他们的思想引导者、知识传授者和生活指导者,教师的主导地位也就毋庸置疑了。作为教师,充分认识到自己在构建新型师生关系中的角色和所处的地位,努力加强自身修养,不断提高自身的综合素质,有实效地开展思想政治工作,就会有力地促进新型师生关系的建立。

(二)新型师生关系必然会进一步推动思想政治工作的创新

新型师生关系的平等民主能够增强学生对教师的信任,使学生在教师面前敢于直言自己的意见和想法,并向教师提出他们认为正确和合理的主张,这为广大教育者有针对性地做好学生思想政治工作提供了极为有利的条件,使其可以根据不同的学生个性、各种不同的要求,设计不同的思想政治工作方案,使思想政治工作更加富有成效。

新型师生关系的开放、互动、协调,要求教师不仅通过讲台向学生讲授专业理论知识,还要通过实训室或实训基地向学生传授专业操作技能;不仅向学生传授业务知识,还要注重对学生的人文关怀和人格培养。教师了解、尊重学生个性,因人施教,就能处理好师生关系。学生在与教师交往、接受教育的过程中,体会到开放、互动,体会到老师对自己的尊重、信任、友善、理解、宽容与关爱,就会大大激发内在的学习动力,形成协调的师生关系。

新型师生关系的和谐能够促进师生之间的互信程度,达到信其人,听其言,学其行的境界。在和谐的师生关系状态下,教师对学生进行思想政治教育更易收到实效。

[参考文献]

[1] 本杰明.S·布卢姆.布卢姆掌握学习论文集[M].王刚,等,译.福州:福建教育出版社,1986.

[2] 国际 21 世纪教育委员会.教育——财富蕴藏其中[M].北京:教育科学出版社,1996.

[3] 雅斯尔贝斯.什么是教育[M].北京:生活·读书·新知三联书店,1991.

[4] 王亚朴.高等教育管理[M].上海:华东师范大学出版社,1994.

[5] 黄济.教育哲学通论[M].太原:山西教育出版社,2000.

[6] 张祥明.教育评价的理论与实践[M].福州:福建教育出版社,2001.

(本文发表于《黑龙江高教研究》2007 年第 10 期)

校企深度融合　打造"五位一体"专业教学团队

郭福春

[摘　　要]　高职院校教学团队建设是人才培养和各项内涵建设的关键要素。本文从校企深度融合的视角,结合浙江金融职业学院金融管理与实务专业培育"五位一体"专业教学团队的探索与实践,提出思考和对策。

[关 键 词]　校企融合　五位一体　专业教学团队

我国高等职业教育经过近年来的快速发展,在人才培养和专业建设方面取得了显著成绩。高职院校专业改革与建设,离不开教学团队建设。教学团队建设,是人才培养工作和各项建设工作的关键要素。一支高水平的专业教学团队,可以有效地提高专业教学水平,提高教师教育教学能力,实现教育教学资源共享。浙江金融职业学院金融管理与实务专业在"双师结构"教学团队建设过程中,与商业银行等金融机构密切合作、深度融合,从学生的毕业岗位面向出发,组建了"五位一体"互渗式"双师结构"教学团队,通过金融文化、诚信文化和校友文化三维文化建设,实现了学校文化与商业银行等金融企业文化的有机融合。

一、与宏观金融调控部门合作,强调学生市场意识和后续发展能力培养

金融管理与实务专业(以下简称"金融专业")学生培养定位为面向商业业务一线、熟练银行业务操作、熟知产品、熟悉营销的高素质技能型金融人才。毕业生岗位适应快、动手能力强,用人单位非常欢迎。但是,在我们进行的人才培养跟踪调研过程中发现,毕业生的宏观经济金融意识不强,对经济金融问题的分析能力较弱,严重影响了毕业生的进一步发展,毕业生的发展空间受到了制约。针对上述问题,我们从专业教学标准的制定、课程体系的设置、教师的教育教学等环节都没有找到答案。而通过课堂教学本身,从与学生的交谈沟通中,发现问题在于学生对相对抽象的宏观经济金融理论与现象关心程度不够,学习的积极性不高。针对上述问题,在教学团队的组成上,吸收了宏观经济金融部门的领导和业务骨干参与到专业教学中来,与中国人民银行杭州中心签署了合作协议,聘请中国人民银行杭州中心支行行长为首席教授,聘请杭州中心支行的业务部门领导和业务骨干为兼职教师,组建了一支理论素养高、熟悉和精通经济金融形势的高素质行业兼职教师队伍。针对银行业工作的实际特点,专业制定了灵活的课程设置模式,由宏观经济金融部门领导和专家授课的内容可以选择在周六和周日进行。同时和中国人民银行杭州中心共同制定兼职教师管理制度,切实保证课堂教学质量和课程教学有序平稳运行。在具体教学过程中,基础理论课程教学内容由学校的专任教师和人民银行系统的教师队伍共同负责,由学校专任教师负责制定教学

计划,行、校教师共同制定课程标准,共同备课,组织教学,使枯燥乏味的金融理论课程教学收到了意想不到的效果。

二、与监管部门合作,加强应用型金融人才合规守法教育

孔子在《论语》中讲到"人而无信,不知其可也",朱镕基为上海国家会计学院"不做假账"的题词等等,无不凸显诚信在社会经济发展过程中,在各行各业的重要意义。金融专业毕业生主要工作在商业银行业务一线,对学生进行合规守法教育显得更加紧迫和重要。在教学中,如何促使老师更多地关注诚信教育,改变说教式教育方式,更多地通过案例教学,通过身边发生的事情,言传身教,激发学生的学习兴趣,是专业教学面临的一项难题。而在专业教学团队建设工作中,通过银行业监管部门的加入,为学生进行有针对性的教育,加强教学的针对性,则是破题的关键。

金融专业和浙江银监局签署《关于加强合规守法金融"银领"人才培养工作的合作备忘录》,在合规守法金融人才培养方面,确立了三点共识:一是组建"双师结构"教学团队,共同培养合规守法金融"银领"人才。金融专业聘请浙江银监局领导和业务骨干组建银行业合规经营与风险管理团队,结合课程教学对学生进行合规守法教育。浙江银监局选派优秀的管理人员和业务骨干与金融专业教师组建一支"双师结构"教学团队,从制度层面保证"双师结构"教学团队稳定高效地开展工作。浙江银监局对专业合规守法人才培养教学内容进行指导,共同培育优秀的合规守法金融"银领"人才。二是建立定期工作机制,共享合规风险管理信息。金融专业和浙江银监局在合规守法金融"银领"培养方面,建立起定期工作机制,研究合规风险管理方面的最新成果,共享合规风险管理信息。专业教师参加浙江银监局有关会议和工作调研,利用自身的研究优势,开展商业银行合规风险管理方面的调研和研究,相关研究成果及时提供给浙江银监局。浙江银监局全面参与专业教学管理工作,实现教学与实践的零距离对接。三是加强培训工作,提高浙江省银行业从业人员合规风险管理水平。浙江银监局和金融专业共同对浙江省银行业从业人员开展合规风险管理培训,提高他们合规风险管理水平,对浙江省银行业从业人员开展全方位、系统化的合规风险管理培训工作。

金融专业通过和浙江银监局的良好合作关系及相应的制度建设,与浙江银监局合作组建合规守法专业教学团队,使金融专业在诚信教育教学方面的现实针对性更强,改变了原有专业教师说教式的教学方法,银监部门的领导和业务骨干运用银行监管过程中发生的一些具体问题,对学生进行诚信教育,极大地激发了学生的学习热情和学习兴趣。同时,还带领学生到相关的金融机构进行现场学习和调研,将学习和工作内容有机地结合在一起,收到了很好的教学效果。

三、深化与金融企业合作,建立相对稳定的行业兼职教师团队

高等职业教育的本质属性,决定了专业人才必须要深入融入企业,人才的培养规格与企业的岗位与综合素质要求相适应。只有在教学过程中,更多地融入企业要素,让学生熟悉企业实际情况和具体业务,才能使学生毕业以后能够马上适应岗位工作要求,做到"毕业与上

岗零过渡"。

金融专业依托学校与金融行业紧密合作的办学资源,从金融机构聘请大量的行业专家和业务骨干从事专业课程和实践课程教学,组建了一支教学质量高、来源稳定、数量充足,校企深度融合、相互渗透的"双师结构"教学队伍。教学中,校内专任教师队伍负责教学管理与基础课程的教学工作,商业银行选派管理人员和业务骨干直接进入学校进行专业课教学,指导学生进行业务操作。学校根据教学要求,选派校内教师到商业银行兼职和挂职锻炼,参与商业银行业务实践,帮助银行解决实际问题。通过吸收金融企业的领导和业务骨干参与到教学中来,使专业教学与企业要求结合得更加密切,学生在校所学的内容和毕业以后的岗位工作内容完全吻合,解决了专业教学与学生的工作岗位标准、需求不能完全对接的教学难题。

四、吸收优秀校友资源,参与专业人才培养工作

校友是一所高校的重要办学资源。校友不但有着在校期间的学习经历和切实体会.对学校和在校的师弟、师妹。怀有深厚的感情,而且经过多年的业务实践,积累了丰厚的工作经验,请他们回来对在校的师弟和师妹们进行教育,既易于心灵上的接近和沟通,也可以使在校的大学生获得直接的来自业务一线的实践经验,对于提高学生的实践能力和动手能力起着非常重要的推动作用。

浙江金融职业学院在构建金融文化、诚信文化、校友文化三维文化育人体系中,非常重视校友工作,学校将每年的 11 月 3 日定为校友回校日,深入开展千名学生访校友、千名校友回课堂、百名教师进企业、百名校友上讲坛、百名校友话人生的"2300 活动"。金融专业在学校"行业、校友、集团"共生态办学模式指引下,充分利用校友资源,扩大企业订单人才培养和人才培养数量;鼓励优秀校友在专业设立奖学金、奖教金;建立各地校友会,为学生提供就业信息、就业资源,拓展就业渠道;建立一支以校友为主体的素质优良,来源稳定的行业兼职教师队伍;通过校友的纽带吸引金融企业与专业共同建设校外基地、校内实训室,提高教育教学条件。

五、加强专任教师培养,提高教师教育教学能力

"双师结构"是高职院校教学队伍建设的关键。在"双师结构"中,由于专任教师的岗位工作属性,其无疑是教学队伍的核心和重点。金融专业在专任教师培养方面,主要侧重于教师的实践能力培养与训练。在教师结构上,增加了具有企业工作经历的教师比例。在每一年,都会根据教学工作情况,安排专任教师到企业进行实习和挂职锻炼,让专任教师在实际工作中积累经验,强化专业教学的针对性,提高专业课程和实践课程教学能力。加强对"双师型"教师的培养和考核力度,要求所有的专业课程教师,必须持有一门行业资格证书,或者在企业有两年以上的工作经历。加强对教师教育教学能力和科学研究能力的考核力度,要求教师深入研究职业教育教学规律,深化基于工作过程的系统化项目课程改革,注重对学生职业能力的培养和教育。加强教师科研能力考核与评价的机制建设,要求教师在科研过程

中,要和企业业务发展的实际工作有机地联系在一起,能够切实地帮助金融企业解决业务发展过程中的实际问题。通过科学研究,一方面要将科学研究成果转化为实际教学内容,提高教育教学能力;另一方面,要为企业提供技术支撑和科研服务,强化校企合作,建立校企合作的长效机制。通过建设一支高素质的专任教师队伍,为高水平的"双师结构"教学队伍形成提供了基础和保障。

[参考文献]

[1] 马树超,范唯.中国特色的高等职业教育再认识[J].中国高等教育,2008(13/14).

(本文发表于《中国高等教育》2010 年第 3 期)

我国高等职业教育教学创新路径分析

郭福春　　王忠孝

[摘　　要]　教学创新是在批判性思维对传统的教学思想、教学实践进行反思的基础上,在教学中进行有效的继承、变革和超越。高职教育强调以生为本,以技术技能人才培养为目标,教学创新就是要在教学过程中对实现这一目标的理念、内容、方式方法等一系列要素进行反思,通过不断变革来提高学生学习的积极性和主动性,以更好地实现教育目标。

[关 键 词]　高职教育　　教学创新　　学生主体地位

一、教学创新是推进高职教育发展的必由之路

(一)推进教学创新,解决学生学习积极性不高问题

学生学习积极性不高,需要从两个方面进行分析:一是学生自身问题。高职学生入学分数不高,缺乏良好的学习习惯,加上受中小学教学方式的影响,学生主要还是依赖教师,学习失去了主动性。学生学习目标的不明确,学习过程中想的是应付教师检查,觉得作业可以"百度",期末考试可以临时突击,也就使主要精力不能集中到课堂上来,主观能动性不强。二是教师引导问题。教师在教学过程中,注重知识讲授和技能培训,但是,对培养学生学习兴趣以及自主学习能力存在不足。教师在教学过程中不善于寻找学生学习的兴奋点,就如何教会学生学习的研究远远不够。

(二)推进教学创新,提高学生职业素养和持续发展能力

知识既有显性的一面,也有隐性的一面,与客观主义重视显性知识相比,建构主义更加强调知识的隐性特点及其隐性知识的学习。近年来,各高职院校不断进行课程改革,而且改革的力度很大,很多院校把教室变成了实训室或其他实践场所,无论是学生还是教师更多关注的是学生实践动手能力的培养。关注实践技能培养没有错,关键错误是把课程理论内容改得所剩无几,几乎没有理论知识讲授,全部是动手实践。毕业后,学生走上工作岗位,工作上手快、稳定性好,但是可持续发展能力明显不足。这对于职业教育而言,就是"如何将理论教学内容重新拉回我们的视线"。

(三)推进教学创新,推进教师教学理念更新

高职院校教师绝大多数从普通本科院校毕业,接受的是传统大学教育的模式。当自己

走上工作岗位后,按照自己学习经历中教师授课方式授课,在不断推进的教改过程中,虽有改变,但是还有待提高。现在倡导的是学生为主体,教师为主导,作为主导,教师在讲授教学内容过程中,"导"的作用发挥不够。所谓"导",更主要的是对教学的设计,要求教师更多地研究教学的方式方法,激发学生学习的积极性。

二、以教育理论和科技发展为支撑,推进教学理念创新

(一)坚持学生主体地位,强化以生为本的教学理念

教育是为了培养对社会有用的人才,其核心是培养的人适应社会需求,所学的内容能够学以致用,教育教学工作也应该围绕此目标展开。实现这一目标,必然要坚持以生为本的教学理念,改变课堂教学方式,激发学生的主观能动性,让学生主动参与到课堂中来。应注意提高学生学习积极性,教师授课不应该以完成计划为目标,应以学生积极参与,主动学习为目标,教学方法和手段的优劣应该以能否让学生听明白、会操作为衡量标准,这是对教学质的要求。与学科式教育相比,高职教育更具有大众性,所以,全部或至少绝大多数学生能够听明白、会操作是对教学量的要求。根据质和量两个方面标准制订适合学生培养的人才培养计划,并在教学中不断完善,确保学生在校期间掌握必备的专业知识和职业技能,提高职业素养和自身综合能力。

(二)课堂内外有效衔接,建立开放的教学理念

职业教育具有开放性,仅仅利用课堂上的时间来培养学生的职业技能是远远不够的,应建立一种开放的教学理念,做到课堂内外一体化。教学中不断出现许多新事物都是这一观念延展。比如微课和慕课,每次课学习时间变短,降低了疲劳程度,有利于学生集中精力学习。而且作为一种大规模的网络学习模式,改变了学习的时间,解除了地点限制,学生课内、课外都可以学习,庞大教学资源的支持,使教学内容更丰富,表现的手段更生动,趣味性更突出,提高了学生学习的积极性。就职业教育而言,实践教学是不可或缺的,但是课堂上的实践教学远远不够,学校实训场所应建立开放的管理制度,让学生随时可以进行业务实践。这样既提高了实训场地利用效率,也增加了学生实践操作的有效时间,有利于提高学生的职业技能水平。

(三)线上线下有机结合,树立全面育人的教学理念

打破专业限制,以社会需求为主,在原来公共课、专业课、订单课程和实践课程基础上,开设跨专业选修课、人文素质选修课,合理安排课程的数量和学时,对每一门课程内容做进一步的精选和整合,从而达到使学生基础知识扎实、职业技能娴熟的目标。增加探讨性、启发性、前沿性的教学内容,提升学生学习兴趣,加强对学生职业素养的训练。为学生设计灵活多样的课外学习内容,开展趣味性强的学习活动、竞赛活动,为学生提供灵活自主的学习空间,激发学生的学习热情,培养其创新意识,提高其综合能力,促进学生全面发展。

三、以提高职业素养为目标,推进教学内容创新

(一)深化实践教学改革,注重技能培养的有效性

深化实践教学改革,主要从岗位业务处理再分析入手,进一步对实践课程进行重组和优化,专业实践课程要前后相继,做到体系化。例如,开展课内实践、单项实训、专业综合实训、仿真实训和顶岗实习,有些专业开展跨专业实训,同时,对实践课程要进一步完善课程标准,做到系统化和规范化管理。对实践教学课时量、形式进行研讨,突出实践技能培养的有效性,提高学生的职业意识和职业能力。

(二)强化课程内容改革,注重理论知识的支撑作用

高职教育发展到今天,回头看教学改革历程,重新审视理论知识的作用和地位很重要,学习新知识的过程,就是学习者积极主动地从自己的认知结构中提取与新知识最有联系的旧知识,并且加以"固定"或"归属"的一种动态过程,高职学生在教育中形成的认知结构对后续的学习非常重要,理论知识必不可少,应面对实践课程体系的需要,对理论课程进行再优化,也就是构建有利于学生掌握职业技能和具有持续发展需要的理论知识体系。

(三)时刻关注行业发展前沿,不断改进教学内容

要想学生能够尽快地适应职业岗位需求,教学内容必须随着市场需求而改变,尤其是行业的新法律、新环境、新技术的变化。例如,目前互联网的发展,对多个行业产生巨大影响,教学内容应该体现互联网对相关行业的影响和变化。要想学生能够适应行业需求,就应该掌握这些内容。但是前提是教师必须先掌握,之后,想办法把这些内容融入目前的课程体系和内容之中去,这就要求我们不断改进教学内容,适应行业需要。

四、以提高课堂有效性为标准,推进教学方法和手段创新

(一)依据课程教学需要,改进教学组织方式

教学方式是否成功最终要落实在学生的学习方式上,教学方式应多采用引导学生研究性学习的教学方式、合作式的教学方式、主题讨论式的教学方式。依据课程教学需要,机动灵活地选取教学方式,最大限度地促进学生的系统培养和个性发展有机融合。具体来说,除了原有教学采用学做一体化教学,教中做、做中学,还应该寻求其他教学组织形式,关键是可行和有效。

(二)依据教学内容的特点,改进教学方法

教学方法的选择在于教师的设计和安排,它突出的是教师的主导性,方法应用的效果强调的是学生的活动和思维,突出的是学生的主体性。在教学中,贯彻以生为本的思想,以学

生为主体,积极推进案例式、讨论式、情境式、任务驱动式等教学方法在相关课程教学实践中应用,进一步突出教与学的互动性,重视学生参与程度。强调交互性教学方法的应用,可以促使学生学习积极性提高,进而快乐学习,从而提高学生对知识的运用能力和职业素养。

(三)充分利用现代化教学手段,提升教学效果

在课堂教学过程中,广泛运用网络信息平台,加强多媒体虚拟技术在教学中的应用。充分利用先进的硬件设备和实训软件,开展仿真技能实训,提高学生的动手能力。把具体的课程知识点和技能点通过案例贯穿起来,以仿真模拟的形式表现出来,辅助互动性强的教学方法的应用,增强课堂讲授内容的真实性和可操作性,提升教学效果。

五、以考评机制改革为引导,推进教学评价创新

(一)依据课程改革需要,注重对学生开展形成性考核

考核方式是指导学生学习的指挥棒,对于引导学生积极地学习知识、提高技能具有较强的指导作用。评价方式从单纯重视笔试向综合运用多种评价方式转变是必然趋势。对学生的考核应该包括学习过程、综合应用能力、职业所需理论知识、职业道德等内容,通过考核的内容可以看出,需要对形成性评价进行考核。确立形成性考核的方式之后选择多样化评价方法,建立多元化评价标准,评价方法、评价标准与考核学生的业务技能、适应能力和创业能力相匹配。

(二)依据教学改革需要,注重对教师开展全面性评价

对教师的考核应随着对学生考核的变化而变化,强调对教师考核的全面性可以克服考核片面性,在目前学生、督导、系部评价的基础上,除了对教师教育教学能力进行评价,还要对教师专业水平和教学策略进行评价,以促进教师在教学中对学生多加启发和引导,以及对教学活动进行有效组织。

(三)依据教师成长需要,注重对教师开展团队整体性评价

原有的教学评价通常是针对教师个人进行的,但随着教学改革的不断深入,有些课程是需要多个教师共同完成的,比如有的课程有理论知识教师,有实践指导教师,对单个教师评价不利于从整体上去分析教师团队的情况,不能完全调动教师的教学积极性,也不利于激发和调动各系对教学团队建设的积极性和主动性。从这个意义上说,开展团队评价,既是教学评价上的一种创新,也对优秀教学团队建设有重要意义。

六、以专项教学活动为依托,推进教学载体创新

(一)适应教学改革新需求,创新教学平台建设

随着教学改革不断提出新要求,教学平台的发展越来越快,利用科学技术的进步,借助

各种设备和技术改变传统教学模式,现在最常见的是利用电脑、投影机、实物展示台、电子白板、多媒体讲台、课程录播系统等教学设备器材组成的教学平台。多媒体教学平台的出现改变了以往面对面授课模式,为教学模式由传统的"教"逐步走向"学",提供了物质和技术条件。目前,教学平台又有了新的发展,不仅有原来的功能,还包括各类教学资源,为采用情境教学、视频教学等新的教学形式的开展奠定了基础。

(二)以课程改革为基础,推广微课的开发与应用

目前,微课作为一种现代化的教育形式,受到广泛关注。微课在移动学习和在线学习等方面得到应用并取得了良好教学效果。对学生来说,微课能激发学生的学习兴趣,促进学生自主学习与个性化学习,可以对学习的知识进行查漏补缺。对教师来说,教学场所不局限于教室,教师通过录制微课,让学生随时随地学习,这不仅需要教师具备专业知识与教学技能,还需要教师具备一定的信息技术。但就目前,微课的开发还有待进一步加强,微课通常是在短时间内讲述一个完整的内容,往往是针对一个知识点或技能点,这就要求对微课的内容进行精细化处理。建设的教学资源应特色鲜明,形式多样,不仅有基本教学资源,还应该有视频、动画等其他拓展资源。展现的形式多样,更能吸引学生的注意力,提高教学效果和质量。

(三)以专项教学活动为载体,营造创建优质课堂的教学氛围

在教学活动开展上,应融入岗位工作内涵,突出职业性,强化对学生职业素养的培养。高校应大力开展专项教学活动,以这些活动为载体,进行教学创新。例如,举行教师授课大赛、教师说课大赛、教师慕课大赛等,这些活动作为一种有效形式,可以激励教师精心设计教学活动形式和内容,以提升课堂教学实效为中心,开展教学创新与改革,创建优质课堂,进而提高教学质量。

[参考文献]

[1] 张慧欣,王强.创新性人才培养与教学创新[J].辽宁教育研究,2007(9).

[2] 屈林岩.学习创新:教学创新的新视角[J].中国大学教学,2008(5).

[3] 刘洪宇.推进高职院校教学创新的机制问题研究[J].中国高教研究,2008(5).

[4] 周建松.以课堂建设为抓手,推动高职教学创新[J].中国大学教学,2014(12).

[5] 赖瑾瑜.信息化技术与课堂教学创新[J].教育教学论坛,2015(14).

[6] 王蕾,李德杏.关于高校青年教师教学创新的几点思考[J].教育教学论坛,2014(13).

(本文发表于《黑龙江高教研究》2015年第5期)

高职教育视域下的大学精神重构

陈云涛

[摘　　要]　"大学精神"通常包括"人文关怀""理性光辉"和"自由独立"三层基本含义。高职院校由于起源、主体、使命责任、培养模式等根本性差异，大学精神未完整地传承。"职业情怀""经世济用"和"开放协作"是高职教育视域下大学精神的新架构。

[关 键 词]　大学精神　高职教育　大学精神重构

大学有近千年的历史，作为文化的传承者和创造者，始终站在时代高地，诠释社会进步、剖析世事冷暖，散发着独有的精神魅力。每一所大学自身的存在和发展，都会有意无意地通过校训等相对固化的形式展示其对大学精神的理解和实践。随着 20 世纪 60 年代高等职业教育的兴起，大学在类别上发生了重要的变化。应"运"而生的高职院校从办学定位到育人目标都与传统大学有着显著差异，一般意义上的"大学精神"是否仍适用于高职院校？——对于高职教育，这个问题带有强烈的文化归宿意味。

一、传统意义上的大学精神

大学精神是大学文化的核心，是大学在其长期教育实践中积淀的稳定的心理定式和精神状态，在其一般意义上，常被泛读为大学理念，它对大学师生的价值取向、思维方式和行为习惯有着内在而深厚的影响。虽然，对"什么是大学精神"，近年来国内外学者研究甚多，但表述各异，看法也不尽相同，这某种程度上恰好印证了大学文化的多样性和大学精神固有的鲜活生命力。笔者认为，从归纳的角度看，传统意义上的大学精神主要包括以下三个方面的内涵。

(一)人文关怀

人文，单从字面上看，是指人类永远面对和追寻的目的性知识。大学的人文关怀是指大学所倡导的，在发展自身理性人格，处理人与他人、人与自然、人与社会等关系时的价值观，以及建立在这一价值观基础上的行为规范。大学的人文关怀主要体现在，大学始终把人的发展作为教育活动的永恒主题，把通过文化促进人的全面发展、促使学生从有知识的人向有文化的人转变作为第一社会责任。大学精神在此呈现出一种特有的对作为"个体的人"和作为"整体的人"的全面、协调、可持续发展的终极关怀。这种人文关怀不是一般的做人道理，而是面对未来领袖群伦的胸襟；真正拥有这种情怀的，是那些对人生之意义、价值、前途和命运等问题有着深刻思考的人，他们无论在什么领域，都能焕发人的光彩，给人以温暖和光明的指向。人文教育(liberal arts education)是哈佛最根本的大学理念,本科生都要接受相关教育,人文核心课程包括外国文化、历史研究、文学艺术、道德伦理、数量分析、社会分析和自然科学七个方面,下属科目延伸数百种。哈佛的教授有四个层级:普通教授、终身教授、终身讲座教授和大学(名誉)教授。能够做"大学教授"的条件是不仅在本专业领域是卓越的专家,而且其研究对人类文明和文化的发展进程产生重大影响。也就是说,哈佛视大学为人类文明的牵引与弘扬者,人文价值理念是必须优先考虑的主题。事实上,哈佛开设通识课程的都是其最著名的教授,如 Edward O. Wilson(著名社会生物学家)、Robert Nozick(著名哲学家)、杜维明(新儒家代表学者)等等。

(二)理性光辉

理性主义一般包括三层含义:首先,它是一种世界观,认为世界是一个合乎理性的世界,人只要运用自己的理性,便可以把握世界的规律;其次,它是一种人生哲学,认为理性是人的本质之一,理性指导的生活是最好的生活;第三,它是一种文化传统,它追求真理,崇尚科学,重视逻辑思维,信赖知识的力量。据此,作为人类社会的知识权威和人才渊薮,大学本身是理性的产物和理性的工具。大学的理性光辉就是大学在其产生与发展的历程中对外部世界达到最完全认识的能力及其所表现出来的稳定特征。大学理性就是一种历史与文化传统,表现为大学始终把追求真理作为自己的基本诉求,把理性作为人类认识自然和驾驭自然的认识论前提,以发展人的理性、产生活的智慧、激发新的知识为己任,把培育学生看作人的心智的解放过程。大学几乎就是"理性""知识"乃至"真理"的代名词。西方大学在这个问题上用其近乎一致的校训表现出它们对理性的崇尚:哈佛大学的校训是"truth"(真理,也译为"与真理为友"),华盛顿大学的校训是"真理产生力量",加州理工学院的校训是"真理使人自由",密歇根大学的校训是"艺术、科学、真理",悉尼大学的校训是"繁心纵变,智慧永恒",耶鲁大学的校训则是理性光辉闪耀的典范,"光明与真理"。胡锦涛 2006 年 4 月在耶鲁发表演讲时说:"耶鲁大学校训强调追求光明和真理,这符合人类进步的法则,也符合每个有志青年的心愿。"[1]

(三)自由独立

只有自由的探索、自由的表达,才能真正发掘人类的潜能。没有自由,大学何谈"精神"?正如卢梭所云,"人生而自由,但无往不在枷锁之中"。外在的、现实的权势会剥夺人的自由,内在的心智缺失也会制约人的自由。作为理性而充满人文关怀的大学,自然应外骛而内求:一方面,要杜绝外界的盲目干涉和强制,达到本体的自我主宰;另一方面,则要提升认知,求知于己,驱除私欲障蔽,实现自在和自为。学术自由是大学自由精神的集中体现,探究学术须抛开功利和物欲的控制,只以人的良知和理性为依据;否则,一旦瞻前顾后,另有所思,就无法保证真理的客观性与学术的纯洁性。

大学独立是指大学办学和治学的一种姿态,是大学自主自立的人格化写照。对权势的攀附,对金钱的追捧,都将妨碍大学使命的实现。作为社会系统组织的一员,大学具有自身的规律,与外界交往必须遵守其道。以哈佛大学为例,2006 年萨默尔斯校长被迫辞职,一些原本准备捐款给该校的公司先后改变主意,这给哈佛造成近 4 亿美元的经济损失。但哈佛大学不为所动,因为作为经济学家的萨默尔斯似乎太关注集资和建造生物科技城之类的事,客观上挤占了人文基础学科的经费,挤压了人文学科的发展空间,这是对哈佛精神的误读。哈佛大学和哈佛人更关心的是大学之"本"(独立与身份),而非大学之"用"(资源与机遇)!这种淡定和坚守无疑是真正的大学精神。

当然,不少学者认为批判精神、创新精神、追求卓越等也是大学精神的基本内涵,但它们只是上述三种基本精神特质的衍生,所以不再赘述。

二、高职院校承接传统大学精神的差异性

大学理念体现的是大学发展的内部逻辑。[2]从文化育人的角度而言,高职院校有必要培育或找寻属于自己的大学精神(或高职精神)。但实际情况是,高职院校无论在运作方式、管理手段等方面向传统大学进行多少借鉴,一般意义上的大学精神仍不能完全见容于高职院校,存在很大的文化变数。根本原因有二。

(一)起源不同,使命责任各异

一般认为,大学起源于12世纪的意大利、英国和法国,代表性大学有如萨莱诺大学、巴黎大学、波隆纳大学等,其主要职能是为宗教服务(最初的巴黎大学就是宗教学校)。15世纪中叶,随着文艺复兴运动的蓬勃开展和马丁·路德宗教改革,以人文教育为主要内容的大学相继建立。直到19世纪,这些大学都以"闲逸的好奇"精神追求知识作为目的,正如《耶鲁学院1828年报告》指出,传统古典课程建立在"心灵训练和教养"两项基本原则之上,主要使命不是知识生产而是智慧审美,要培养牧师、律师和医师,更要培育各个领域体现人文胸怀的精英。这是真正意义上"象牙塔"式的自由教育,大学能充分展示其独立地位,放任它纯粹地探求真理、关注人生,具有不屈从于任何外在权威并能摆脱任何外在诱惑的精神气质。19世纪中后期,大学开始走出象牙塔,向社会化服务发展,但这种服务不是急功近利,不是短期行为,而是通过培养杰出的人才保证社会健康发展。大学自身的"象牙塔情结"终难割舍,千百年流传下来的神圣感无法湮灭。

相对而言,高职的产生和存在则非常朴实且平民化。20世纪60年代,德国、英国等一些工业化发达的欧洲国家,基于对大量高级与应用型技术人才的需要,创建了最初的高等职业学院,如德国的高等专科学校、法国的大学技术学院、英国的多科技术学院等。正如国际21世纪教育委员会向联合国教科文组织提交的报告《教育—财富蕴藏其中》指出:"在许多国家,除大学外,还有一些高等院校……建立的目的是提供为期2至4年的针对性强、质量较高的培训。这种多样化的做法无疑符合社会的需要以及国家和地区一级经济的需要。"然而,欧洲教育权威纽曼、洪堡等人认为,普遍知识(liberal knowledge)才是真正的知识,是大学应该教授的;而专业职业性知识是不能称之为知识的具体知识,大学不应该进行传授。在这种先验的知识等级观影响下,欧洲国家的高等职业教育由独立于大学教育之外新设立的专门学院承担。目标单一和文脉断裂让这些高职院校很难涌动起大学精神。虽然美国的高职教育有别于欧洲,高职院校以初级学院(社区学院)、职业学院等形式广泛存在于不同类型的大学之中,大学也担负一些具有职业技术特征的教育任务,如MBA,EMBA,MPA之类,

但这些技术性学院都被限定在一定的知识等级之内,大学精神的传承也就无从谈起了。

中国的高职教育始于20世纪80年代,其真正的规范、发展是在1996年《职业教育法》颁布之后。截至2006年,全国共有高职院校1147所(占全国高校的61.4%),在校生795.5万(占全国高校在校生的45.8%)。[3]据不完全统计,我国高职院校90%以上是由中专、技校升格或合并升格而来;这些学校在使命上又因时代的要求显得异常单纯,即针对国家产业结构优化升级和经济增长方式转变等重要任务,培养"数以千万计"的适应生产力发展所需的职业化、应用型人才。与大学迥异的文化根基,外加极强的功利性任务(就业导向),高职院校无法实现人文关怀和理性追求。

(二)主体不同,培养模式各异

从学校主体看,我国高职院校主要由省(市)与行业共建,多为省(市)、行业厅局、学校三方两级管理体制,经费主要由省级财政或地方财政投入,招生计划由本省统一自主安排;而传统大学则是国家或省、市直接进行管理的体制,招生计划基本由国家整体安排。显然,前者的"婆婆"多一个,虽然它能给予行业方面的办学支持,但参与教学和管理过程产生的相关制约不容忽视。从学生主体看,高职和大学有着不同的生源系统。大学招收具有完全中学毕业资格的学生;高职不仅招收应届高中毕业生,也招收中等职业技术学校(西方称"实科中学")的毕业生,还招收在职职工(这部分学生在美国社区学院占20%左右)。在中国,同样是高考,大学的招生批次是第一、二、三批,高职是第四或第五批。显然,前者是"精英型"教育的延续,后者是大众化教育,学生的学习行为习惯和校园团队文化相去甚远。

从人才培养模式看,高职强调的是"能力本位"教育,它以全面分析职业角色活动为出发点,以提供产业界对履行岗位职责所需能力为基本原则,强调学生在学习过程中的主导地位,其核心是如何使学生具备从事某一职业所必需的实际能力。它以从事某一具体职业所必需具备的能力为出发点来确定培养目标,设计教学内容、方法和过程,评估教学效果,主要任务是提高受教育者的从业能力,而不仅是知识水平;在具体教育手段上,倡导企业参与,亦即"工学结合"。而大学则是传统的"学科本位"(知识本位)教育,它强调有成熟的学科和比较完整的理论体系作支撑,遵循知识体系自身的逻辑建立学科,学科及其分支构成相对稳定的知识体系。教学内容侧重于提高学生的理论知识修养,开设大量选修课,为学生选择专业方向、个性化学习、研究性学习提供广泛机会。可见,大学的培养模式侧重于个性,而高职学生所形成的知识积累只有一定的专业特征,偏重于职业适用性。从文化的角度看,能力本位教育在目的上存在重视行为、忽视品德的倾向,因此,它涵盖不了成功人的完整概念;而且,它在重视岗位能力培养的同时,忽视了重要的学习心理进程—学习迁移,这必然导致学生缺乏就业弹性和可持续发展能力。这恰恰是与大学精神相矛盾的。

三、高职教育视域下的大学精神

既然高职院校不能简单沿袭或套用大学精神,那么,从高等职业教育的特点出发重构大学精神,或者培育具有高职特色的校园精神,乃是我们深化高职教育发展的重要命题。高职教育视域下的大学精神主要体现为以下三方面。

(一)职业情怀

职业情怀是指高职学生在求学过程中形成的职业认识、理解、情感与态度。它以对职业价值的理性认识为核心,同时展开对职业目标、职业道路、职业道德、职业能力、职业信念、职业发展等问题的思考,包括对未来所从事职业的心理预期,对该职业的收入、地位等在社会上的定位,也包括对从事该职业应呈现的行为特征和品格操守的认同等。就高职教育而言,职业情怀的深厚程度是衡量高职学生在职业准备阶段是否进入角色、是否锻造成熟的标准。如果说,大学精神的人文关怀追求的是"大写的人"的话,那么,职业情怀所追求的则是"合格的人"。这正是职业教育的特点。

作为心理素质与思想素质的综合体,职业情怀具有两个基本要素:一是敬业意识,即热爱所从事的事业,忠于所从事的事业。社会有分工,就必然产生不同的职业,而每个职业都需要有人去做,自然就需要"干一行、爱一行"的敬业意识。高职教育本身立足于不同职业土壤、培养指向明确的专门人才的教育,许多学校甚至从校名上就彰显其所属的行业,这必然促成敬业意识在高职文化中的自觉生长。二是职场操守,"操守"是指人的志节和品行,对不同行业而言,职场操守涵盖不同的道德标准、行业自律和法律规制等诸多方面,与行业(职业)的社会形象紧密相关。商业、金融类院校强调的职场操守多为"诚实信用",司法、警官类院校则强调"公平正义"……这些独特的文化因子构成鲜明的高职文化特色,成为历届高职学生耳濡目染的职业精神素养。

(二)经世济用

高职教育模式是以能力为本位的教育和培训,注重"应会"而非"应知",因此,高职文化先天性地把学生"能否为用人单位所接纳,能否'用得上,留得住,下得去',进而有发展潜力",看得至关重要。高职教育以就业为导向,学生毕业不是为了升学或者其他,而是从事生产、管理、服务第一线的应用型工作。这种经世济用的态度在某种程度上带有强烈的实用主义色彩,是应企业对学校教育和人才需求而发生的。

同时,高职教育提倡学生"在做中学",提出学校教育必须与社会实践紧密结合,广泛采用任务导向的课程开发模式、情景学习、合作学习等理念,吸收了实用主义教育思想的精华,而校企合作的办学模式以及工学结合的培养方式则是经世济用风格的集中体现。按照洪堡的观点,如果普通教育使人学会理性思考,使人能够为人的话,那么职业教育"授人一技之长"的定位本身就划定了它的实用主义倾向。我国近现代职业教育的奠基人黄炎培先生认为,实用主义和职业教育的思想是一脉相承的,它们具有相同的社会基础和任务。职业教育思想是对实用主义教育思想的具体化,或者说实用主义教育思想是职业教育思想的灵魂。[4]

之所以用"经世济用"而不是"实用主义"来指称高职文化的内核,是因为前者在含义上超出了实用主义的"以经验为基础的教育",从终身教育的角度要求学生具备更广泛的、适应劳动力市场变化和再就业机会的知识;因为要"经济济用",所以也不忽略人类品质与内在精神的培养,不忽略作为社会人所必备的更深刻的理解力。这与当代美国新实用主义大师理查德·罗蒂所认为的"真理的相对主义倾向",以及"勇于探索的精神对于职业技能的掌握至关重要"等发展性的观念是相吻合的。

（三）开放协作

在全球经济一体化和社会分工日益明晰的境况下，综合高职教育的诸多客观属性，"依托行业、面向市场、服务社会"成为高职院校生存和发展的基本方针，"开放协作"则是这一方针的真实写照。

严格地说，作为一种高职院校的文化精神，开放协作的主体既包括学校，也包括学生。对学校而言，开放协作意味着横向合作与垂直整合。横向合作多指学校、企业间在育人和科研等方面的合作。如德国"双元制"教学模式中，学校与企业共同负责培训工作，学生一半时间在校接受教学辅导，一半时间在企业接受实训；又如韩国的"顾客导向"定制培养计划，学院将企业作为顾客，按企业需求人力的数量、规格来培育人才；我国高职院校广泛开展的"订单式"教育也是校企合作的典范。垂直整合则指高职院校对于各种办学资源的有效、合理利用。如前所述，高职院校天生缺乏封闭或独立办学的条件与气质，背靠行业并直接服务于区域经济使它拥有很多优势资源，如相对集中的校友队伍、充足的兼职教师、校外实训基地、行业专家组成的专业指导委员会、职业教育集团等等，这些资源的有效整合将形成良好的职业教育氛围。对学生而言，开放协作意味着开放意识的确立和协作精神的养成。开放意识是一种开放的心态和强烈的学习欲望，是对高职狭窄的专业面向的补充；而协作精神则是指以事业心为核心，在和谐相处的人际环境中，组织完成共同事业的优良品质。如果说，大学还比较激赏冥思苦想的孤胆"骑士"的话，高职则完全主张能与人交往、与人合作，并协调各方关系的"能士"，这是职业人的内在要求。

四、大学精神重构的内在逻辑

事实上，无论是"高度发达"的（如美国）还是"初步发展"的（如中国）市场经济社会，"教育理想"与"市场动力"的交互作用，在高等教育的精神阵地上，都产生了势同水火般的难题。[5]因为一方面，大学必须提供"商品知识"供学生消费，这种知识就是在工作中发挥直接作用的知识，包括职业培训和为就业做准备的知识传授、技能辅导等等；另一方面，传统的大学必然要生产"象征性知识"供学生分享，这种知识就是价值观判断、道德伦理、审美、哲学思辨以及与思想科学相关的知识。这两方面形成的文化紧张关系是始终存在的。

当然，我们并不排除当代高等教育环境中"人文价值"与"市场价值"一定程度的共融，也承认大学和高职在办学政治方向和应遵循教育规律方面的一致性。但从本质上看，人文关怀、理性光辉和自由独立作为大学精神的基本内涵，是在"教育理想"支配下，从至善、至真、至美三个角度对大学的诊释；而职业情怀、经世济用和开放协作作为高职教育视域下的大学精神架构，则是在"市场动力"支配下，从态度、能力、方式三个角度对高职的诊释。前者对后者的引领、完善和可持续发展具有内在和深远的影响，但两者不能混为一谈。随着高职教育的进一步发展，完全有必要通过客观的分析和解读，探索和构架具有高职特色的大学精神，使高职教育找到源于自己、属于自己的文化归宿。

[参考文献]

[1] 胡锦涛.在美国耶鲁大学的演讲[N].光明日报,2006-04-23(1).

[2] 邬大光.大学理想和理念漫谈[J].高等教育研究,2006(12):2.

[3] 马树超,等.高等职业教育:跨越·转型·提升[M].北京:高等教育出版社,2008:3.

[4] 成思危,黄炎培.职业教育思想文萃[M].北京:红旗出版社,2006:5.

[5] 刘悦笛.大学:行走在人文"殿堂"和学习"公司"的夹缝[N].中华读书报,2005-09-21(15).

（本文发表于《高等教育研究》2009 年第 7 期）

高职院校人才培养工作状态数据分析

王成方

[摘　　要]　对高职院校人才培养工作状态数据进行分析,是高等职业院校人才培养工作评估的重要手段,也是完善教学质量保障体系、促进高职院校实现科学管理的重要途径。做好状态数据分析,应切实掌握将状态数据转化为有价值信息的基本方法,明确研究的目的性、掌握数据的整体性、挖掘数据的关联性、提炼分析的针对性,不断提高状态数据分析的准确性和科学性。

[关 键 词]　高职教育　人才培养　状态数据

高等职业院校人才培养工作评估启动一年多来,各地对新方案的评估工作给予高度的重视,社会各界也给予高度的关注。特别是各级教育行政部门和一些高职院校,利用人才培养工作状态数据采集平台对状态数据进行认真分析,促进了高职院校教育教学的改革与建设,推动了人才培养质量的提升。但是,状态数据采集平台是个新生事物,对状态数据进行分析并用来指导高职教育改革的实践还刚刚开始,在掌握状态数据分析的正确方法,不断提高数据分析质量方面,还有较大的空间。笔者就如何做好人才培养工作状态数据分析谈一些认识与体会。

一、认识高职院校人才培养工作状态数据分析的目的和意义

提高对高职院校人才培养工作状态数据分析的目的和意义的认识,是做好数据分析的必要前提。

高等职业院校人才培养工作评估的主要方法是"诊断+考察",即"围绕影响院校人才培养质量的关键因素,通过对高等职业院校人才培养工作状态数据采集平台数据的分析,辅以现场有重点的考察,全面了解学校的实际情况,对人才培养工作的主要方面做出分析和评价,提出改进工作的意见和建议"。由此可见,对状态数据进行分析是高等职业院校人才培养工作评估必不可少的重要内容。2009 年,教育部高教司会同教育部高等教育评估中心、教育部高等职业院校人才培养工作评估研究课题组,以服务为宗旨,以"教学做"为一体,以状态数据分析与预审为重点,帮助各省、市、自治区教育行政部门对评估骨干专家进行了系统的培训,为高等职业院校人才培养工作评估的全面实施打下了基础。

然而,高等职业院校人才培养工作评估的最终目标"旨在促进高等职业院校加强内涵建设,深化校企合作、产学结合的人才培养模式;推动教育行政部门完善对高等职业院校的宏观管理,逐步形成以学校为核心,教育行政部门为引导、社会参与的教学质量保障体系"。要

实现这一目标,仅有少数评估骨干专家是远远不够的,各地教育行政部门和所有高职院校都应积极行动起来,尽快掌握状态数据分析方法,切实做好本省、本校的状态数据分析,充分发挥状态数据采集平台在自我评价、自我监控中的作用,促进高职教育的内涵建设,推动人才培养质量的提高。因此,对高等职业院校人才培养工作状态数据进行分析不仅是高等职业院校人才培养工作评估的重要手段,也是各级教育行政部门对高职教育的宏观管理,建立教育行政部门、院校和社会共同参与的教学质量保障体系,促进高职院校实现管理现代化、制度化、科学化的重要途径。

通过对高职院校人才培养工作状态数据分析,可正确把握各地高等职业教育和高职院校发展的基本轨迹,为各地对高职教育的投入、招生规模与当地经济发展的要求以及引导高等职业教育健康可持续发展提供参考,通过对高职院校人才培养工作状态数据分析,可及时发现并总结院校在人才培养过程中的长处和不足,引导院校加强内涵建设,采取必要的措施,促进院校管理的现代化、规范化和科学化。通过对高职院校人才培养工作状态数据分析,考生和家长能更加全面地了解各高职院校的实际情况,增强透明度,增加考生对报考院校的选择力度,使高职教育的优质资源得到更充分的发挥。通过对高职院校人才培养工作状态数据分析,可引导社会各界了解、关注高职教育,并对高职教育进行实时监督,促进高职教育适应经济社会发展的需要,真正办成人民满意的教育。

二、掌握高职院校人才培养工作状态数据分析的基本方法

正确掌握高职院校人才培养工作状态数据分析的基本方法,是做好数据分析的重要基础。

高职院校人才培养工作状态数据分析的方法,就是按照数据分析的目的,利用高等职业院校人才培养工作状态数据采集平台,运用知识管理、统计分析等原理,对状态数据进行整理、比较,将其转化为有价值的信息。

状态数据通常是指状态变量的观察值,常以数量的形式给出,它是用来描述对客观事物状态测量结果的数值。状态数据一般可以分为绝对数据和相对数据两大类。绝对数据主要为自然数据,它反映事物发展过程中某一阶段的"全息图像"。在状态数据平台中,我们可以直接看到的绝大部分是绝对数据。相对数据有平均数据、比较数据等,一般为对状态数据进行初步分析后的数据。平均数据一般有简单平均数据和加权平均数据。在状态数据分析中,主要应用简单平均数据。平台中有些数据已经是平均数据,如生均仪器设备值、生均建设面积等。比较数据是相关数据进行比较后得出的数据,平台中有些数据已经是比较数据,如生师比、就业率等。

对状态数据分析大体有三个步骤:首先,确定数据模型。即根据数据分析的目的在熟悉状态数据采集平台结构和每一字段含义的基础上,运用"果—因—效"逻辑关系,从状态数据采集平台大量的字段中找出各种表现指标。然后,根据教育部16号文件精神进行聚焦,确定主要表现指标,建立数据模型。其次,整理相关数据。根据主要表现指标和数据模型,从状态数据采集平台大量的数据中找出相关数据,并进行系统整理。第三,比较相关数据。根据建立的数据模型,将整理后的相关状态数据进行比较。在比较中,可以做横向数据的比

较,看事物的发展现状;也可以做纵向数据的比较,看事物的发展趋势;还可以与平均数据、中位数比较,看事物的发展水平。目前,对高等职业院校人才培养状态数据主要采用人工手段进行分析。但随着状态数据每年的不间断采集,数据的不断积累,运用数据挖掘技术,采用计算机进行状态数据处理势在必行。

三、提高高职院校人才培养工作状态数据分析质量的基本途径

要使状态数据分析结果科学、准确,具有较强的针对性,必须明确研究的目的性,掌握数据的整体性,挖掘数据的关联性,凝练结果的科学性。这是提高数据分析质量的重要保障。

(一)明确研究的目的性

对状态数据进行分析,首先要明确研究的目的,即为什么问题进行分析、怎样分析。研究的目的不同,选择的数据、分析的方法和分析的结果也就不同。因此,明确研究的目的对做好数据分析至关重要。

研究的目的多种多样,主要反映在三个方面:一是研究的层次,是全省层面上的研究,还是学校层面上的研究。全省层面上的研究主要是对全省各院校作横向比较分析,采取平均数、中位数等比较分析,看不同院校在全省发展中的不同水平。同时,也可以用全省平均数据作纵向分析,看全省高职教育的发展趋势。学校层面上的研究主要是对学校内部做纵向比较分析,即用当年的状态数据与往年进行比较分析,看学校高职教育的发展趋势。同样,学校也可对各系部、各专业进行横向比较分析,发现各系部、各专业发展的不平衡性。二是研究的内容,是全面分析还是专题分析。全面分析主要是根据评估指标体系的关键评估要素展开,同时也可以把办学条件、经费保障等纳入其中,以反映地区或学校发展的全貌。专题分析是根据分析要求,抽取平台中某一部分状态数据进行分析。在数据分析中,全省分析以全面分析比较常见,学校内部分析以专题分析较为常见。三是研究的对象,是研究事物发展的现状还是发展的趋势。现状分析一般以当年的状态数据为主进行分析,而趋势分析必须将当年的状态数据与往年进行比较,找出事物发展轨迹,发现增量或减量。

(二)掌握数据的整体性

状态数据是状态变量的测量值,各种变量之间存在着某种函数关系。因此,无论是不同层面的分析,还是不同内容的分析、不同对象的分析,都必须事先对状态数据做整体的了解。

掌握状态数据的整体性,要达到以下几个要求:一是熟悉状态数据采集平台的结构。状态数据采集平台的结构由参数、字段和注释三部分组成。这里特别要引起注意的是一些关键参数与字段,如内涵建设要关注师资、专业、课程、实践教学、教学管理等参数,以及相关的一些主要字段名称、含义。二是了解各状态数据的数值。对一些关键数据、异常数据一定要了解清楚,便于以后的分析研究。三是形成状态数据整体概念。在全面阅读状态数据的基础上,通过重点了解关键数据、异常数据,对全省或全校的高职教育改革发展情况和运行状态形成大致印象。

(三) 挖掘数据的关联性

挖掘数据的关联性,是做好状态数据分析的重要环节。数据的分析、比较,要在数据之间相关的范围内进行,否则就失去分析研究的价值。

关联分为简单关联、时序关联和因果关联。关联分析的目的是找出数据库中隐藏的关联网。数据挖掘技术的关联规则,目前已较为广泛地应用于金融、商贸之中。在人才培养工作状态数据分析中,采集平台几万条数据也同样存在着这种隐性的关联,找出这种隐性的关联网,对提高分析质量十分关键。如对全省专业定位情况做出分析,就要从全省几十所院校海量的数据中寻找出隐藏的关联网。根据采集平台的数据,我们可以发现,全省的专业设置、招生专业、招生计划、录取人数、报到人数和专业在校生规模等,都与当地的产业结构优化升级有密切的关联,这种关联为我们判断全省高职教育与当地经济发展的支撑力度之间的关系提供了有力的依据。

(四) 凝练结果的科学性

在对状态数据做初步分析后,会产生许多分析后的数据,我们统称为过程数据。过程数据不一定对研究问题起关键作用。因此,还要围绕研究目的,对过程数据进行分析、筛选,形成对研究问题起关键作用的结果数据。在分析筛选过程中,主要应考虑几方面的问题:一是过程数据选择对研究问题的针对性。过程数据本身不仅要能反映问题,与研究的问题相关,而且要在反映问题、研究问题中起本质的、关键的作用。二是过程数据选择的合理性。同样一个过程数据,在正常情况下不能发挥本质、关键作用,可以不选,但在异常情况下,它又会起本质、关键作用,遗漏了这一过程数据,就会影响到分析的质量。三是对结果数据分析筛选的正确性。结果数据分析筛选的正确性,是决定分析质量高低的重要因素,如在分析筛选中,对离散程度较小的数据,可以采用平均数来反映事物发展的总体状态;但对离散程度较大的数据,则采用中位数来反映事物发展的总体状态更为客观。

[参考文献]

[1] 教育部.关于印发《高等职业院校人才培养工作评估方案》的通知(教高〔2008〕5 号)[Z].2008-04-03.

[2] 张尧学.在新指标体系下扎实开展高职人才培养工作评估[J].中国高等教育,2008(23).

[3] 教育部高等职业院校人才培养工作评估研究课题组.高等职业院校人才培养工作评估解读与问答[M].北京:高等教育出版社,2009.

[4] 杨应裕.《高等职业院校人才培养工作评估方案》导读[J].成都航空职业技术学院学报,2009(12).

[5] 王成方.对高等职业院校人才培养工作评估的几点思考[J].中国职业技术教育,2008(22).

(本文发表于《中国高教研究》2010 年第 5 期)

"三双"模式的高素质技能型会计人才培养

孔德兰

[摘　　要]　会计职业环境的新变化对高职会计专业人才培养提出了新要求。本文在对我国会计行业人员现状和会计职业特点进行分析的基础上,提出了"双素、双能、双证"的高素质技能型会计人才培养模式,并阐释了"三双"模式的高素质技能型会计人才培养的基本思路、培养载体和培养路径。

[关　键　词]　会计专业　三双　高素质技能型创新人才　培养模式

会计工作是企业经济管理工作的核心,面对激烈的国际市场竞争环境和我国现代化建设及产业结构调整,企业对高素质技能型会计人才的需求不断扩大。根据各地人才市场和各种招聘信息的统计,会计是需求量较大、出现频率最高的职业之一。会计专业是中国职业教育和高等教育最具普适性的专业,也是招生数量和在校生人数最多的专业。如何主动适应行业企业对会计人才的新需求,进一步深化专业内涵建设,积极开展教育教学改革,提高人才培养质量,是有待高等职业院校会计专业破解的重要命题。浙江金融职业学院会计专业主动适应行业、区域经济发展需要,广泛汲取有益经验,提出了"双素、双能、双证"的"三双"高素质技能型会计人才培养模式,深化专业内涵建设与教育教学改革,取得了一定的成效,形成了特色鲜明的人才培养理念与模式。

一、高素质技能型会计人才培养的必要性和紧迫性

(一)我国会计行业人员状况分析

会计从它产生起就与经济发展密不可分,经济越发展,会计越重要。会计工作作为经济社会管理工作的重要组成部分,在国民经济中发挥着重要的基础性作用。会计人才是维护市场经济秩序、推动科学发展、促进社会和谐的重要力量。截至 2009 年底,全国有近千万会计人员,其中,具有高级职称的 9.4 万人,在注册会计师行业 30 多万从业人员中有 9.2 万执业注册会计师,副教授职称以上会计教育工作者约 1 万人。当前我国会计人才发展的总体水平与世界先进国家相比还存在较大差距,与我国经济社会发展需求相比还有一些不相适应的地方,譬如,会计人才结构和布局不尽合理,高层次复合型会计人才缺乏,高素质技能型会计人才不足,会计人才市场管理有待加强等。

目前,我国会计行业呈现出以下基本特征,即从业人员众多,会计队伍庞大;会计人员学历层次不高,无专业技术资格的人员多,高端会计人才少。以浙江省为例,截至 2009 年底,

浙江省会计人员将近75万人,25—45岁的中青年群体占据了绝对优势,占64.6%。从学历看,高中以下学历的有321229人,占47.3%;本科以上学历98508人,占14.5%,高层次人才相对较少。从会计人员专业技术资格看,无会计专业技术资格的会计人员495095人,占会计从业人员的72.8%;中级会计人员45226人,占会计从业人员的6.7%;浙江省会计从业资格注册人员中具有高级专业技术资格的只有3762人,仅占会计从业人员的0.5%。值得关注的是,浙江省会计人员中具有大专及以上学历的占52.7%;无会计专业技术资格的会计人员,约占会计从业人员的四分之三。会计行业呈现出明显的金字塔形,"底部宽、中间窄、头部尖",会计人员队伍底部庞大,中间阶层人数不充足,严重制约了会计职能的进一步发挥。

(二)转变经济发展方式的新变化对会计人才提出新要求

随着科技日新月异,经济全球化深入发展,会计人才在经济社会发展中的基础性、关键性、战略性作用更加凸显,会计人才的竞争已经成为国家、地区和单位间竞争的焦点之一。根据财政部发布的《会计行业中长期人才发展规划(2010—2020年)》,到2020年,我国会计人才发展的战略目标是:培养和造就一支规模宏大、结构优化、素质较高、富于创新、乐于奉献的会计人才队伍,确立我国会计人才竞争优势,建设国际一流的会计人才队伍,为在21世纪中叶基本实现社会主义现代化奠定会计人才基础。

"十二五"时期,我国经济建设已全面进入转变经济发展方式,实现转型升级的关键时期,会计环境无论是外部环境还是内部环境都发生了巨大变化,会计职业界对会计人员素质要求也发生了新的变化。会计职业领域人才需求已从传统的"记账、算账、报账"为主的管家型人才,转向在处理和提供信息的基础上,进行信息的分析、使用、帮助和参与经济决策的管理型人才。会计职能得到了不断强化和提升,会计既是企业决策的重要支持者,也是企业发展的资源和资金保障者,又是企业绩效目标管理的推动者。这就要求会计人员不仅要具备充分的会计专业知识和熟练的操作技能,而且要熟悉金融市场的运行规律与金融工具的特点,能够有效利用金融市场为企业投融资服务。

高等职业教育作为高等教育发展中的一个类型,肩负着培养面向生产、建设、服务和管理第一线需要的高技能人才的使命。因此,高等职业教育会计专业的人才培养应该顺应社会经济环境对会计人才的新要求,将会计专业人才培养目标定位为高素质技能型会计人才。高素质技能型会计人才是指业务娴熟、技能综合、职业道德水准高、职业判断能力较强的会计人才。高素质技能型会计人才培养不仅要注重培养学生的会计知识与相关业务的实际操作能力,也要培养学生必备金融市场相关知识与操作技能,更要培养学生能够吸取新知识、具有新思维、掌握新方法等创新能力,提高学生发现问题、分析问题和解决问题的能力;会计毕业生应认同会计专业并乐于从事会计职业且具有会计必备的知识、技能和价值观。

二、高素质技能型会计人才培养的基本思路

高素质技能型会计人才培养应遵循高等职业教育发展规律和财会人才成长规律,创新人才观和教育教学观,积极实践"以生为本"的育人理念,正确把握人才培养工作的整体思

路;以促成学生成长成才作为人才培养工作的逻辑起点,以满足用人单位的多元需求作为人才培养工作的落脚点,以推动学生充分有效利用三年学习时间作为人才培养工作的着力点。高素质技能型会计创新人才培养要坚持学历教育与岗位培训相融合、坚持职业能力与职业素质相兼顾、坚持就业导向与人生发展相统一,着力提升学生适应市场的能力与素质。

浙江金融职业学院会计专业以就业为导向,根据定期的行业走访、专业指导委员会专家咨询,全面深入了解行业企业对会计专业毕业生多元化的需求,结合毕业生跟踪调查、在校生需求满意度测评等多种形式,围绕知识、能力与素质的三层架构,准确把握会计职业岗位群的能力要求,将"把握财会趋势,发挥金融强势,彰显人才优势"作为会计专业人才培养的基本理念,形成了新时期会计专业"双素、双能、双证"的高素质技能型会计人才培养模式。

"双素"是指双重职业素质教育,渗透会计诚信文化与金融信用文化于学生素质教育活动中,培养学生健全的职业素质和良好的职业道德,促进学生综合职业素质的养成。"双能"是指通过职业技能教育,使学生不仅熟练掌握企业会计岗位群的职业技能,同时熟练掌握金融行业相关工作岗位的职业技能,提升学生的职业岗位胜任能力和岗位迁移能力。"双证"是指学生毕业时必须取得1本毕业证书和1本职业资格证书。职业资格证书主要包括会计电算化证书、会计从业资格证书、初级会计师证书、银行从业资格证书等,增强学生的就业竞争力。

具体来说,会计专业主要培养懂核算、会分析、能决策的具有金融特色的高素质技能型会计人才。即面向中小企业、金融机构一线岗位,培养面向出纳、会计、成本管理、财务管理、报税、审计等会计管理岗位,熟悉企业会计核算、纳税申报、成本计算与分析、财务管理、年报审计等日常经济业务处理的基本知识与操作技能,有着良好职业生涯发展基础的高素质技能型会计人才。

高素质技能型会计人才培养应以工学结合人才培养模式改革与创新为抓手,全方位推进师资队伍建设、课程体系建设、教材建设、教学内容改革、教学方法与手段改革、实训基地建设、社会服务等为核心的专业内涵建设;以千日成长工程为载体,以会计诚信育人体系构建为特色,以人才培养保障机制为依托,全力支撑专业人才培养工作出成效。

三、高素质技能型会计人才培养的载体

会计专业以"千日成长工程"为高素质技能型会计创新人才培养的载体。"千日成长工程"的主题是"指点千日成长,引领千人成才"。其核心思想是对学生在校三年,近一千天成长过程进行全方位指导,以"品德优化、专业深化、能力强化、形象美化"为目标,为学生在校全面发展和未来可持续发展奠定坚实的基础,丰富学生的职业知识、训练学生的职业技能、提高学生的职业能力、完善学生的职业素质,深化育人内涵;实现全过程育人、全员育人、全方位育人与学业生涯规划、职业生涯规划、未来人生规划的有机融合,最终实现学生的全面发展和优质就业。

具体来讲,一年级学生以培养"金院学子"为阶段目标,突出学生学业生涯规划,让学生明德理,学会做人;明事理,学会做事;明学理,学会学习;明情理,学会感恩。二年级学生以培养"系部学友"为阶段目标,体现育人的职业性和开放性,突出学生的职业能力和学生职业

生涯设计,提高学生的职业技能。三年级学生以培养"企业学徒"为阶段目标,注重学生实践能力与创新意识的培养,提高学生的专业能力和就业能力。

"千日成长工程"在内容安排上分为千日成长设计、千日成长指南、千日成长日志、千日成长记录、千日成长评估、千日成长档案。"千日成长工程"根据学生年级特点开展"336"系列成长活动体系。"3节",即班级文化节、素质拓展节和学子风采节;"3赛",即会计技能大赛、财会信息化竞赛和"挑战杯"创新创业竞赛;"6千活动",即千人礼仪班、千人技能赛、千人演讲赛、千人实践团、千人拓展营、千人招聘会。通过思想引导、成长导航、能力培养、文化引领、典型带动、行为激励等,引导学生树立正确的世界观、人生观、价值观,培养高素质技能型的会计人才,使学生成为合格的会计职业人。

四、高素质技能型会计人才培养的路径

(一)实施"双素、双能、双证"的工学结合人才培养模式改革

"双素、双能、双证"是会计专业基于"把握财会趋势,发挥金融强势,彰显人才优势"的高素质技能型会计人才培养理念系统进行设计而形成的人才培养模式,是综合德育、智育、体育、美育、劳动技术教育为一体的人才培养工程。"双素"是会计专业人才培养的起点,强调专业人才具备财会领域与金融领域双重职业素养,蕴含了财会领域与金融领域从业人员所应具备的德智体美劳全面协调化发展的理念,是高素质技能型会计人才在财会与金融职业素养的全方位体现。"双能"是会计专业人才培养的重点,着重反映了高等职业院校服务基层所应具备的"能力本位"的特征,突出强调培养具备财会与金融双重职业技能的专业人才,是会计专业人才培养的特色体现。"双证"是会计专业人才培养的落脚点,是对"双素、双能"人才培养效果的验证与评价。"双素、双能、双证"三方面相互影响、互为补充,围绕校企合作、工学结合,进行以课程体系建设、教材建设、教学内容改革、教学方法与手段改革、基地建设、师资队伍建设、社会服务等为核心的专业体系建设,最终达到全面提高人才培养质量的目标。

(二)构建以能力本位为核心、课证融合的专业课程体系

立足于用人单位的人才需求,贯彻以就业为导向的方针,积极与行业企业合作开发课程,根据职业岗位(群)的要求,参照会计的职业资格标准,构建以工作岗位为依据,以能力本位为核心的高素质技能型会计人才培养的专业课程体系,实现课证融合。会计专业课程体系包括职业素质课程、职业岗位课程、职业考证课程、职业拓展课程和"订单"培养课程。推行"双证书"制度,根据会计从业资格考试、会计职称考试和银行从业资格考试要求设计相关课程,实现职业考证内容与教学内容的有机融合。改革课程体系和教学内容,建立突出职业能力培养的课程标准,打破以传授知识为特征的学科课程体系,转变为以工作任务为中心组织课程内容,改革教学方法和手段,融"教学做"为一体,让学生在完成具体项目的过程中构建相关理论知识,训练职业技能,强化职业素养,发展职业能力。与行业企业共同开发体现职业岗位技能要求、促进学生实践操作能力培养的工学结合优质教材,重视优质教学资源与网络信息资源的建设和利用。

(三)构建会计诚信育人体系,强化职业素养

以职业素质教育为核心,把心理素质教育、人文素质教育、专业素质教育、职业道德教育等有机结合,把职业文化、校园文化、企业实践、社会实践有机结合,形成教书育人、文化育人、管理育人和服务育人并贯穿于人才培养的全过程,培养学生良好的职业素养,培养学生的诚信品质、责任意识、敬业精神和团队精神,提高学生的实践能力、创新能力和就业能力。为了坚持诚信文化育人,以诚为先,正确把握学生的职业人格定位,将诚信作为会计从业人员职业道德的文化灵魂,我们建立了具有鲜明职业特色的会计诚信教育体系,即"六环节、六目标"诚信教育体系,将诚信教育贯穿于人才培养的全过程。即通过六个环节的教育——始业教育、日常教育、毕业教育、校园文化、专业教学、跟踪反馈,实现六个预期的目标——使学生树立诚信理念、营造诚信氛围、规范诚信行为、提高诚信素质、输送诚信人才、铸就诚信品牌。

(四)推进校企合作有机体建设,形成合作育人长效机制

以会计专业群为基础,深化"专业+研究机构+公司"的校企合作、工学结合的长效合作育人机制,实施"专兼结对,共建一门课;专兼联手,共编一本书;专兼协作,共管一基地;专兼互动,共育一方人"的开放式合作育人模式。积极推进校企合作有机体建设,会计专业联合浙江众诚资信评估公司及其合作伙伴、浙江信用与会计研究中心及其发起人,共同组建了浙江众诚会计学院,设立了众诚奖学金与奖教金,冠名了众诚会计教学楼,共同出资建设了近千平方米的实践工场(即会计工场、税务工场和信用工场),融教学、培训、职业技能鉴定和技术研发功能为一体的实训基地。工场既是学生实习实践和工学结合的场所,学生在工场中学习业务知识和实践操作技能,直接参与职场工作,熟悉社会实践和企业运作;又是教师和学生进行会计管理与区域信用体系研发的平台,也是浙江省会计从业资格考试的考证点和会计人员后续教育的基地。工场运作实现了"工场与教室合一、学生与学徒合一、教师与师傅合一、教学与科研合一、作业与产品合一"。会计专业校企合作有机体还建立了校企共同发展的动力机制、互惠互利的利益驱动机制、优势互补的共享机制、文化融合的沟通机制和校企合作的保障机制。

(五)实施以"教学名师、实践能师、育人高师"为目标教学团队建设

人才的培养离不开优秀的教学团队,会计专业将教学团队建设作为高素质技能型人才培养的关键环节。会计专业全面实施以"教学名师、实践能师、育人高师"为主要内容的师资队伍建设。始终围绕以教师的职业教育教学能力、实践能力、育人能力提升为中心,以优秀的专业带头人、骨干教师、"双师"素质教师培养为重点,建设一支师德高尚、教育观念新、业务精通,具有较高教学水平和较强实践能力,专兼结合的"双师型"教学团队。专业教学团队集"职业素质培养、职业知识传授、职业技能训练"三项功能为一体,校内专任教师主要承担职业知识传授师和职业素质培养师的角色,行业企业兼职教师主要承担职业技能训练师的角色。激励教师关注专业、成就事业,不断开展专业研究、教育教学研究,在专业、教学、育人、社会服务等领域创立独树一帜的品牌,从整体上带动专业师资队伍建设水平的不断

提高。

（六）建立健全高素质技能型人才培养质量保障机制

建立健全教学质量监控机制，实现育人全程精细化管理。完善专业绩效评价机制，实现评价主体的多元化。加快完善人才培养质量保证体系，吸收行业和企业参与人才培养质量评价，以职业素养和职业能力为核心，将就业率、就业质量、企业满意度等作为衡量高素质技能型会计人才培养质量的重要指标，形成学校引导、专业为核心、社会参与的质量评价模式。以一年一度的专业建设绩效考核为契机，以专业带头人为负责人，将人才培养工作纳入专业考核重点，建立定期的专业建设状态分析机制。建立毕业生质量跟踪调查制度，全面掌握会计专业毕业生的就业状况与就业质量，及时反馈信息，为专业教育教学改革提供真实、可靠的信息。以实施精细化教学管理为目标，努力探索适应工学结合人才培养模式改革的教学管理制度，并建立起适应工学结合的教学运行机制和教学组织管理制度。不仅从课堂教学组织、实践教学安排、课程考核评价、校内外实训基地和顶岗实习管理等方面进行管理规范，还包括专业建设过程的管理、师资队伍的配备、教学保证条件的运行保障等。

［参考文献］

[1] 财政部.会计行业中长期人才发展规划(2010—2020 年)[Z].2010.

[2] 王小梅.中国高等职业教育研究精品文选（2008—2009 年）[M].北京：科学出版社,2010.

[3] 周建松.基于可持续发展的高职教育专业建设机制研究[J].中国高等教育,2010(4).

[4] 杨桂洁."三环节三融合"职业能力培养模式的探索[J].中国职业技术教育,2010(20).

[5] 孔德兰.高职院校专业特色化建设机制研究[J].黑龙江高教研究,2010(10).

（本文发表于《中国职业技术教育》2011 年第 28 期）

在工具理性与价值理性的融合中推进高职院校素质教育

张鹏超

[摘　　要]　教育的本质是通过工具理性与价值理性的融合提高人的素质。工具理性和价值理性在内涵上互通、互补,在功能上互动,两者统一于高职教育的全过程,共同推进高职院校素质教育。工具理性与价值理性的融合路径主要是:将价值理性科学地融入专业教育,整合工具理性和价值理性融合的课程内容,搭建工具理性和价值理性融合的实践平台。

[关 键 词]　高职教育　工具理性　价值理性　素质教育

当前我国高职院校每年向社会输送近千万技能型人才,有力地推动了我国经济社会发展,解决了大量就业问题。然而,随着我国产业结构的转型升级和经济发展方式的转变,尤其是信息化和自动化技术的发展,社会对技能型人才的素质要求发生了很大变化。据相关的市场调查,很多企业在招聘毕业生时更看重的是学生的综合素质,而不只是重视技能。当前高职院校毕业生不同程度地存在着素质、能力结构与产业结构、技术结构、岗位需求不相匹配的问题,主要表现为缺乏新技术应用转化能力和职业可持续发展能力。因此,高职教育最迫切的任务是推进学生素质能力结构的提升,以适应产业结构的转型和高新技术的发展。党的十八大报告明确提出"加快发展现代职业教育",《国家中长期教育改革和发展规划纲要(2010—2020 年)》明确将实施素质教育提升到教育改革发展的战略主题的高度,这为新时期职业教育实施素质教育指明了方向。因此,研究探索现代职业教育在工具理性与价值理性的融合、科学理性与人文精神的结合中推进素质教育的方法策略,具有重要的理论价值和实践指导意义。

一、工具理性、价值理性与素质教育的关系

(一)工具理性与价值理性的内涵分析

工具理性与价值理性是德国著名社会学家马克斯·韦伯在研究人类社会活动的合理性时提出的两个概念。工具理性,即"通过对外界事物的情况和其他人的举止的期待,并利用这种期待作为'条件'或者作为'手段',以期实现自己合乎理性所争取和考虑的作为成果的目的"。[1]韦伯认为,工具理性是在针对既定目的有效地使用手段和工具中体现出的合理性。工具理性强调功利的动机和效用的最大化。价值理性,即"通过有意识地对一个特定的行为——伦理的、美学的、宗教的或作任何其他阐释的——无条件的固有价值的纯粹信仰,不管是否取得成就"。[2]价值合理性关注的是道德责任、道德良心的召唤,不计较功用效益,以

道德修养、理想信念、人生意义和价值取向为取舍标准。价值理性更强调人的情感和精神价值。工具理性与价值理性实质上是互相联系在一起的。"如果讲,科学主要是讲客观世界,讲'天道';人文主要是讲主观世界,讲'人道',那么,两者相互交融就是'主客一体'、'天人合一'。"[2]工具理性体现了人类认识自然和改造自然的能力,体现了人的本质力量。工具理性通过科学技术的形式为人类的发展奠定了物质基础,带来了现代文明的便利。没有工具理性,人类很难进步和发展。工具理性是"文明之源"。而价值理性是"为人之本",体现人的终极关怀。价值理性是工具理性发挥作用的精神支撑。没有价值理性,工具理性很难实现,也就没有了人生意义、坚定的意志和信念、道德情操,人类的科学技术发明创造很难实现。

(二)工具理性、价值理性与素质教育的关系

教育的本质是通过工具理性与价值理性的融合提高人的素质。人的素质是由人的先天禀赋以及在后天学习和培养中形成的各种品质、潜力、能力、素养和修养等组成的综合系统。人的素质主要包含思想道德素质、业务素质、身心素质和文化素质四个方面。教育是以文化人的工作。通过文化活动,使人的知、情、意和德、智、体、美等各方面得到全面发展。文化的内容包含工具理性和价值理性。"文化有双重属性,即价值理性与工具理性,那么作为承载文化、践行文化、延续文化、发展文化的载体的教育就有双重属性:本体性与工具性。"[3]"工具理性与价值理性是素质教育的双重属性。孔子主张的礼、乐、射、御、书、数等"六艺"的教育内容实际上就包含了工具理性与价值理性双重内容。素质教育的目标就是通过工具理性与价值理性的融合实现人的全面发展。柏拉图的理性教育观和亚里士多德的自由教育观的目的都认为教育是使人格得到全面发展。马克思的教育观都认为教育使人自由而全面发展的根本途径,是提高社会生产力的重要手段,这里面也包含了工具理性和价值理性的双重内容。

素质教育在我国高等教育的实践已有多年的历史,它对于提升我国人才培养质量发挥了重要作用。当前为适应我国产业转型升级和经济发展方式转变的需要,高校素质教育无论在内容、方法还是目标方面都要有所改进和创新。将工具理性与价值理性融合于人才培养模式改革中,是提升素质教育质量和水平的有效路径。"实施素质教育,核心就是把提升学生的综合素质作为提高人才培养质量的关键,坚持育人为本、德育为先、能力为重、全面发展,着力解决学生的社会责任感、创新精神和实践能力欠缺的问题。"[4]"我国素质教育的发展方向是把人生意义、坚定的意志和信念、道德情操等价值理性与专业技术等工具理性融合在一起,着力培养学生的社会责任感、创新精神和社会实践能力。

二、高职教育中的工具理性与价值理性

(一)高职教育价值理性缺失的现状及原因

高职教育作为高等教育的一个类型,在过去几十年的发展中为社会输送了大量技能型人才。高就业率、职业化和熟练的技能是高职教育培养人才的特色,也是高职教育的一大优势。但是由于片面强调"以就业为导向",高职教育存在着过分强调职业化和技能,而对价值

理性或者人文素质重视不够的现象，并由此产生了高职学生的综合素质与社会人才需求之间的矛盾以及人才发展后劲不足的问题，给高职教育的可持续发展带来了严峻挑战。高职教育对技能、技术等工具性价值过分重视的主要原因有两个：从社会发展的客观原因分析，由于我国工业化和产业化的发展需要大量技能型人才，这种需求促进了高职教育规模的扩张；与此相适应，社会对高职院校学生成才的评价标准也主要定位为熟练的技能。高职院校的人才培养模式随之出现了人才培养与行业企业"无缝对接"、人职匹配实现"零距离"等等。从高职院校主观方面分析，为适应社会对高职院校学生人才评价标准，为了追求高就业率，高职院校更加重视学生的技能操作等工具性价值，在一定程度上对理想信念、道德情操、人生意义等价值理性重视不够。

（二）工具理性与价值理性在高职教育中融合的必要性

首先是适应产业升级和经济发展方式转变的需要。当前，我国产业的转型升级和经济发展方式的转变改变了技能型人才的素质需求结构。产业的转型升级，尤其是信息化、自动化技术的发展，社会对高素质高技能人才的综合素质要求逐渐趋高。据报道，"'十二五'期间，北京市满足产业升级和创新型企业'十百千工程'需要的高技能人才缺口达 10 万人；苏州市将减少 100 万低端产业工人，增加 50 万本科及以上层次人才"。[5]社会的发展对技能型人才素质需求结构的变化说明综合素质的提高对于技能型人才越来越重要了。事实证明，缺乏价值理性支撑的工具理性很难在创新方面取得重要成就。科技缺乏价值理性的支撑不仅不会推动社会的进步，反而会给他人和社会造成不同程度的危害。

其次是提升高职院校学生就业能力的需要。就业是高职院校学生的生存之本。学生只有能够顺利就业、优质就业，才能谈得上进一步发展，才能谈得上体面生活。就业导向是高职院校的生存之道。在我国这样的人力资源大国，就业尤为重要。过去，高职院校为了提高就业率，更强调学生的熟练技能掌握。随着科技的迅猛发展和产业的转型升级，社会对高职院校学生的素质结构要求发生了很大变化。在工具理性与价值理性的融合中推进高职院校素质教育，对于我国创新型社会的形成至关重要。因为"就业导向本身也要求高职院校在人才培养中加强素质教育，以使得高职院校所培养的人才质量更优，能够更好地在经济社会发展中发挥生产力和创造力。就业导向与素质教育是相容共生的，当前，在高职院校推进素质教育，也是提高学生就业能力的重要举措。

（三）高职教育中工具理性与价值理性的融合

高职教育的工具理性强调"以用为本"，侧重的是学生的职业技术或者能力，主要是指专业知识和技能水平。专业知识和技能水平，既包括专业能力，也包括书面表达能力、外语能力、计算机能力等基本能力，还包括语言表达能力、交际能力、组织活动能力、领导协调能力等。高职教育中的价值理性强调"以人为本"，主要包括理想信念、道德情操、艺术修养等的培育，也包括主动学习、主动探索和创新精神等。理想信念就是对未来目标的坚韧不拔的追求精神。道德情操主要指职业道德、社会责任意识和团队合作意识等。艺术修养主要指职业礼仪、基本的艺术鉴赏力等。

工具理性和价值理性在内涵上互通、互补，在功能上互动，两者统一于高职教育的全过程,共同推进学生的素质教育。高职教育的工具理性体现了高职学生专业化、职业化和技能化的特点和优势。以专业知识、技能水平为主要内容的工具理性是高职教育的核心。良好的专业知识和熟练的技能是高职学生服务社会,实现个人价值和社会价值的基础。以理想信念、道德情操、艺术修养、主动学习、主动探索和创新精神为主要内容的价值理性是高职学生实现可持续发展的动力和源泉。"没有工具理性的职教,学生没有学到从职必备的技术和手段,等于没有就业和立业的资本,使价值理性犹如空中楼阁而无意义。同样,职业教育丧失价值理性,所培养的人才不过是工具人,极易沦为没有精神的机器,一味追求实用和效率,最终会导致人格残缺。"[7]工具理性和价值理性融合于高职院校职业化教育的全过程,推进高职院校素质教育的实施,是高职院校素质教育的最高境界,也是高职院校素质教育的有效途径。

三、在工具理性与价值理性的融合中推进高职院校素质教育的现实路径

高职院校的人才培养必须将人文素质教育、专业素质教育和技术操作训练结合起来,创新工具理性和价值理性相融合的育人合力和人才培养模式,提升高职院校人才培养质量。高职教育要保持自身的特色和优势,在学生素质教育方面既要有和普通本科高校相同的方面,又要创新出与普通本科高校的素质教育不同的优势,从而实现高职教育的可持续发展。高职教育的最大特色就是鲜明的职业化。因此,应将高职教育的价值理性融合于职业化专业教育、职业化技能训练和职业化实践能力培育中。

(一)将价值理性科学地融入专业教育

注重加强对高职学生基本专业知识的传授和基本技能的培养,是我国高职教育人才培养的优势。专业素质教育在全面推进素质教育中处于主干地位。积极融合价值理性于专业教育是高职院校素质教育的重要路径。"授人以鱼不如授人以渔。"现代社会知识和信息的更新越来越快,专业教师如果只注重知识的传授,将会影响学生的可持续发展能力。因此,在专业教育中应注重将价值理性融入专业教育,实现知识、能力与价值观培育的有机统一,如将职业道德融于专业教育中。专业知识内容有些是和职业道德紧密联系在一起的,在专业知识教育中渗透职业道德的相关内容也是高职教育的特色。高职教育应将情感、道德、审美等价值理性纳入专业教学质量评价中,通过制度来激励教师自觉地在专业教学过程中渗透人文精神。只有教师自觉提升个人文化素养、树立专业素质教育与人文素质教育融合的理念,才能使工具理性与价值理性的融合成为可能。

(二)整合工具理性和价值理性融合的课程内容

工具理性与价值理性在课程层面的融合主要是指教学内容的优化,教学内容的优化是高职教育中素质教育载体的优化。当前,高职课程体系中价值理性教育存在的主要问题,一是在现有的高职教育课程体系中,蕴含价值理性教学内容的空间被工具理性的教学内容挤占了;二是在课程设置中将蕴含工具理性与价值理性的教学内容按学科或专业分类进行割裂,如职业道德课程的教学内容孤立于专业课程内容而存在;三是第一课堂与第二课堂的内

容未进行有效整合，难以拓展素质教育的"时间"与"空间"维度。上述问题体现在人才培养中就是个体丰富的生命体验被"架空"。因此，要在课程内容上实现工具理性与价值理性的整合，主要应从以下三个方面入手：

一是课程内容应以价值理性为导向进行整体设计，并贯穿于整个专业课程设置中。价值理性的培养并不是一定要在课程内容中占据某一个特定的比例，而应成为课程内容中方向性的内容。如学习国际贸易的学生，学习各类外贸流程的背后必然是对国际文化、法律和职业操守的同步学习。一个精通国际贸易的职业人，必然是一个跨文化沟通的"地球人"。二是课程内容应以工具理性与价值理性的融合为主线，改变专业素质教育与人文素质教育内容分而教之的局面。在当前的高职专业课程体系中，专业课程与公共课程的分野并不明显，公共课程中会讲到职业生涯规划、职业道德，而专业课程之中也会讲到。其实课程内容可以在专业这个统一的平台上，通过专业课程教师与公共课程教师的集体备课，甚至课程整合的方式来解决。三是课程内容应以第一课堂和第二课堂的有效衔接为切入点，拓展工具理性与价值理性融合的时空。在传统的高职院校管理中，第一课堂和第二课堂分别属于教学管理和学生管理两大部门，二者缺乏有效衔接，使素质教育难以形成合力。对于学生发展而言，价值理性的培养需要有第一课堂的催化，更需要第二课堂的锤炼；而工具理性的培养既需要有第一课堂的传授，也需要第二课堂的强化。同样是营销，第一课堂上的营销技巧传授在第二课堂可以通过营销大赛形式呈现，这样既强化了营销专业技能（工具理性），又促进了团队合作和自我实现（价值理性），这便是素质教育时空的拓展。

（三）搭建工具理性与价值理性相融合的实践平台

《教育规划纲要》提出，创新人才培养模式要"注重知行统一，坚持教育教学与生产劳动、社会实践相结合"。通过工具理性和价值理性的实践融合，把专业知识和人文精神内化为自身素质，实现知识的升华和超越。学生在组织和参与实践活动过程中培养主动性、创造性、团队合作精神、沟通、组织、协调能力，将"做事"与"做人"相统一。工具理性和价值理性相融合的实践平台，主要有校园文化活动、工学结合的专业实习和社会实践等形式。从价值理性角度而言，上述三类实践分别指向大学精神、职业态度和社会责任的养成。专业实习是高职教育的重要任务，是学生进一步深化专业知识、掌握专业技能，为今后走向工作岗位做准备的必经环节。将职业道德教育和"核心价值观"教育渗透到专业实习中，培养学生的敬业精神、创新精神，鼓励学生利用掌握的专业技能服务社会和他人。优质的校园文化是一笔宝贵的教育资源，于无形之中感染和影响着学生。良好的校园文化，可以陶冶学生的情操、启迪学生心智、促进学生全面发展。学校要大力组织开展各类文化活动，如校园文化节、科技文化艺术节、社团文化节、读书节等，通过丰富多彩的活动，培养学生欣赏美、感悟美、创造美的能力，进一步提升学生的文化艺术修养和道德水平。进一步消化和吸收学生在书本上学习的相关理论知识，同时体验在服务社会中实现自我价值的乐趣。社会实践活动是学生走出校门，了解社会，服务社会和检验所学知识，提升社会责任感的重要渠道。在服务社会的过程中，学生能够更深层次地领会市情、省情和国情，更进一步提升道德品质和社会责任意识。

总之，高职院校要在工具理性与价值理性的融合中推进素质教育，要教育学生将"做事"与"做人"结合起来，将提升自身素质转化为成长成才的自觉行动，并以此形成大气品格、一流技能,从而创造精彩人生、践行社会责任。

[参考文献]

[1] 马克斯·韦伯.经济与社会(上卷)[M].林荣远,译.北京:商务印书馆,1997:56.

[2] 杨叔子,余东升.坚持"以人为本"走素质教育之路[J].中国高等教育,2010(7).

[3] 杨叔子.再论"实施素质教育让学生成为他自己"[J].中国高教研究,2013(10).

[4] 杜玉波.全面推进素质教育,培养高素质创新人才[J].中国高教研究,2012(1).

[5] 鲁武霞.高技能人才规格提升的困境及突破—高职专科与应用型本科衔接的视角[J].中国高教研究,2013(12).

[6] 周建松.高职院校立体化、多方位素质教育的研究与实践——以浙江金融职业学院为例[J].高等工程教育研究,2012(5).

[7] 潘陆益.一流高职院校的文化审视[J].中国高教研究,2013(3).

（本文发表于《中国高教研究》2014 年第 5 期）

高职院校教研室内涵建设刍议

曲士英　鲁明川

[摘　　要]　教研室作为高职院校的基层教学和科研组织,是高等职业教育教学改革的前沿阵地。教研室建设和发展的状况对高职院校以及高等职业教育的发展有着重要的现实意义。为此,须进一步从运行模式、资源整合、团队打造等方面加强教研室的内涵建设,提升办学水平和教育质量,促进高职院校的全面提升。

[关键词]　高职院校　教研室　内涵建设

我国的高等职业教育始于 20 世纪 90 年代后期,经过十多年的发展,已经占据了高等教育的"半壁江山",基本完成了高等职业教育的规模发展的初始任务。目前,我国高职教育正处于从规模扩张向内涵发展的重要转折期,加强内涵建设已成为当前各高职院校进一步发展面临的一项重大课题和现实任务。党和政府对此高度重视,2006 年,教育部下发了《关于全面提高高等职业教育教学质量的若干意见》(教高〔2006〕16 号),明确要求"要把学校的发展重心放到内涵建设、提高质量上来。"2008 年,在教育部下发的《高等职业院校人才培养工作评估方案》(教高〔2008〕5 号)文件中,再次强调"开展高等职业院校人才培养工作评估,旨在促进高等职业院校加强内涵建设","引导学校把工作重心放到内涵建设上来。"2010 年 7月,中共中央国务院印发了《国家中长期教育改革和发展规划纲要(2010—2020 年)》,进一步要求各学校"树立以提高质量为核心的教育发展观,注重教育内涵发展"。高职院校教研室作为学校教学的基层组织机构,是学校加快内涵建设,实现持续发展的基本载体。其自身的内涵建设状况直接反映学校发展的层次和水平。为此,高职院校须进一步强化教研室的内涵建设,提升办学水平和教育质量,促进学校和高等职业教育的持续、健康发展。

一、高职院校教研室的基本内涵和任务

高职院校教研室作为特定类型高校——高职院校最基本的教学单位,有其特定的内涵,按照教育部《关于加强高职高专教育人才培养工作的意见》(教高〔2002〕2 号)文件精神,"教研室是按专业或课程设置的教学基层组织,其主要任务是按教学计划规定实施教学工作,开展教学研究、科技工作,不断提高教学质量和学术水平"。因此,高职院校教研室是高职院校按照学科专业设置的教学和科研基层组织,它以特定学科教学的组织实施和特定学科的建设为主要工作内容,同时涉及教学管理等多个方面工作,是高职院校教学和科研活动开展的基本载体,是学校结构体系的基本组成部分。具体而言,高职院校教研室主要承担以下几个方面的主要任务:①教学的组织与安排,包括教学计划和教学大纲的制定和修订,教学任务

安排和落实,课堂教学组织和实施,确定考核方式及考试命题和成绩评定等;②课程的设置与建设,包括课程的设置,课程体系的建立与完善,教材的编写与选用,精品课的建设等;③教学研究与改革,包括教学内容的更新,教研活动的组织与开展,课件的制作与完善,教学手段的创新,教改课题的论证与申报等;④学术的探讨与研究,包括论文的选题与创作,科研课题的论证与申报,研讨会的参加与交流等;⑤教学的管理与评估,包括教学资源的配置,教学管理制度的执行,内部考核机制的建立,教学效果的评估等;⑥教师队伍的建设与完善,包括人才的引进,专业带头人的培养,教师职称的晋升,教师的培训与进修等。总体而言,高职院校教研室担负着教学组织、课程建设、教学研究、技术开发或工艺革新、教学管理、师资队伍建设等多项任务,在高职院校结构体系中发挥着不可替代的作用。

二、高职院校教研室内涵建设中存在的问题

近年来,随着高职教育的迅猛发展和社会各界对高职教育内涵建设的普遍关注,高职院校教研室的内涵建设也取得了一些成果,产生了一定的示范效应。但与此同时,也存在着诸多问题,主要表现在以下几个方面:

(一)在运行模式方面,存在行政化倾向,缺乏应有的执行力

目前,高职院校一般实施的是院、系部、教研室三级管理体制,采用行政化的运行模式。因此,教研室一定程度上成了学校结构管理体系中的最基层行政单位,存在较为明显的行政化倾向,其自身的学术功能被弱化,行政管理工作过多,诸如学期始终的行政、教学工作会议,各种检查、评估、评优等。使得教研室深深地陷入了日常琐碎、事务性的工作之中,多数情况下忙于被动地接受和传达教学计划和教学任务,在一定程度上影响了教研室正常的教学、科研工作的开展,教研室工作的积极性受到抑制,表现出工作多为应付,自身的执行力没有得到很好的体现,直接导致了教研室工作效率低下,影响了教研室作用的发挥。

(二)在组织设置方面,存在学科化倾向,不利于学生职业能力的提高

高职院校教研室多以学科为依据构建,将专业或学缘背景相同或相近的教师组织起来成立一个教研单位。这种做法的好处在于有利于教师之间就同一门课程的教学方法和改革进行探讨。但对于高素质高技能应用型人才的培养不太适宜,因为高职院校培养的是面向生产、管理、服务一线的职业人才,综合素质要求较高,这样素质的形成需要多种知识的组合。而高职院校以学科设置教研室,其结果使得教师对某一两门课程非常熟悉并能讲解非常透彻,一旦跨出这一两门课程,就显得力不从心,知识的交叉性和综合性不足。除此之外,由于课程设置和教学任务组织安排主要是由教研室来完成的,教研室彼此之间在教学内容方面缺乏必要的沟通,从而会发生同一知识点在不同教研室的不同教材中重复出现现象,不同教师按照自己课程教学任务安排,也会在课堂上重复讲解同一内容,使得教学内容重叠、重复现象较为普遍,这样会导致学生学习兴趣下降,也不利于学生职业能力的提高。

(三)在团队合作方面,存在个体化倾向,教师合作意识不强

高职院校教研室虽然是学校三级管理中最基层的一级组织,但在教学资源的分配、教师的考核与奖惩等方面的权力都十分有限。加之长期以来,在"大学自治、学术自由"思想的支配下,教师逐步形成了较少约束、突出个性的自主化的教育教学传统,教师的工作任务和学术方向相对独立,个别教师具有"文人相轻"的性格弱点,从而出现个体作用明显、集体作用弱化的现象,使得教研活动存在形式主义,许多教研室只是"例行公事",有固定的活动时间、人员和内容,但成员之间没有实质性的合作,没有形成群众性的、合作研究的实践共同体,没有真正形成一个团队。这种过分强调教学个体自主性的工作方式,不利于教学改革的深入开展和教师队伍整体水平的提高,从而使得教学中难以产生重大的标志性成果。

(四)在科学研究方面,存在平庸化倾向,学术氛围不足

科学研究是高职院校教研室工作的重要组成部分,也是教师工作的基本任务,是教师业务水平的重要体现。然而从高职院校的实际情况来看,部分高职院校教研室的科学研究职能被弱化了,教师缺乏从事科学研究的积极性和主动性。究其原因,教研室在激励机制健全和研究平台的搭建以及人才管理方面存有一定的不足。目前,高职院校的教师资源相对有限,并且以中青年教师为主,教师的教学任务相对较重,研究经历存在较大的缺陷。多数教研室对教师的科学研究采取"不管不问"的态度。由于多数教师的教学任务繁重,失去了外出学术交流的机会,加上市场化和生活压力的影响,部分教师从事一些社会兼职,使得原本十分有限的科学研究的时间和精力更加紧张,教师在科学研究方面出现平庸化的现象,教研室的学术氛围明显不足。

(五)在对外交流方面,存在封闭化倾向,创造力不够

高职院校教研室主要从事校内的一些教学任务和教学工作的管理。教研室之间以及与其他学校交流合作显得十分有限,这样的封闭化倾向不利于教研室寻找自己与校内外其他教研室的差距,创造力不足,从而难以突破不同教研室以及学校之间的壁垒,难以根据社会经济、科技发展趋势及时更新建设理念和思路,对培养高素质高技能应用型人才产生消极的影响。

(六)在考核制度方面,存在形式化倾向,不利于教师工作积极性的提高

教师是教研室的核心构成要素.也是学校的建设与发展的最根本的依靠力量。客观有效评价教师的工作直接影响到教师的工作热情以及教研室和学校的长远发展。但是目前由于各种原因,考核评价存在形式化的倾向,考核方式多数停留在"填填表格、交交材料"层次,未能使其评价结果对教师未来的工作起到激励和导向作用,从而使得教师对教研室的考核工作不太重视,甚至出现"干好干坏一个样"的现象,使得部分教师对教研室的工作采取应付的态度,这不利于教研室内涵建设的提高。

三、加强高职院校内涵建设的基本路径

高等职业教育的最终目的是为社会培养合格的高素质职业人才,教研室作为高职院校最基本的教学研究组织,承担着这一教育目标的最基本的任务。因此,为了实现高等职业教育的培养目标,推动高职院校的持续健康发展,必须从多个层面进一步加强高职院校教研室的内涵建设,充分发挥教研室职能。结合高职院校实际,可以从以下几个方面推进高职院校教研室的内涵建设:

(一)树立以生为本、以师为主的教育理念,实现教研室管理的人本化

高职院校教研室是学校的一个教学科研组织,为此教研室在自我定位方面,应该明确自己的教学研究性质,树立以生为本、以师为主的教育理念,实现教研室管理的"去行政化",改变教研室"行政为中心"的管理模式,应围绕学生和教师开展教研活动,突出学生和教师的主体地位,充分调动教与学双方的主动性与积极性,推动教研室内涵建设向纵深方向发展。

(二)加强教研室资源整合,构建"合力育人"的教育体系

长期以来,高职院校教研室的教师由于学缘背景、知识结构、研究方向等方面的差别,从而使得教研室教师在教学和研究过程中,出现"各自为政"现象,对学生职业能力的培养和提高产生了不利影响。为此,推进高职院校教研室内涵建设,必须对教研室资源进行进一步的整合。通过资源的整合,使教师的个人经验、知识、能力进行互补,实现知识的效用放大。只有教研室的资源能够整合为集体资源,实现资源共享,才能避免教学中教师授课内容的重叠、重复现象,构建"合力育人"的教育体系,为教研室的内涵建设提供必要资源保障。

(三)加快教研室团队建设,营造团结和谐的文化氛围

教研室的团队化是加快教研室内涵建设的有效方式,高职院校内涵建设是一项系统工程,它需要一个通力合作的团队。培养团队精神,打造团结和谐教研室文化,使教研室工作的开展有序、和谐。尊重和信任每一个教研室成员,使教研室领导与普通成员、中老年教师与青年教师、同辈教师之间都能相互尊重、相互理解,在教研室内部形成一个和谐、合作的氛围,促进教研室工作效率的提高。

(四)突出科学研究,提升教研室总体学术水平

科研是教研室工作的一项重要职能,教研室的总体科研水平直接体现教师业务素质,对教学工作的顺利开展具有一定的影响,也是衡量教研室内涵建设水平的重要标准。为此,高职院校要加大对科研的投入力度,要把科研工作列入教研室的工作计划和发展规划并严格管理和考核,要积极支持、引导、调动教师科研积极性,培养教师科学研究的意识,鼓励教师主动开发、承揽项目或参与项目的研究;增加科研经费的投入,为教师开展科研创造优越的条件;组建学术研究团体,发挥教研室的群体作用,组织教研室教师积极进行各类科研课题的论证和申报工作;有计划地组织教研室教师参加学术交流活动,掌握的学术研究前沿动

向,提高教师的学术能力。通过科学研究促进教师知识更新和科研成果的转化,达到科研促进教学的这一良性互动的目的,进而提高教研室总体学术水平,推进教研室的内涵建设。

(五)积极寻求交流合作,开阔建设视野

教研室作为人才培养的基层单位,要培养合格的职业人才,自然也要对外加强交流合作,扩大视野,促进教育理念的及时更新。必须打破"封闭化"的传统模式,积极寻求与行业企业、其他高校的合作交流,实现教研室活动的"开放化"。这既符合校企合作共育人的理念,也顺应融合同发展的趋势。通过开放化的教研活动,既拓宽教改思路,同时在教学方法和科学研究上互相学习,取长补短,促进教师教学和科研水平的提高,也对高职院校教研室的内涵建设起到积极的促进作用。

(六)建立绩效考核体系,健全管理体制

建立绩效考核体系,健全管理体制,实现对教研室工作的科学化与规范化管理,是促进教研室内涵建设,保证教研室工作质量与成效的重要手段。绩效考评能很好地调动教师的积极性和主动性,能够较好地做到科学性与有效性的融合,能够把教师个人的努力与教研室集体效能很好地结合起来,便于教研室整体功能的发挥,对教师以及教研室的工作具有积极的导向作用。除此之外,还要进一步健全管理体制。强化教研室的规范运行与管理,明确教研室的任务和职责,从职责、内容与成效等方面对教师和教研室工作进行全方位评价考核,以此来引导、规范、约束教师和教研室的行为。将考核评价结果与教师、教研室主任的切身利益挂钩,充分体现管理的科学性、公平性和效率性,增强教研室的活力,促进教研室内涵建设的全面提升。

[参考文献]

[1] 教育部.关于全面提高高等职业教育教学质量的若干意见(教高〔2006〕16 号)[Z].2006.

[2] 中共中央国务院.国家中长期教育改革和发展规划纲要(2010—2020 年)[EB/OL].(2010-07-29)http://www.moe.edu.cn/edoas/web-sitel8/30/info1280446539090830.htm.

[3] 向大众.基于绩效视角的高职院校教研室建设与管理探讨[J].职业技术教育,2010(3).

[4] 王志红,张更路,齐久颖.教研室群体心理特征及管理[J].黑龙江高教研究,2001(2).

[5] 朱云生,王明辉,邬明辉.高校加强教研室建设和改革的思考[J].攀枝花学院学报,2006(1).

(本文发表于《中国职业技术教育》2011 年第 28 期)

高职工学结合课程改革中的教师与学生角色重塑

——以国家精品课程"营销策划技术"为例

章金萍

[摘　要] 工学结合课程改革是高职人才培养模式改革的切入点，有别于传统的以学科理论体系为主导的课程教学，工学结合的课程除了教学内容和手段的变革，更需重塑师生角色，这既是教育本源的回归，也是课程教学效果衡量的需要，更是高职人才培养目标在微观层面的体现。而教师与学生的角色重塑势必对教师的知识面、实践能力、职业承诺及驾驭学生的能力提出了更高的要求。

[关键词] 工学结合　课程改革　教师　学生　角色　重塑

工学结合课程改革是工学结合人才培养模式改革在微观层面的体现，传统的课程教学内容以学科理论体系为基础，以教师的传授为起点，一门课程教什么内容、如何教，都是由教师说了算，信息的传递几乎是单向的，学生只是一个被动接受者的角色，起主导作用的是教师。学生若想从一门课程的学习中获取兴趣，很大程度上依赖于学校教务处能否安排一位教学经验丰富，上课生动有趣的教师。

然而从教学的本源来说，教和学应该是一个事物的两个并重的方面，其地位是平等的，其关系是互相依存、不可割裂的。从课程教学这一微观层面来看，代表教和学的教师和学生应该有独立的地位。教师不再是教学内容和方法的决策者、灌输者，学生亦不再是被动的接受者，而是需要重塑一种平等、开放、互动的师生角色关系。

一、工学结合课程改革更强调师生角色的重塑

(一)强调学生在学习中的主体作用是教育本源的回归

在许多经典的教学理论中，关于课程教学内容和方法，都十分强调学生的作用。人本主义心理学家卡尔·罗杰斯认为教育的本义之一就是为学生创设良好的氛围，使个体的自我体验与外界介入的价值观保持和谐，从而达到个体"完备"发展的目的。

中国古代的教育从"师生议政"到"学生习行"，都能看到教师观和学生观的转变，教学双方越来越多地参与到学习活动中，师生自由辩论风气浓厚，稷下学宫采取的是学术自由、兼容并包的政策，这种在学术上师生之间的民主平等，有助于开阔眼界，也有利于人才的成长，并对解放和活跃学生思想起了极大的作用。大教育家孔子更是十分强调"践行兼顾"，其教育培养学生的方式是一种讲究师生相互间知识的探讨切磋、情意互动、平等和谐的全人教育。而战国末年的儒学大师荀子则说："不闻不若闻之，闻之不若见之，见之不若知之，知之

不若行之,学至于行而止矣。"他认为仅有理性认识而不去实行,虽有广博的知识,也仍然不是终结,还存在更高水平的"知道",即"行",唯有通过"行"才能得到验证,"知"才能称得上"明"。这是教与学不可违背的"法则"。

近代中国的学堂中,推崇的正是工学结合的人才培养。如左宗棠和沈葆桢创建于1866年底的中国最早的近代技术学校福建船政学堂,主要培养造船和驾驶人才,学堂的宗旨就是"习学洋技",分前堂、后堂两部分,实为两个专业。前堂学法语,习造船技术,后堂学英语,习驾驶技术,分别聘用法、英两国的师资和技术人员担任教学。还设有艺徒学堂,培训技工、绘图员和机器维修人员。在这里,学生"技"的实践训练被提升到相当重要的位置。只是新中国成立后,主要借鉴了苏联的学科教育思想,才逐渐形成今天高等学校课程教学中重理论体系,轻实践训练的局面。但随着20世纪90年代高等职业教育的大发展及随之出现的高职教育国际化的趋向,德国的"双元制"、澳大利亚的TAFE、美国的CBE模式纷纷被介绍到我国。"双元制"强调的是企业和学校的相互补充和促进;CBE的人才培养主要是通过学校和教师为学生提供完善的学习条件和帮助,由学生自己努力来完成的;TAFE则十分注重学生动手能力的培养,教室就是实验室,学习环境与工作环境融为一体。欧美国家流行的这些教育模式在课程教学中通过强调"做中学"定位师生相长的平等角色,正是体现了教育本源的回归。

(二)工学结合课程衡量教学效果的标准是学生能够顺利完成一项工作任务

工作任务的完成者是学生。因此,就非常强调学生在其中的主体地位。理论水平再高的教师,如果只能坐而论道,不能以较强的实践能力教会学生完成一项工作任务,就不能称之为优秀教师;同样,评判学生成绩是否优秀的标准也不再是卷面考试,而是能否顺利完成一项工作任务。这些完成工作任务而形成的成果必须是在教师指导下的学生作品,教师在其中只是一个指导者的角色,就像是一个导演,学生则是演员。好的导演可以给演员说戏,激发演员的创作欲,但最后角色的塑造还是演员的事,在角色里也融入了演员的许多自我创作,而观众看到的也只是演员的表演,导演的工作只是在幕后。因此,工学结合课程改革由于在教学内容、教学方法、考核方式等方面的变化,由传统的理论体系向基于工作过程系统化的体系转变,由教师主导的课堂教学向教、学、做合一的方向转变,由卷面考试向工作成果(作品)或业绩考核转化,势必在课程教学上发生革命性的变化,需要进行师生角色重塑。

(三)师生角色的重塑也是高职实现人才培养目标的需要

在高职院校绝大多数专业的人才培养目标中,都会写上:"培养具有创新精神的一线高素质应用型人才……"但这里的"创新精神"常常是一句空话,因为无论从人才培养方案,还是课程设置及教学方法的采用上都很难体现创新精神塑造的培养目标。在被动的接受中,在课堂狭小的空间内是难以孕育出学生的创新精神的。大凡有创新精神的人都是在广阔、自由的想象空间里,以主动追求的态度最终得到创新的成果。在高职课程教学中,需要为学生提供什么,才有利于创新精神的培养。笔者认为,学生自我主体地位的确立是相当关键的。高职工学结合课程改革近两年搞得红红火火,各种基于工作过程系统化的教材层出不穷,但目前的课改更多地还停留在设计层面,实践操作层面的成功案例并不多见,最大的问题可能还是课程教学中运作层面,教与学还存在严重脱节,学生根本不清楚教师在课堂上所进行的改革究竟意义何在,于己有什么关系,不少学生认为这种课程改革可有可无。因此,作为课程改革设计者的教师,应充分认识到学生的潜能,这种潜能也是创新的源泉,将学生作为课程的主体,协助他们努力取得良好的工作成果,学生在课程学习中培养起来的主体意识,在今后的人生中也会十分受用。正如联合国教科文组织国际教育发展委员会在《学会生存——教育世界的今天和明天》中所说的:"学生自己,这个受教育的个人在他自己的教育中日益起着积极主动的作用,他总是不断地学习和训练自己,这种学习和训练主要是通过周围环境的影响,通过亲身经验改变他的行为。"

二、国家精品课程"营销策划技术"的实践

"营销策划技术"是浙江金融职业学院入选的 2008 年度国家精品课程。作为一门实务性较强的课程,在课程建设之初,就充分认识课程建设的三大命题,即为谁建、谁来建、怎么建。明确课程建设的目标必须使学生在课程中学习、在课程中提升、在课程中成长,学生在课程的学习中,应该知道自己将来所从事的职业岗位需要的知识和能力,这些知识和能力可以通过课程的哪些项目的训练来储备,这些训练项目又是按照怎样的流程或步骤来操作。因此,课程组跳出传统课程教学中的师生关系模式,重塑新型的师生关系。"营销策划技术"课程采用将虚拟项目与企业委托真实项目结合起来的"虚实结合"的项目教学法,强化学生营销策划技能训练。在教学中,教师的角色定位是:校内教师是课程整体设计者、教学指导者,行业兼职教师是课程设计与项目训练指导的辅助者,学生则是课程学习主体、教学目标的贯彻者。

这一师生角色定位的改变是通过具体的课程教学过程来实现的。"营销策划技术"课程教学通常采用四个重要的步骤:第一步,教师布置工作任务,明确目标任务,作为指导者向学生提供方法建议;第二步,学生课外准备,学生通过相互的讨论合作,完全自主地进行操作演练;第三步,课内展示阶段性工作成果,学生相互分享项目小组在课外自主完成的工作成果,取长补短,教师似乎成为一个旁观者;第四步,教师点评纠错,师生完全平等地进行热烈的互动,最终形成某一项目工作成果,这些成果既体现了学生作为项目主持人的重要性,也留下了教师指导的痕迹。

通过上述操作步骤,"营销策划技术"课程项目教学中形成了许多企业能够采纳的市场推广策划方案,甚至有些方案是企业付费委托的项目,之所以能产生良好的教学效果,得益于课程教学中充分发挥学生的主体作用,这种主体作用突出表现在三个方面:

(一)项目教学激发学生创业热情

学生以项目为载体,边学边干,从信息的收集到方案的设计与实施,都由学生自主负责,锻炼学生通过自主学习掌握工作思路与方法的能力。项目教学给学生创造了更多通过实训实践去接触社会、接触实际工作的真实环境,大大激发了学生的创新意识和创业热情,并推动学生主动寻找机会参与企业的实际工作,强化学生的职业技能以及综合素质,有利于学生的个性化成长及可持续发展,使学生走出学校就可以胜任相应的岗位工作,并能在各方面迅

速适应社会。学生通过实践，也可以发现自己所学知识与技能的不足，并在今后的学习中有针对性地加以提高。

(二)由学生参与完成的课件制作让学生在教师的课件中看到自主学习的影子和效果

教师最初的授课课件只是一些工作项目的知识目标、能力目标、工作任务及操作流程的提示和知识链接，具体的内容要由学生填入。学生将按照项目小组完成工作任务的成果一个个填入教师课件中。当整门课程的教学活动结束后，课件的制作才算完成。由于一个班级有6~8个项目小组，不同的班级成立的模拟公司又各不相同，因此，就形成了丰富多彩的课件内容，也真正体现了以学生为主体及因材施教的教学理念。

(三)将教学评价变换为学习能力评价，并将评价的权力交还给学生，大大激发了学生的自主意识和公正意识，这样的意识正是市场经济社会中必需的，可使学生毕业后较快适应职业岗位

本门课程共设计了16个项目，其中，各项目的分数权重由教师确定，小组自评分掌握的比例为：90分以上15%；80—90分30%；70—80分30%；70分以下25%。教师的评价系数区间为0.8—1.1。在16个项目中，每组的每位学生都需要主持2~3次项任务的完成，主持者称为该项目的项目经理，这样既可以激发学生的成就感，也能够避免部分学生"滥竽充数"。具体的评价方式是：学生该门课程的成绩＝平时表现＋项目1权重×小组自评×教师评价系数＋项目2权重×小组自评×教师评价系数＋…＋项目16权重×小组自评×教师评价系数。

三、师生角色重塑对教师提出了更高的要求

工学结合课程教学中，师生角色的重塑，简单地看是学生走向前台，教师退居后台，教师从无所不包到导演的角色转变，使得教师在课堂上需要做的事情似乎减少了，但工夫在事外，教师在课堂上举重若轻的点评和指导需要其在课前花费几倍时间去准备。可以说，这种角色的重塑，对教师提出了更高的要求：

(一)要求教师具有更广博的知识

由于工学结合的课程，在教学组织形式上往往采用学生组建若干工作小组完成工作任务的方式，以"营销策划技术"为例，一个班级的学生组建6~8个工作小组，这些工作小组除了完成教师提供的一个虚拟或实战的统一任务外，还需要寻找一个背景行业，成立一家模拟公司。因此，就要求教师作为一个指导者和"导演"，必须去了解这些行业的经营规则、产品特点、行业动态等一系列信息，甚至要求教师达到上知天文、下知地理的广博的知识面，才可能给学生以正确的指导。

(二)要求教师能够因材施教

这里的"材"除了指学生之外，更主要的是指学生组成的工作小组所选择的背景行业及

创设的模拟公司。教师的教学不再是全班一致的教学内容了。在这样一种课程里,教师教什么,需要听学生的,学生完全是主导者。根据学生的学习内容来确定教授内容,因不同的内容实现同样的能力培养目标,这在传统的教学中是不可想象的。因"材"施教带来的是教师工作量的成倍上升,原来备一次课,现在相当于需要用6~8倍的时间备课,因为单一的素材变成了6~8个素材,因此,需要教师有良好的职业承诺。

(三)要求教师具备更高超的驾驭学生的能力

师生角色的互换,使得原本在教室里安安静静听课的学生,在讨论中、在课外训练中变得异常活跃,甚至吵吵闹闹。思维活跃与刻板马上就区分了开来,甚至传统观念中的好生、差生也可能会发生变化,对教师固定的思维形成冲击。但不可否认,这种"吵闹"在工学结合的课程中却是需要的,没有思想的碰撞,没有争先恐后的动手实践,是无法真正掌握一项本领的。因此,既需要教师有激发学生带着兴趣去思考、分析、动手的能力,还需要教师懂得并掌握如何在有限的时间内,按照操作流程,一步步指导学生完成一项工作任务,达到课程教学目标,而不是对学生听之任之,即教师应有高超的驾驭学生的能力。

上述三方面要求的达成有助于通过工学结合课程改革实现高职的人才培养目标,教师要达到这些要求,需要树立终身学习的观念,依靠某一项专业知识,一劳永逸的思想,在高职的课程教学中已经行不通了。教师需要学习的内容很多,需要进一步深化自身专业领域内的知识,需要学习教育教学领域的知识,提升驾驭课程的能力,也需要通过调研、参加社会实践、参与横向课题等形式向行业专家学习,甚至还需要向学生学习,学生在主体意识的驱使下所激发的潜能和创造力有时候能够达到令人吃惊的程度,作为课程教学的设计者的教师,同样需要开发这样的潜能。在《学会生存——教育世界的今天和明天》中对于教师的职责做了相当精辟的论述:"教师的职责现在已经越来越少地传递知识,而越来越多地激励思考;除了他的正式职能以外,他将越来越成为一位顾问,一位交换意见的参加者,一位帮助发现矛盾论点而不是拿出现成真理的人。他必须集中更多时间和精力去从事那些有效果的和有创造性的活动:互相影响、讨论、激励、了解、鼓舞。"

[参考文献]

[1] 钟启泉,李雁冰.课程设计基础[M].济南:山东教育出版社,2000.
[2] 罗杰斯.罗杰斯著作精粹[M].北京:中国人民大学出版社,2006.
[3] 联合国教科文组织国际教育发展委员会.学会生存——教育世界的今天和明天[M].北京:教育科学出版社,1996.
[4] 孙培青.中国教育史:修订版[M].上海:华东师范大学出版社,2004.
[5] 申继亮.新世纪教师角色重塑——教师发展之本[M].北京:北京师范大学出版社,2006.

(本文发表于《黑龙江高教研究》2009年第8期)

基于工作过程的银行服务礼仪课程教学改革

王 华

[摘　　要] 银行服务礼仪是礼仪在银行服务中的具体运用,作为金融管理与实务专业的专业基础课程,其改革的思路是:以银行业务工作过程为导向,通过课程的模块来培养适应银行发展需要、有良好的个人礼仪修养、有娴熟的待人接物技巧、有标准和规范的岗位礼仪技能的高素质高技能应用型金融人才。

[关 键 词] 银行服务礼仪　教学改革　实践探索

银行服务礼仪是礼仪在银行服务中的具体运用,是从事银行工作的人员在自己的岗位上完成本职工作所应具备和应严格遵守的行为规范和准则。银行服务礼仪课程是我院金融管理与实务专业的专业基础课程,课程以提高学生银行服务与礼仪素质为主线,强化能力本位教学为基本特色,通过本课程的学习,使学生了解课程学习的重要性,掌握基本礼仪的知识,掌握银行服务礼仪的要求和规范,并通过实际的模拟和仿真训练,使学生将所学的知识综合运用到银行服务工作中去,把学生培养成有礼貌、讲礼仪的高素质的准职业人才。

一、课程开设的必要性及意义

随着金融全球化,特别是中国加入 WTO 后,外资银行的不断涌入以及国内银行业迅速发展,国内商业银行面临着前所未有的压力与挑战。而各家银行向社会所展现的建筑物形象,以及为客户所提供的服务设施、科技手段、服务场所、服务项目和内容也日趋相同,银行业的竞争日趋激烈。且对于银行来说要在竞争的环境中求生存、谋发展最基本的手段是:打造优秀的服务品质。因为,在银行业高度同质化的今天,唯有服务品质才能凸现一家银行的"比较优势"。打造优秀的服务品质已成为银行求生存、谋发展最基本的手段。而优秀的服务品质主要取决于文明得体的服务礼仪、安全健全的服务功能、准确快捷的服务效率和优美舒适的服务环境等。而这四个方面,服务礼仪是银行展示给顾客的"第一印象",所以提升服务水平也应首先从服务礼仪开始。为客户提供优质的服务是银行永恒的追求因此对处在银行最前沿的柜面服务和管理的员工也提出了更高的要求,这就要求银行员工不但要具备精深的专业水平和娴熟的业务技能,更要了解、掌握和自觉地遵守银行职业礼仪的规范和技巧。得体自然的银行服务礼仪对于银行提升服务水平,展示窗口形象,增强竞争能力具有重要意义。因此,学习礼仪规范,培养礼仪修养是银行员工的基本技能。

高等职业教育培养生产、建设、管理、服务一线的高级技术应用型人才,既要培养学生职业技能,学会做事,又要加强学生职业道德、职业礼仪教育,学习与人交往的礼仪规范与准则,学会做人。我国素有"礼仪之邦"的美称,学习礼仪规范,培养礼仪修养自古以来都是对人进行道德教育、完善人格的一种重要手段,礼仪是素质教育的组成部分和传统美德。随着市场经济的快速发展,社会交往、国际交往的日益频繁,社会组织和个人对礼仪的重视程度越来越高,有"礼"走遍天下、无"礼"寸步难行,礼仪已成为个人立身处世、企业谋生求存的重要基石。礼仪素养作为个人综合素质的组成部分,对个人的发展起着越来越重要的作用,它是时代风尚与人们道德品质的体现,也是文化层次和文明程度的体现;礼仪教育也是一个人立足社会、成就事业、获得美好人生的必学课程。可见,学生学习礼仪规范,培养礼仪修养会使自己职业生涯更加顺畅,有利于职业能力的发挥。

二、课程设计理念和思路

银行服务礼仪课程建设和改革,主要面向银行一线,针对银行服务的实际需求,以银行业务工作过程为导向,以工作任务为驱动,以培养明理守信、团结协作且具有创新精神的应用型、综合型银行服务人才为根本任务,通过课程的模块来培养适应银行发展需要的,具有良好的个人礼仪修养、娴熟的待人接物技巧、标准和规范的岗位礼仪技能的高素质高技能应用型金融人才。

银行服务礼仪课程内容涵盖了银行从业人员在工作岗位具体业务活动过程中的服务礼仪和为完成本职工作所应严格遵守的行为规范和准则。课程整体设计融知识、能力、素质培养为一体,具有极强的社会需求性。同时,作为一门应用型学科,具有很强的实用性、实践性和可操作性,课堂与实训融为一体的职业特色明显。一门课程通过本课程的系统学习使学生不仅能胜任未来就业岗位的相关要求,也具有相应的知识和能力以适应未来职业生涯的进一步拓展和可持续发展的需要。因此,从课程定位的角度可确定为三大目标。

其一,知识目标:使学生掌握礼仪修养的基础理论,掌握个人礼仪的基本知识,懂得现代日常交往的礼仪,掌握银行营销及岗位服务礼仪规范,了解公务接待及外事活动的礼仪规范。

其二,能力目标:能够较熟练地掌握仪容、仪表修饰技巧与方法,能够熟练地在银行服务中正确展示站、走、坐、手势、蹲姿等优雅姿势和正确眼神和得体的微笑,掌握在社会交往活动中接待、拜访时的基本礼节和使用方法,能够熟练掌握见面时的介绍、握手、致意、名片等礼节,能够熟练掌握银行柜台服务、顾客接待、纠纷处理的技巧,规范开展服务工作,能根据银行业务工作的需要,正确使用礼貌用语、文明用语、行业用语、书面用语。

其三,素质目标:使学生提高自身的礼仪修养和综合素质,提高服务水平。全面提高学生处理问题的能力和应变能力,把银行服务礼仪的基本准则和规范转化为岗位必需的内在素质,成为举止得体、谈吐优雅、有品位的银行职场新人。

在大量的探索、改革与实践中,确定"以学生就业为导向、以服务现代金融行业"为宗旨,以"银行岗位群要求的实际能力"为依据,以"培养适应银行服务一线发展需要的应用型人才"为目标的课程设计理念与思路,并且主要表现为学生职业能力的养成性和课程设计的开放性两个方面。

(一)学生职业能力的养成性

银行服务礼仪作为一门"外塑形象,内练素质"的课程,重视的是学生职业规范和能力的养成。在课程中,我们设立了详尽的知识和能力培养目标,关注学生情商的发展,合理编排教学内容,利用校内外实训基地强化工学交替的实践教学。精心设计了阶段性实训与综合性实训项目使实践教学环节体系完整,技能训练效果明显,从而提高学生实际操作能力和礼仪规范,提升学生的沟通能力、团队合作能力和职业技能。

(二)课程设计的开放性

1.内容设计的开放性。

我院与多家银行有多年密切的联系和合作,因此收集和积累了大量有价值的业务信息,以模块和任务的形式设计到课程中,加强了学生学习的目的性和效果,并及时补充实际工作中的新变化,从而将更有效地拓展学生的专业技能、礼仪素养和职业发展能力的培养,实现了课程内容上的工学结合。

2.教学安排的开放性。

教学时间上减少了理论课时数、增加了实践教学的课时数,全面加强实践教学,课内与课外实践并重。教学以服务礼仪的技能训练为重点,以学生为中心,形式上以课堂教学、实训练习、行业专家讲座、小组调研、技能比赛、校外实习基地等多种形式开放性呈现。

3.考核评价上的开放性。

考核上分为课程考察和行为考察两大部分,全面兼顾礼仪知识、规范的掌握与习惯意识的养成,将银行服务礼仪考核从岗位准则和规范延伸至素质和修养的范畴,实现了"知"与"行"、"内"和"与"的统一,个人行为与组织文明的统一。

三、教学内容的精选

围绕教学目标,我们积极探索课程体系与教学内容的改革,在课程体系和教学内容方面,强调实用性和职业能力的培养。我们根据行业特点,在教学内容选取上既考虑与银行的现状和发展趋势联系,又考虑学生未来就业岗位工作需要,并能为学生可持续发展打好基础来安排教学内容。有针对性地以模块的形式选取了礼仪修养的基本理论,银行员工个人礼仪,银行员工日常交际礼仪,银行营业礼仪与服务规范、公务接待工作礼仪及涉外礼仪这五个最为常见和实用的部分作为教学内容。课程的每个模块都提出了职业能力和素质培养目标,在培养学生职业能力的同时也培养学生良好的敬业精神和认真负责的工作态度,培养合作意识与沟通技巧。由于本课程的实用性、职业性的特点,我们在设计课程内容、课时安排方面十分注重课程的开放性,平时注重收集该课程的前沿信息,并主动与银行紧密联系,了解行业对人才需求的变化和职业岗位新要求,及时更新教学内容。在讲授课本知识的同时,将行业服务礼仪的职业标准及具体要求内容贯穿到讲课内容之中,力求使学生在学校所学到的知识真正能与今后所从事的职业岗位要求接轨,实现教学和上岗的零过渡。

根据工作过程和岗位工作需要,课程在内容上按照五大模块来设计。

模块一：礼仪修养的基础理论。这部分内容是礼仪理论知识的介绍，旨在具体系统学习礼仪规范之前，研究探询礼仪修养方面的问题，揭示礼仪修养的本质、意义、特征和方法，结合专业明确金融礼仪修养的主要内容和培养途径。

模块二：银行员工个人礼仪。这部分内容主要是银行员工个人礼仪的内涵与塑造，包括仪表礼仪、仪态礼仪、行为举止礼仪、言谈礼仪几个方面，对银行员工的个人礼仪修养及个人形象塑造从仪表（仪容、服饰）、仪态、举止、语言等方面进行了阐述、示范与实训，详尽而又具体系统，对银行员工的良好形象的塑造和风度气质的形成进行了全面的礼仪规范要求。

模块三：银行员工日常交际礼仪。这块内容主要学习员工在社会交往活动和工作中所应具有的相互表示尊重、敬意、亲善和友好的行为规范与惯用形式。

模块四：银行营业礼仪与服务规范。这块内容是对当今银行业的主要营业形式柜面服务礼仪的作用、特点及基本内容进行介绍和分析，对银行服务礼仪的形式、规范化服务的作用、主要内容、开展规范化服务的原则、服务规范化组织管理、服务规范化的注意要点，以及银行不同服务岗位业务活动开展的礼仪规范理论和实践也进行系统的安排。

模块五：公务接待工作礼仪及涉外礼仪。主要学习办公室环境礼仪和工作礼仪，以及公务礼仪、会议礼仪、接待礼仪等各项礼仪规范，同时也介绍了涉外礼仪习俗。使学生进一步了解社会交往、商务交流、涉外活动的礼仪，有利于提高素质、扩大社会交往和提升服务水准，也为增强国际竞争力打下良好的礼仪基础。

以上五个模块，第一模块是理论基础和思想认识，为二到五模块的良好个人形象的塑造、个人礼仪修养的提高及银行岗位礼仪的学习提供了观念上的保障和思想基础。其他模块的教学内容遵循以银行业务工作过程为导向，以工作任务为驱动的设计，依次展开，理论与实践紧密结合，形成了一个环环紧扣、有机融合的完整体系。

教学内容凸显了银行服务行业特色，兼顾了国内、国际行业惯例，突出了银行业的操作技能培养，还紧扣学生未来就业岗位的实际要求，以必须够用为度，有所取舍，有所侧重，通过技能训练完成来达到教学要求，并注意与金融管理、与实务专业前后课程的有序衔接和综合训练，与我院应用型金融人才的培养目标一致。

四、教学方法与手段的改革

（一）教学设计与模式

根据培养目标和课程教学目标，从专业能力、社会能力和方法能力等综合角度，根据银行柜员职业岗位的岗位要求，提出典型的工作任务为本课程的项目化学习内容。在课程中实现以真实工作过程为课程依托，整合职业教育先进理念，设计了学习情境和工作任务，将理论与实践进行了有机的整合。

延续这个思路，我们采取了"任务驱动"的教学模式，即以任务的完成为目标，以任务发生的顺序展开教学过程，以教师的启发引导、讲解示范为辅，以学生自主思考和体验训练为主，融"教""学""做"为一体。课程每个模块都从一个项目或一个案例入手，按照初学者的认知规律，引导学生兴趣，在掌握基本知识的基础上，突出学生的能力培养。让学生在操作中学知识,提升知识。采用"先行后知"的方式,把知识"先运用后升华",即由项目引出问题或操作—学生先进行思考与操作—教师再示范操作—并进行理论知识导入—然后学生思考找出问题—学生再次操作—教师作现场指导—学生完成操作—教师进行评价—最后总结分析(见下图)。

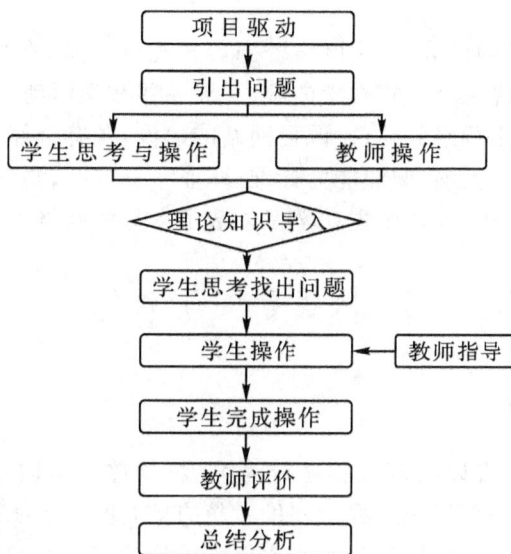

```
        ┌──────────┐
        │ 项目驱动  │
        └────┬─────┘
        ┌────┴─────┐
        │ 引出问题  │
        └──┬────┬──┘
     ┌─────┘    └─────┐
┌──────────────┐ ┌──────────┐
│学生思考与操作 │ │ 教师操作  │
└──────┬───────┘ └────┬─────┘
       └──────┬───────┘
        ◇──────────────◇
         理论知识导入
        ◇──────────────◇
        ┌──────────────┐
        │学生思考找出问题│
        └──────┬───────┘
        ┌──────┴───────┐    ┌──────────┐
        │  学生操作     │◄───│ 教师指导  │
        └──────┬───────┘    └──────────┘
        ┌──────┴───────┐
        │ 学生完成操作  │
        └──────┬───────┘
        ┌──────┴───────┐
        │  教师评价     │
        └──────┬───────┘
        ┌──────┴───────┐
        │  总结分析     │
        └──────────────┘
```

在教学过程中也根据教学内容采取集中与分散相结合的方式安排学生到银行或校内全真实训室内完成项目教学,同时让学生利用假期进入相关单位部门进行业务岗位操作练习,实现课程教学的"工学交替"。在学生进入订单班后则安排学生进入银行一线工作岗位,进行顶岗实习,实现"工学结合"。同时还根据课程的特点,以为校内外提供各类礼仪服务的实习形式,进一步展示礼仪服务,提高学生的礼仪素养。

(二)教学方法的改革

教学方法具有针对性。为了充分体现职业教育的特点,我们开展了有针对性的教学活动,即紧密围绕将从事银行服务工作的学生这个主体改进教学方法。根据不同的教学内容和教学要求,积极采用和推广先进的多元化教学方法,既有课堂讲授的模式,又以案例教学、模拟情景、实训练习、多媒体视频,课堂实训操作互动教学(小组调研)、模拟场景综合实践教学(行业见习观摩)、行业专家讲座、网络教学等多种形式呈现。教学方法的多元性不但增强了教学的直观性、动态性,增加了信息量,提高了学生的学习兴趣,调动了他们的学习积极性,使他们更有效地掌握银行服务礼仪的相关知识和规范。

(三)教学手段的创新

由于课程实务性强,为让学生有一个更直观、更深刻的印象,我们制作了风格统一、内容丰富、高度仿真,并能动态展示操作过程的完整的多媒体案例,充分利用声像等多媒体手段开展教学,使课堂教学形象、生动,最终取得了很好的教学效果。同时构建了以课程网站为核心的教学平台,提供了丰富的教学资源,积极引导学生网上在线自主学习。特别是实训操作展示,按实际银行业务的不同操作步骤,以动态方式将各环节在网上展示,相当于在网上给学生设了一个实训指导老师,并可通过教学网站上的讨论交流,及时获得课程教师的指导答疑。

(四)网络教学资源的利用

依托学校"数字校园"的优势,利用网络资源等扩充性资料,在备课、上课、辅导等环节,运用现代教育技术手段,优化和丰富教学内容,开展一些教学活动,提高学习效率,加强课程网络资源建设。已完成《银行服务礼仪》课程网站的建设,备有全部电子教案,全部章节内容的多媒体课件,课程的教学大纲、职业能力标准、职业考核方案、测试题库、教学案例、教学效果展示等资源已在网上发布,为学生主动学习创造了良好的网络教学环境。

五、课程考核与评价

(一)考核体系的设计

银行服务礼仪课程建设以改革课程考试为突破口,重视实训,强化职业素质和能力培养,充分体现高职特色。考核采用过程性评价考核方式,重视行为考察,制定了系统的课程考核体系,调整课程的考核成绩理论与实践比例。理论考核以对知识的理解够用为原则,而实践技能考核以岗位具体业务活动过程中的服务礼仪和为完成本职工作所应严格遵守的行为规范和准则为依据。

(二)考核的内容与评价

考核的内容包括平时成绩、课堂实训、期末考核。

1.平时成绩(20%):①平时到课情况、课堂案例分析、讨论等完成情况、完成质量;②作业、思考题,包括课后自我练习实操训练的完成情况和质量。

2.课堂实训(10%):考核根据银行服务礼仪课程整体设计中相关模块教学单元所进行的分项课堂实训练习的实训操练情况。

3.期末考核(70%,其中70%实践技能操作,30%理论):分实践技能操作、理论两部分。而实践技能操作考核又有两部分。①期末实践技能操作考核之一:职业形象展示,占期末考核的60%,包括仪容、仪表部分和行为举止礼仪。仪容考核:发式是否符合金融职业要求等。仪表考核:职业服装穿着,工作牌佩带是否到位等。行为举止礼仪考核:先以小组为单位整齐出列展示银行服务礼仪站姿和蹲姿,然后两人一对(或三人一组)相互配合模拟银行职员对客户的一般服务流程中的职业礼仪,包括微笑、欠身、问候、握手手势(指示、介绍、请坐等)、递接(模拟娴熟地双手递接各种单据)、送别。②期末实践技能操作考核之二:岗位服务情景模拟考核,占期末考核的10%。以小组抽签的形式决定办理储蓄存款业务、办理现金缴费委托业务、办理银行卡、没收假钞、大堂咨询服务五项业务中的一项模拟办理来完成礼仪规范的考核。实践技能的成绩由学生互评和教师评价结合进行。成绩评定由理论考核转变为能力评价,由教师主导变为师生共评,由绝对测量转变为相对比较,更为客观地体现出学生能力的实际水平和完成实际任务中的不足。

银行服务礼仪课程,通过几年的改革和探索已取得了阶段性的建设成果,教学体系完整、教学方法先进、教学效果显著,特色鲜明。在模块式教学内容整合、教学方法创新,尤其是对高职特色鲜明的实践性教学方法等方面进行了积极的探索。我院银行服务礼仪课程改革深受校外专家、行业企业专家、校内督导和学生高度赞赏。行业也给予了充分肯定,他们说学生在礼仪规范方面也比较到位,客户反映根本不像刚出校的毕业生,好像是训练有素的员工一样。学生受益匪浅,他们认为本课程学习为今后的工作奠定了良好的基础,希望增加课时。

［参考文献］

［1］王景平.礼仪课程教学中实施文化素质教育的探索与实践[J].中国大学教学,2007(2).

［2］高丽金.礼仪教育——素质教育不可缺少的内容[J].机械职业教育,2002(12).

［3］王华.金融职业服务礼仪[M].杭州:浙江大学出版社,2010.

（本文发表于《职教论坛》2010 年第 36 期）

探索"系会合作"构建专业群开放育人平台

戴小红

[摘　要]　高职教育的职业性、实践性和开放性决定了高职院校专业建设必须面向行业、企业搭建开放合作育人平台。本文结合浙江金融职业学院国际商务系的"系会合作"探索实践,提出构建专业群育人平台的建议。

[关键词]　专业群　育人平台　系会合作

作为高等教育的一种类型,高等职业教育所具有的培养目标的职业性、教学过程的实践性、教学资源需求的开放性特点,决定了高职院校专业建设必须在开放的环境中争取资源,面向行业主管部门和行业协会、面向企业和职业搭建开放合作育人平台,构建合作机制,实施工学结合的人才培养模式,开展以面向行业为主的应用型科研和社会服务。实践证明:校企开放合作育人平台及长效运行机制的建设仅停留在学校层面还远远不够,更要落实在专业群操作层面上。这是专业实施工学结合人才培养模式的有力保障,是高职院校内各专业群能否实现合作就业、合作发展、特色发展、均衡发展的关键。浙江金融职业学院国际商务系在国家现有的政策环境下,依托多个行业协会联系各自会员企业的有效渠道,"系会合作"构建专业群开放育人平台,实现了共赢发展。

一、双向互通打造开放育人平台

"系会合作"开放育人平台,是指系部专业群独立地面向目标市场的行业、企业和职业,以服务为宗旨,以就业为导向,以专业群人才培养为中心和出发点,以行业为依托,以协会为纽带,以会员企业的需求为基础,与协会建立系会战略合作关系,在会员企业建立合作基地,搭建专业群与行业合作育人、合作就业、合作发展的开放平台,建立长效运行机制,实现协会、企业、学生、专业、学校五方共赢。

浙江作为外贸和民营经济大省,涉外企业很多,对高素质技能型国际商务类人才的总体需求较大,但单个企业提供的实习岗位和就业岗位少而分散,校企信息不对称,导致校外合作基地的数量和功能建设工作进展缓慢,单一企业也很难与特定专业开展规模订单培养。为突破实训教学、顶岗实习和就业基地等教学资源短缺制约教学质量提高的瓶颈,实现专业的内涵与特色发展,我们深入行业主管部门、行业协会和企业,从调研中发现:浙江省有2400多家行业协会,市、县设有分会,协会的许多会员企业均有涉外商务。行业协会作为行业内自律性社团组织,承担行业政策规划建议、统计与信息服务、技术标准和行规行约制定与实施、职业资格标准制定、行业培训、行业评比等职能。行业协会介入专业群人才培养,能充分发挥其需求明确、联系面广、信息量大、人才集中的优势,能根据行业发展和岗位职业需求,确定用人标准,在专业设置面向、培养目标、教学内容、保障机制等方面提供具体指导与支持;了解会员企业所需的人才数量和规格,可以聚拢多家有类似岗位群人才需求的企业,实现"集体下单",在人才培养模式等方面提供指导,降低了行业人才培训与使用成本;拥有丰富的信息与人脉资源,能推荐行业优秀的业务、技术和管理人员担任兼职教师,从而也培养了行业的培训师队伍;有渠道支持专业群学生顶岗实习和就业;通过与学校的合作获得本行业员工培训、技术研发与咨询服务的机会。

高职学院的专业群基于产业链或行业的内在相关性构建,系部和专业教研室作为二、三级管理单位,由学校配置相应的人财物资源,从而可以相对独立地面向行业协会和企业开展业务交流与合作。较之单个专业面向市场,系部专业群更能有效整合力量,实现各专业的组织资源、教学资源、市场资源共享,对接行业职业岗位群。专业群通过利用行业协会联系会员企业的有效渠道,充分发挥其桥梁纽带作用,能较快融入企业。专业群与一个协会建立战略合作关系,等于与一个行业合作,与一个协会领导下的多个企业合作,超越了同单个企业合作的局限。专业群依托行业协会开展多方位合作,有利于形成发展优势,从行业获得了产业发展动态、职业岗位标准、人才需求数量等,从而贴近岗位群人才需求,灵活调整专业设置方向,为行业提供订单人才培养;获得工艺流程、商业模式、贸易方式等行业前沿发展趋势,紧跟行业特定岗位群工作要求开展课程体系与教学内容改革;聘请与引进行业专家能人,推进"双师结构"教学团队建设;获得或使用行业的技术、标准、设施、场地、软件、案例、单证素材等资源,加强校内外实训和实习基地建设;依托行业协会,推进毕业生顶岗实习与就业工作,提供行业所需人才;发挥专业群教育教学资源优势,通过合作提升教师的科研与社会服务能力。

基于调研分析,学院在开展系会合作的过程中,立足于专业群的社会服务功能,充分把握所合作的行业协会的多种需求,携手行业协会将系会合作共识推向落实。专业群通过聘请行业专家指导专业发展、开设讲座、输送人才、洽谈合作、开展行业人才培养咨询恳谈会等多种形式与行业协会加深了解、建立友谊;系主任和专业主任及骨干教师通过担任行业协会理事、常务理事乃至副会长,加深与协会成员的合作,进而使协会将专业群共建纳入其工作规划;以"系会战略合作协议"和专业群与企业的"合作基地协议"为标志,系会双方确立了具有法律效力的合作关系。协议所确定的合作目标、内容、程序及方式,所界定的责任、义务和收益,成为系会合作的制度平台。初步的合作也已证明,"系会合作"模式将以往校企合作中专业与企业"点对点"分散合作模式转变为导向性的"群对面"多方合作模式,是校企合作能效上的扩张与深度上的推进。

二、共同实践,建立长效运行机制

开放合作育人平台一旦建立起来,如何保证合作有效、可持续地运行是一个现实问题。为防止校企合作协议停留于"纸面协议",学院在"系会合作"实践中,着重从四个方面构建"系会合作"开放育人平台可持续运行机制。

（一）系会合作的交流沟通机制

教师结对行业兼职教师、参与校会双方的会议与活动、提供业务服务或教学讲座、成为协会的常务理事单位乃至副会长单位、定期召开"专业群人才培养咨询恳谈会"、编发《校企合作动态》或《年度产学研基地研究报告》等稳定的交流与沟通载体，促进双方相互了解各自的需求和价值观。

（二）系会合作的组织管理机制

设立由协会和企业专家、系部负责人和专业主任为主的系级"专业建设指导委员会"，明确指导专业建设与产学合作发展的职责，使行业专家在人才培养过程稳定地发挥指导作用。设立系产学合作办公室，学校配备专职人员，划拨市场拓展专项经费，具体负责合作基地的运行、服务和管理。同时，建立校企合作具有约束力的精细化管理制度，包括系会合作管理制度、实习基地管理和考核制度、专兼职教师实习指导管理制度、学生工学交替和顶岗实习管理制度等；系会共定合作评价指标，从合作基地建立、协议履行及合作效果等方面对合作企业进行星级评定，对考核结果好的企业，校系和行业协会共同给予表彰；系部积极配合协会，争取政府对合作企业在税收、信贷、补贴等方面的政策优惠。

（三）系会合作的人才培养运行机制

根据行业要求，共同开发岗位职业标准。为培养出符合目标岗位群所要求的人才，与行业协会合作开发主要岗位的职业标准。岗位职业标准开发步骤为：第一步，通过协会推荐聘请来自行业的总经理、人力资源和业务部门经理、业务与技术专家，组建"岗位职业标准开发专家委员会"；第二步，根据市场调研，明确岗位的职业能力要素点，开发岗位职业标准；第三步，依托协会，通过积极参与行业岗位职业资格考证项目的建设，在企业中推广行业岗位职业标准。

立足行业背景，共定人才培养方案。工学结合的专业人才培养方案，每年由专业群和协会通过定期调研，反馈行业发展和岗位人才需求的变化、行业内毕业生对教学改革的建议、行业人才培养咨询恳谈会等方面信息来共同制定。由专业指导委员会对人才培养方案进行论证、修改和审定，使专业人才培养方案与行业岗位用人标准对接，实现定向育人。

针对行业需求，创新订单培养模式。产学合作办公室负责了解行业年度用人需求、定期向行业发布人才供给信息、衔接订单培养等工作。行业协会聚拢会员企业"集体下单"，企业、学生双向选择，签订订单培养协议。专业教研室依靠行业的全方位支持和企业优质资源的共享，根据企业要求、生产经营的特点，积极探索并实践以就业岗位能力训练为目标的订单培养模式，形成组班、选择双师、建设基地、实施教学、考核上岗、正式就业 6 个基本步骤的行业订单培养流程。

发挥行业优势，共组双师教学团队。依托行业协会建立由行业专家与骨干组成的"兼职教师资源库"，共同打造优秀的双师教学团队。专兼教师通过结对交流共同成长，专职教师协助兼职教师制作规范的课件与教案，提升教学能力，使其"会做能教"；专职教师通过听兼职教师讲课与交流、到企业顶岗实习或挂职等方式积累行业实践工作经验，使其"会教能做"。通过提升教师的执教能力,尤其是实践教学能力,提高学生的业务操作能力。

面向职业岗位,共建网络课程资源库。高职课程改革由以往一名教师上多门课,转变为由专、兼教师组成一门核心课程组,以学生为主体、以岗位职业能力培养为重点,合作开发网络化课程资源库的新阶段,这一阶段课程建设重点在于:基于典型工作任务的研究性学习项目和实训项目的教材、教学内容,科学的教学方式与体现先进技术和美感等表达形式相媲美的课件,与行业同步的应用软件,经过科学处理的行业真实案例库、单证图表素材库,课程考核评价设计,学习网站资源链接、教学实施的职业环境设计等。目标在于美化课堂教学,使师生在课堂真正愉悦、教学做合一,提高课堂教学效果;使学生在课余通过网络进行开放式自主学习、个性化学习,提高学习能力。

整合协会资源,共建实践教学基地。校内外实训实习基地是系会合作育人的基础平台,是联结系校和企业的纽带。系会共建生产性实训室,行业将生产与经营项目、业务与管理应用软件、职场文化等引入实训教学过程,专兼教师共担实训指导。系会共建示范型、紧密型、松散型校外实习基地,满足认识实习、工学交替生产性实习和顶岗实习等不同实践教学功能需要,落实顶岗实习岗位,保证行业兼职教师和专任教师对顶岗实习学生的指导。学生经过岗位职场生产、经营环境和企业文化的锤炼与熏陶,加强了职业人格和职业素质的训练,提高了就业岗位的适应力。

依托协会渠道,共同推进就业工作。系毕业生就业工作委员会与协会的行业人才中心合作,发挥协会联系会员企业的优势,政策上优先考虑录用合作学校的毕业生。通过定期召开毕业生供给信息行业发布会、网络发布等方式,做到毕业生供给与需求信息互通。通过订单培养、委托培养、顶岗实习等方式,广开就业渠道,形成系会共同推进毕业生就业的保障机制,推动了顺利就业、对口就业、优质就业目标的实现。

(四)系会产学研合作机制

成立"研究中心"系级科研机构。通过与协会组织共建、专家资源库共建,定期举办学术讲座、学术沙龙、行业发展研究论坛,承接纵向科研项目和横向应用课题研究项目,提升专业群应用型科研能力。合作建立行业员工培训基地。如国际商务专业争取将"浙江省国际货代仓储协会国际物流服务外包培训中心"的基地建在本院,通过实践为行业提供服务。专业群承接了浙江省国际物流服务外包的培训教材编写、外包政策与业务咨询、外包横向课题研究等多个项目,使行业发展动态研究的信息资料获得了稳定渠道。骨干教师通过系会产学研合作项目,努力实现学院要求的"三融入、三提升":融入行业企业,提升应用技术服务能力;融入科研机构,提升应用学术服务能力;融入行业主管部门,提升决策服务能力。教师科研、社会服务能力的提升,在行业的影响力提升,能反哺教学育人工作质量的提高,使学生及时接触行业前沿新知识、新技术,获得更多的教师推荐学生优质就业机会。

[参考文献]

[1]马树超,范唯.以专业改革与建设践行高职教育科学发展[J].中国高等教育,2010(8).

[2]周建松.构建以专业(群)为单元的开放合作育人平台[J].中国高等教育,2010(9).

［3］云景乾,吴家礼,许芳奎.依托行业的高职教育办学机制析探［J］高职教育在线,2010(17).

［4］彭炜,张跃滨,刘国珍.校会合作人才培养模式的实践探索［J］.中国职业技术教育,2010(10).

（本文发表于《中国高等教育》2011 年第 7 期）

着眼教学实效 探索高职思政课与专业教育融合新路径

邹宏秋

[摘　　要] 高校思政课肩负着对大学生进行世界观、人生观、价值观等教育的重任。本文从思政课与专业教育相融合的视角,提升具有普遍意义的实施路径,以实现思政课与专业教育的联动效应。

[关 键 词] 高职院校 思政课 专业教育 融合 路径

高校思想政治理论课(以下简称"思政课")担负了对大学生进行世界观、人生观、价值观、道德观和法治观教育的重任,是大学生接受思想政治教育的主渠道,对于大学生能否成长为中国特色社会主义事业的合格建设者和可靠接班人,具有十分重要的作用。但是,由于思政课课程内容较强的理论性,课堂教学容易产生的枯燥性,青年学生思维的活跃性,社会现实情况的复杂性和形势政策发展的超前性等因素的影响,思政课教学效果不够理想的局面仍然存在,课程的功能和作用没有得到充分的发挥。增强思政课教学实效性,就成为教育工作者多年来一直思考和研究的课题。

一、思政课与专业教育相融合的工作理念

高职思政课与专业教育相融合,是指思政课教学内容的组织和选取,要在遵循思政课教学大纲基础上贴近学生所学专业,自主、适当、生动地融入专业知识、专业技能、专业实训,顺乎自然地联系专业所对应的产业、行业和企业,增进学生对所学专业的认知,对相关产业、行业和企业的发展趋势、伦理规范、职业能力要求等的认知,在释疑解惑中唤起学生学习的积极性和主动性,促进学生自主学习、自我教育、自我管理,使学生以科学的态度对待思政课,以积极的态度获得专业发展。

教改意义要明确。要深刻认识到二者有机融合对提高思政课教学效果以及专业人才培养都具有重要的意义。认清思想政治理论课既是思想政治教育的主渠道,也是专业理论学习、技能培养以及提高专业核心能力与素养的思想辅导课。二者有机融合有利于引导学生结合所学与所长思考自身面对的思想道德和法律问题、国家方针政策以及与专业相关的"形势与政策",使学生在思政课学习中获得更多效益。

内容选取要科学。思政课教学内容丰富,涵盖面广。在教学内容的选取上应区分为两个层次。一个是基础性、普遍性和强调基础素质(思想素质、道德素质、法律素质、政治素质等)的教学内容层次,如理想信念、爱国主义、社会公德、基本法律修养、对国家大政方针的认同意识等;另一个是需要且适合紧密结合不同专业特色开展教学的内容层次,如职业道德教

育、经济形势教育、国家大政方针教育、法律规范教育等。两个层次的区分也是思想政治教育共性与个性原则的落实和体现。

专业特点要鲜明。思政课与专业教育相融合，要求思政课教学中坚持原则性与灵活性的统一，在坚持教学大纲基本要求的前提下，针对不同的专业特色和特点来设计不同的教学方案与教学侧重点。如进行职业道德教育时，会计专业、金融专业或计算机专业的职业道德规范都不相同，教学重点也应当有所区别；同样地，法律基础部分、中国特色社会主义理论体系部分、"形势与政策"课部分的专题设计均应遵循这一思路。

教师素质要提升。思政课与专业教育相融合对教师素质提出了更高的要求。思政课教师不仅要了解和学习不同专业的人才培养方案、专业能力要求、专业课程体系等，还要更加紧密地联系学生。以往那种一部教案和课件通行于各专业学生课堂的情形将难以为继。

二、思政课与专业教育相融合的实现路径

思政课教学要富有实效，教学内容必须贴近实际，贴近生活，贴近学生，使理论充满鲜活的生命力，使学生获得分析和解决问题的能力。高职思政课与专业教育相融合，能够很好地做到教学的"三贴近"，是增强教学实效的通途。

理论教学个性化。思政课与专业教育相融合，重点是教学内容上要与专业以及专业所对应的产业、行业、企业实际相结合，而不同专业的教学内容选取要有所区别，形成特定专业或专业群的个性化理论教学。较有普遍意义的实施路径有：（1）选用与专业或专业群密切相关的典型案例教学。帮助学生提高专业领域的记忆力、注意力、观察力、思维力等智力因素，增强专业领域的发展动机、兴趣、情感、意志和性格等人格因素；既要为学生专业知识和能力发展增添学识才干，又要增进身心健康。通过案例教学加强社会主义民主法制教育，加强人文素质和科学精神教育，加强集体主义和团结合作精神教育，引导大学生在增长科学文化知识的过程中提升思想政治和职业素养，知行合一，德才并进。（2）关于《思想道德修养与法律基础》课程，在绪论部分"珍惜大学生活开拓新的境界"始业教育，融入专业人才培养方案内容和专业课程设置情况内容。在理想信念教育中融入职业理想教育，在进行正确的世界观、人生观、价值观教育中融入职业观教育，使大学生正确认识社会发展规律，正确认识国家的前途命运，正确认识自己的社会责任，教育大学生自觉把自己的人生追求同祖国的前途命运联系起来，树立为祖国繁荣富强贡献青春力量的远大志向。在道德修养教育中融入职业道德修养教育，引导学生磨炼意志、砥砺品格，树立用诚实劳动创造美好生活的思想和精神，从小事做起，从一点一滴做起，诚实守信，服务人民。形成良好的职业道德情操和道德修养，能够自觉遵守职业道德规范、进行职业道德自律。积极开展职业道德实践活动，把职业道德实践活动融入大学生学习和生活之中，引导大学生自觉遵守爱岗敬业，诚实守信，办事公道，服务群众，奉献社会的基本职业道德规范。在加强法制教育和诚信教育中融入专业法律法规内容，增强大学生的职业法律意识和守信意识，提高大学生守法守规的自觉性，认识诚实守信的品德是立身之本、做人之道，树立守信为荣、失信可耻的道德观念。（3）关于《毛泽东思想和中国特色社会主义理论体系概论》课教学，在改革开放理论、中国特色社会主义政治建设、经济建设、文化建设、社会建设等理论教育中，在中国特色社会主义建设的依靠力量和领

导核心等理论教育中,都能够紧密联系专业所对应的行业、企业和产业,通过对社会现实发展变化的观察和了解,对社会现实问题的深入思考和剖析,增强学生对理论内容的认同和理解。(4)关于《形势与政策》课程,学院在开展基本国情和形势政策教育中融入专业形势和政策教育,设立行业政策分析专题。

实践教学一体化。(1)教学实践基地建设。在专业所指向的行业、企业及其业务活动的城市社区、农村乡镇等地建立相对稳定的思想政治理论课教学实践基地。(2)建立与专业学习、服务社会、勤工助学、择业就业、创新创业相结合的社会实践机制。(3)思政课实践教学与专业实习相结合。学院在专业人才培养中,一年级学生开展认知实习,二年级学生开展专业实习(工学交替),三年级学生开展顶岗实习。思政课实践教学与学生的认知实习、专业实习和顶岗实习相结合,是学院思政课实践教学的一个重要途径。思政课教师首先将思想政治理论课实践目的、实践主题和实践要求向学生说明,指导学生在认知实习、专业实习和顶岗实习过程中自主开展思想政治理论课社会实践和社会调研,或者由思政课教师直接引导和带领学生到专业所涉及的行业企业开展参观、调研、实习等社会实践活动。

师生关系人本化。思政课教师要关心学生专业发展,职业生涯设计以及就业和创业,帮助学生解决思想问题和实际问题,既讲道理又办实事,既以理服人又以情感人,增强思想政治教育的实际效果。大学生处在思想成长阶段,他们的思想不仅容易受到社会环境中各种因素的影响,也容易受到个人遇到的具体困难和问题的影响,特别是专业学习、专业技能训练、专业发展困惑等问题的影响。思想政治理论课教师要能够认真分析对待学生的具体思想问题,一方面通过提高学生思想认识来解决,另一方面通过帮助学生解决他们所遇到的一些具体困难和问题来解决。要热心、耐心、细心地帮助大学生处理好成长过程中学习成才、择业交友、健康生活等方面的具体问题。

教育体系网络化。高职思政课与专业教育相融合,可以形成以思政课教师为主体,以辅导员和班主任、专业主任和专业教师为辅助的学校思想政治教育网络体系,使得思政课教学管理能够与学生所在专业、系部的专业教育和教学管理有机结合,将更有利于规范大学生的学习、生活和行为,促使学生养成自觉遵守学校和社会各项规章制度、遵守社会公德的良好行为习惯。

三、思政课与专业教育相融合的联动效应

实施高职思政课与专业教育相融合的教学新路径,会引发教育者、学习者、教育成效三方面的联动效应,对提高高职人才培养质量具有直接的促进作用。

拓宽思政课教师的信息渠道和知识视野。思政课与专业教育相融合,首先对思政课教师的综合素质提出了更高的要求。目前高职思政课教师的学历和学位都较高,但在社会其他领域的实践经历和社会阅历方面比较欠缺,许多高校思政课教师都是毕业即到学校从事教学工作,对社会政治、经济、文化、环境等现实状况和现实问题的了解大多是源于教学资料和新闻、影视、网络及道听途说等途径。如果始终囿于单一的校园环境,对社会生活和行业发展缺乏切实的亲身感悟,就难以影响和感染学生。思政课与专业教育相融合,要求思政课教师立足于学生所学专业,了解专业,把握专业特点和发展态势;以专业为切入点深入行业

企业进行社会实践,把握专业对应的具体行业、企业和相关产业状况及发展等,直接探寻社会变革背景、社会发展需求、社会问题表象与根由。融合专业,为思政课教师深入生活、了解社会提供了一个指向明确而又关联广泛的窗口,能够有效弥补思政课教师社会阅历不足的弱点,做到教学的"三贴近"。

增强高职学生的自主学习意识和职业素质。思政课教师教学观念的转变,思政课教学内容和教学路径的创新,对高职学生的学习态度和素质提高影响重大。高职学生动手能力较强,但文化基础相对薄弱;自我意识增强,但自控能力仍相对较低。他们在以公共基础课程、通识课程为主的学校一年级课程学习过程中,往往陷于专业认知盲区,表现为对自己所在专业不了解,对专业课程设置及为什么这样设置不了解,对于未来的职业环境和职业发展更加不了解。思政课与专业教育相融合,可以担负起相关的专业认知引导和专业教育工作,形成有利的专业学习导向和职业教育氛围;同时,也转变部分学生认为思政课只是泛泛空谈的偏见,端正思政课学习态度,变"要我学"为"我要学",增强了学生的自主学习意识,自觉提高政治理论素质和思想道德修养,也强化了学生的职业意识,增强了学生的职业素质。

促进高职学生的顺利就业和成就事业。思政课与专业教育相融合,教学实效性增强,有利于学生认清当前就业形势,树立起正确的择业和就业观念,以优秀的岗位适应能力,遵循就业市场规则,更好地进行自主择业和主动创业;有利于避免发生因学生自身职业技能、素质、择业观念与经济结构调整或生产技术转变带来的难以适应就业岗位造成的结构性失业。

(本文发表于《中国高等教育》2011 年第 22 期)

基层复合型金融人才需求与培养探析

王东升

[摘　　要]　随着我国金融业持续快速发展,行业对基层复合型金融人才需求明显增加,对金融从业人员的素质提出了更高的要求。文章通过金融业发展对基层复合型金融人才的需求分析,提出金融类高职院校培养基层复合型金融人才的对策和措施,即进一步调整人才培养目标定位,推进基于工作过程系统化的课程改革,加强学生职业素质教育,加大校企合作交流和订单式人才培养力度,共同培养行业所需的熟练银行柜台业务操作的基层复合型金融人才。

[关 键 词]　金融职业教育　基层复合型金融人才　培养思路

近年来,随着中国金融业的开放,全球一体化的银行业经营更趋激烈,外资银行纷纷获准进入内地市场,国内各金融机构的改革也加快了步伐,民营的金融企业也随之增加。从实践来看,金融业的竞争从本质上讲是金融人才的竞争,金融业务的开展从根本上来说取决于从事金融工作的人员能力和素质。随着我国金融业持续快速发展,行业对基层复合型金融人才的需求越来越多,对金融从业人员的素质提出了越来越高的要求,因此,新形势下分析基层复合型金融人才需求状况,加强与改进基层复合型金融人才培养工作显得尤为重要。

一、金融业发展对基层复合型金融人才的需求

金融是现代经济的核心,在国民经济和社会发展中具有极为重要的作用。金融业务发展的客观要求决定了现代银行的竞争。主要是人才的竞争金融改革实践证明,复合型金融人才是金融业发展所必需的,也是金融业改革深化所必需的,尤其是基层金融机构的业务操作更需要高素质的复合型金融人才。

(一)金融业发展需要大量熟练业务操作的基层复合型金融人才

我国金融事业的快速发展为高职院校高素质基层复合型金融人才培养提供了巨大的发展空间。以浙江省为例,随着浙江经济的发展,浙江金融业积极顺应了经济社会发展需要,在发展自身的同时,也使经济金融两者和谐稳定发展。浙江省是现代服务业大省,经济发展活力位居全国前列,金融生态环境位居全国前列,金融机构不良资产率全国最低,商业银行盈利能力名列前茅,良好的经济条件与金融生态环境为浙江省金融业提供了广阔的发展空间,浙江已成为对各类金融机构最具吸引力的集聚地之一,产生了大量的人才需求。到2007年末,浙江全省共有各类金融机构221家,银行业金融机构网点9893家,从业人员为

148383 人，每年对于工作在金融机构一线的应用型金融人才需求数量在 2 万人左右，经济的快速发展，金融机构及营业网点的扩张，新的金融业务的增加及外资银行的大量进入，金融行业的就业前景及机会看好。商业银行在人才需求方面，必然需要大量的具备较高思想道德和人文素质、扎实的金融业务知识、过硬的金融业务技能、较强的计算机基础，具备一定的法律、财务和企业管理知识，不但能够熟练地进行商业银行柜台业务操作，同时还能够熟悉各种金融产品，胜任客户经理、服务营销、理财、会计、结算等业务，具备良好的语言沟通能力，有一定的后续发展能力，有着良好发展空间的基层复合型金融人才。

（二）农村金融体系的发展对农村金融人才提出了更高的要求

农村金融体系的发展要求高等职业教育为其输送大量的熟悉农村和农村产业结构的高素质复合型金融人才。目前，我国农村合作金融、信用社机构网点遍布城乡，形成了比较完整的为农村、为农业、为农民服务的全方位、多层次的农村金融服务网络。截至 2007 年末，浙江省范围内农村合作金融机构有 3788 家，从业人员 41732 人。但现有的农村合作金融机构人员构成参差不齐，人员素质偏低，平均文化结构较为薄弱，业务水平较低，金融专业人员相对偏少，从业人员很少受过专门的业务培训，普遍缺乏既懂政策法规又掌握金融、计算机、市场营销的专业知识人才及熟练银行柜台操作的基层复合型金融人才，这已成为制约农村金融以及农村经济发展的一大因素。

（三）基层银行需要大批熟练银行业务操作的基层复合型人才

近几年来，银行业综合业务发展势头强劲，金融产品业务类型不断增加，并日益成为银行业的竞争焦点和新的利润增长点，因此，要求金融从业人员不仅要有一定的经济理论基础和知识面，还要具有现代金融的基本业务知识和某些方面的业务能力专长，也必须有相当强的创新能力与再学习能力，才能适应不断变化的客观形势和迅速创新发展的金融世界。随着国有商业银行的转型，中国邮储银行成立及各分支机构的设立、农村合作银行金融业务的拓展，股份制商业银行和地方性小法人商业银行在各地纷纷开设分支机构，金融营业网点的不断增加，金融机构基层员工缺口将会不断扩大，金融业岗位人才结构性短缺矛盾突出，客户服务型、业务操作型岗位员工需求增大，需要大量的一线复合型人才，如中国邮政储蓄银行浙江省分行 2008 年就与浙江金融职业学院合作，一次订单培养 300 余名 2009 届学生。

（四）基层复合型金融人才深受银行业基层金融机构的欢迎

高职院校在人才培养定位上，主要面向生产、经营、管理业务一线培养高素质技能型专门人才，由于其人才培养定位准确，大多数职业院校毕业的学生在业务一线都能够安心工作，同时又具有熟练的岗位业务技能，工作中深受用人单位的欢迎。多年以来，金融业持续出现的"人才高消费"现象导致金融业出现岗位要求与员工素质错位的矛盾。金融类本科毕业生大多理论知识丰富，但在实践操作能力方面，与高职院校金融专业学生相比则存在着较大的差距。同时，由于本科生对于自己未来的工作定位和自身期望值比较高，即使部分学生从事金融机构一线业务，大都希望能够在短时间内能够转岗，当愿望不能得到满足时，一般选择离开一线岗位，使金融业员工就业稳定性大大下降，一线员工极度短缺，大量的人才培训费用以及招聘、人才选拔成本使商业银行吃了很多苦头。高职院校培养出来的学生与本科生相比，学生的职业技能和职业素质明显占优；与中职学生相比，具有很强的后续发展能力，不但能够熟练地从事各项银行技能工作，同时还会理财、懂营销，定位准确，大多都能够安心于本职工作，加之在学习期间针对性的岗位业务技能的学习与掌握，使商业银行等金融机构被高职院校毕业生越来越喜欢。目前，大部分金融机构已意识到员工队伍的岗位层次特点，在招收一线员工时已开始将重心调整到动手能力强、业务基本技能熟练的金融财会类高职院校毕业生身上。

从调研情况来看，浙江省金融机构新增一线业务岗位中，近三分之一来自浙江金融职业学院。商业银行对浙江金融职业学院培养出来的学生非常满意，认为浙江金融职业学院的毕业生"性价比"非常高，非常适合从事银行业务一线各项工作，并对这些毕业生给予了非常高的评价：上岗适应快、动手能力强、职业素养高、安于本职工作、廉洁自律、操守规范、创新创业成绩显著。

二、加强培养基层复合型金融人才的措施

从金融发展对人力资源的需求来看，金融业不仅需要高素质的创新型研究人才、高端经营管理人才，更需要大量能够尽快适应第一线实际工作的、具有一定理论基础的高素质复合型应用金融人才熟练操作、熟知产品、熟悉市场，有一定的对宏观经济形势的分析与判断能力、微观金融活动的洞察能力和实务操作能力应是基层复合型金融人才的基本要求。为此，面对金融业发展趋势对人才的需求和选才标准的变化，作为培养和输送基层复合型金融人才的高等职业院校，要积极地在人才培养目标和模式上进行调整，理顺人才供需渠道，向社会输送高素质的基层复合型金融人才。

（一）调整人才培养目标定位

从我国高等职业教育面临的实际情况看，确立以基层一线为前提，培养基层一线基础上的基层复合人才是完全有可能的。在人才培养方面，要坚持面向金融业务的基层复合型人才培养方向和目标，如浙江金融职业学院将学生人才培养目标定位于面向金融机构业务一线，熟练银行柜台业务操作，具有一定后续发展能力的基层复合型人才，要求毕业生走上岗位后能够立足柜员，做好柜员，并有长期做优质柜员的思想和心理准备。在此基础上，根据学生的个性化差异和心理特点进行个性化培养，进一步提升学生的职业能力。对于性格内向的学生，将侧重于银行后台业务，主要以会计核算岗位为主进行培养；对于性格外向的学生，侧重于服务营销业务，主要以客户经理岗位进行训练和培养；对于亲和力较强的学生，面向银行理财经理和理财顾问方向进行重点培养；对于外语比较好，业务素质较高的学生，面向商业银行的国际业务、国际支付结算岗位方面进行重点培养；对于各个方面表现都很突出，工作细致严谨，综合素质非常高的学生，在商业银行信贷风险管理、基层网点经营管理方面进行重点培养，不但要求自身培养出来的人才具有熟练的银行柜台业务操作能力，同时使毕业生具备较强的后续发展能力，能够胜任商业银行的不同岗位需求，使毕业生经过若干年的银行柜台业务操作，在熟练商业银行基本业务的基础上，有进一步的发展空间，使毕业生

能够得到更大、更多的发展机会。

(二)推进订单式人才培养

订单培养是一种好方式,订单培养通过用人单位和学校的共同研究和共同参与,较好地实现了高等职业教育作为高等教育的学历和岗位培训的最佳结合点,对贯彻育人为本,对实现基层复杂培养目标都具有促进作用。浙江金融职业学院的实践表明,订单培养作为一种可行方式和有效机制应该大力提倡,这种方式无论对强化职业,还是促进优质就业,作用都十分明显。浙江金融职业学院在大面积订单培养基础上设立的银领学院,着手建设订单培养系统,对第三年进入订单班级的学生进行集中管理,以增强实训的教学性,提高人才培养水平与质量,采取有效的措施为校企合作搭建平台,吸引更多的企业进入这个订单培养系统,把企业的用人竞争提前,以订单培养为始点,以开放办学为特征,以校企合作为平台,以工学结合为载体,以双师团队为依托,以优质银领为目标,收到了极好效果,形成了行业企业参与高职教育的运行机制,对深入贯彻以生为本理念,培养学生理性追求精神亦起到了积极的作用,在运行模式上实现了学校办学模式与人才培养模式改革创新的最佳结合。

(三)推进基于工作过程系统化的课程改革

要在注重培养学生良好职业道德和科学创新精神的同时,把培养学生的职业能力放在重要的位置,强调学生职业习惯和职业能力的养成教育,为其适应未来的工作打下坚实的职业基础。在专业教学标准制定上,要根据商业银行工作过程,进行工作过程和教学过程分析。在课程改革与开发过程中,进行基于工作过程的系统化项目课程设计,针对不同的课程采用不同的教学组织形式。其中基础理论课程要以案例教学形式为主,职业能力目标定位于提高学生分析问题的能力与水平;技能类课程要采用任务驱动型教学模式为主,根据临柜业务工作的需要,重点训练学生的点钞技能、中文输入技能、电脑传票技能以及货币反假鉴别能力,职业能力目标定位于能够胜任各家商业银行业务经营所必需的岗位操作技能;职业能力类型课程则要采取项目教学模式,进行项目课程开发,职业能力目标定位于学生职业素质的全面培养和提升要根据商业银行的业务实际需要和学生毕业后的工作岗位取向,邀请高职教育专家、行业专家和全体专业教师共同,对学生可能的未来工作岗位进行职业分析,根据商业银行实际业务分设若干工作任务,再对每一个任务进行具体的职业能力分解。要突出工学交替的教学模式,通过工学交替教学组织形式的推广,既能及时了解金融企业人才需求的变化,增强人才培养的针对性,提高毕业生就业竞争力,又能实时利用金融企业的实践与管理环境,使学生获得技能的强化训练注重真实化情景教学,全面提升学生职业能力,从实验室建设入手,建立全真化情景校内实验实训体系,聘请商业银行一线业务专家与骨干人员讲授专业知识,根据商业银行业务流程进行课程教学,学生以银行行员身份参与教学活动,真正成为教学活动的主体,在具体的工作中,学生自主构建知识与技能,养成自主学习的习惯,提高职业能力。

(四)推进学生职业素质教育

金融行业是建立在信用基础上的一个特殊的行业,没有信用就不会有金融的发展。一个金融从业人员的职业道德水平与人文素养的高低,会直接影响其工作的水平和能力。金融毕业生岗位面向商业银行业务一线。从事银行业务工作,诚信是最主要的,诚信是金融的灵魂,是职业素质与人文素质的统一。行业对毕业生第一位的素质要求就是较好的思想道德和文明礼貌。因此,我们必须把职业素质教育和人文素质教育放在金融教育的首位,始终抓牢诚信教育这个主题,要使其先学会做人,再学会做事,而且肯做、能做,并能做好。浙江金融职业学院为了全面提高学生职业素质,以国家示范性院校建设为契机,建立金融职业素质养成基地,并以此为依托建立一批专职的德育工作队伍,成立相应的社团组织,由社团指导教师有针对性地对学生进行指导,从学生的团队合作精神、职业道德、职业操守、职业责任、职业素质、职业意识等方面对学生进行全面的培养和拓展训练,营造一个更加良好的育人环境,深化"校友文化、诚信文化、金融文化"三维文化育人工作体系,全面提高学生职业能力和职业素质,使学生具备良好的职业操守和人文素养。

(五)推进校企合作办学模式

建设高等职业教育必须要遵循以服务为宗旨,以就业为导向,走产学结合发展道路的办学思路,学校与企业的合作应当成为高等职业教育办学模式的重要特征。在开放体系框架下,学校与行业企业应该成为一个教书育人的共同体,行业企业参与办学,学校服务于行业企业,行业企业管理骨干兼任院系领导,行业企业业务骨干受聘担任兼职教师,院系领导出任行业企业顾问或中心主任,院系教师从事行业企业技术开发和服务,应该成为一种常态,把行业文化、企业技术、职业氛围全方位汇集到学校和院系文化之中,共同促进学校教育功能的完善。学校在办学过程中,要主动地走出去,主动联系行业和校友,主动联系主管部门和其他院校,走开放式办学发展之路,加强校企合作,推进工学结合。学校要进一步搭建行业与学校共同育人的互动平台,加强学校与行业的交流合作,发挥以金融行业领导、专家为主体的学院发展咨询委员会和行业、企业专家为主的专业教学指导委员会作用,为学院发展出谋划策,指导人才培养目标、规格要求和需求特征。要以行业、校友、集团共生态办学模式为指导,实行开放式办学,引入企业加入到办学行列中来,加大人才培养与改革的力度,加强校内外实习实训基地建设、双师结构教师队伍建设、课程与教材建设,将校企合作、工学结合、顶岗实习等工作制度化,校企共同组建师资队伍,学校教师提供理论教学,金融业定期选派有丰富实践经验的金融人员到学校中为学生授课学校教师可以定期参加金融业举办的培训,金融业业务骨干、尖子定期到学校充实理论知识,将学校的办学空间不断延伸,形成一种"大课堂"办学模式,共同培养行业所需的基层复合型金融人才。

[参考文献]

[1] 陈倩媚.金融业需求状况调查分析与教学改革建议[J].广东农工商职业技术学院学报,2007(3).

[2] 姜进.订单式教育:校企联合培养金融人才的新模式[J].浙江金融,2006(3).

[3] 唐福萍、刘志浩.高职金融人才的社会需求与培养[J].辽宁高职学报,2006(5).

[4] 吴顺达.关于应用型金融人才培养模式的几点思考[J].长春金融高等专科学校学报,

2007(3).

[5] 周建松.确立和探寻基层复合型人才的培养机制[J].中国高等教育,2008(19).

[6] 朱振岳、陈云涛.寻求高职教育与岗前培养最佳契合点[J].浙江金融,2008(3).

（本文发表于《黑龙江高教研究》2009 年第 1 期）

国家示范性高职院校建设项目运作机制与治理逻辑

陈正江

[摘　　要]　项目制作为一项重要机制为国家示范性高等职业院校建设搭建了运作平台。本文采取政府和高职院校两种既对立又互补的视角,观察与描述示范建设项目的生成和实施,分析项目制下政府和高职院校不同的运作机制和治理逻辑及其相互作用的复杂过程和结果。通过项目平台,政府外在激励与高职院校内生动力得以聚合,从而达成整合高职教育资源,推动高职院校发展的目标。

[关 键 词]　示范建设　项目制　高职院校　运作机制　治理逻辑

一、问题的提出

20世纪80年代以来,随着我国教育体制改革的深入推进,职业教育领域发生了一系列新的重大变化,高等职业教育(以下简称高职教育)的兴起和发展尤其引人注目。而在高职教育发展过程中,最受瞩目的事件则非国家示范性高等职业院校建设(以下简称示范建设)莫属。示范建设自2006年启动,到2015年最后一批院校完成验收,在全国1300多所院校中遴选建设100所示范院校,100所骨干院校,旨在提升高职院校办学基础能力,完善高职院校办学体制机制。经过两个阶段历时十年的实施,达到了预期的成效,为我国高职教育发展创造了良好的外部条件,为高职院校发展开辟了全新道路。

美国管理学家格雷厄姆指出:"项目是适应环境变化的普遍方式。"作为新旧治理体制衔接的一个重要机制,项目是示范建设重要的载体和平台。依托项目所具有的信息交换、资源配置和利益分享等功能,政府政策意图与高职院校发展意愿得以聚合。项目制反映出政府行政方式和高职院校办学模式的调整,其作用发挥远远超越了作为一项技术性管理手段的价值,更涉及政府和高职院校围绕项目的运作机制和治理逻辑等关键性议题。基于此,本文以政府和高职院校两种既对立又互补的视角,对两者围绕示范项目所生成的文本和形成的实践进行观察与描述,分析它们不同的运作机制和治理逻辑及其相互作用的复杂过程和结果。

二、政府视角:项目的政策与治策

示范建设作为一项重要政策,科学决策和稳步实施是这项任务得以持续推进并取得成功的重要保证。一项教育改革的成功在很大程度上取决于教育规划方案的科学性、合理性,但选择什么样的方案则又取决于规划决策的主体及其决策模式。作为一种教育公共品,项目是实现"自上而下"资源配置的载体,项目的政策与治策的目标是通过对改革措施做出计划性的制度安排,使项目建设的运作机制更加规范,治理逻辑更趋清晰。

(一)项目政策文本

示范建设项目实施长达十年,时间跨度大,空间覆盖全国所有省、直辖市和自治区。因此,权威性的政策文本对项目建设的指导意义不言而喻。本文对三个最重要的项目政策文本进行简要分析。

1.《国务院关于大力发展职业教育的决定》。

2005 年 11 月,国务院召开全国职业教育工作会议,颁布《国务院关于大力发展职业教育的决定》(国发〔2005〕35 号)(以下简称《决定》),提出实施职业教育示范性院校建设计划,在整合资源、深化改革、创新机制的基础上,重点建设高水平的培养高素质技能型人才的100 所示范性高等职业院校。会后,教育部、财政部和国家发展与改革委员会经过多次研究协商,达成共识并形成工作方案,于 2006 年 6 月向国务院报送了《教育部、财政部和国家发展与改革委员会关于落实〈决定〉,加强职业教育基础能力建设的报告》,明确由财政部安排50 亿元,支持包括示范建设在内的四个计划,其中安排 20 亿元用于推进示范建设。

2.《关于实施国家示范性高等职业院校建设计划加快高等职业教育改革与发展的意见》。

2006 年 11 月,教育部、财政部联合发布《关于实施国家示范性高等职业院校建设计划加快高等职业教育改革与发展的意见》(教高〔2006〕14 号),并于 2006 年 11 月 13 日联合召开示范性高职院校建设计划视频会议,启动实施"国家示范性高等职业院校建设计划"(以下简称"计划"),从 2006 年至 2010 年重点支持建设 100 所高水平示范性高职院校,按年度、地区分批推进。这一阶段的目标任务为通过实施"计划",使示范院校在办学实力、教学质量、管理水平、办学效益和辐射能力等方面有较大提高,特别是在深化教育教学改革、创新人才培养模式、建设高水平专兼结合专业教学团队、提高社会服务能力和创建办学特色等方面取得明显进展。发挥示范院校的示范作用,带动高等职业教育加快改革与发展,逐步形成结构合理、功能完善、质量优良的高等职业教育体系,更好地为经济建设和社会发展服务。

3.《关于进一步推进"国家示范性高等职业院校建设计划"实施工作的通知》。

2010 年 6 月,教育部、财政部联合发布《关于进一步推进"国家示范性高等职业院校建设计划"实施工作的通知》(教高〔2010〕8 号),这一文件既是为贯彻落实《国家中长期教育改革和发展规划纲要(2012—2020 年)》而出台的配套政策,也是在肯定示范建设取得显著成效的基础上,进一步推进实施"计划",新增 100 所骨干高职建设院校。这一阶段的目标任务为通过推动地方政府完善政策、加大投入,创新办学体制机制,推进合作办学、合作育人、合作就业、合作发展,增强办学活力;以提高质量为核心,深化教育教学改革,优化专业结构,加强师资队伍建设,完善质量保障体系,提高人才培养质量和办学水平;深化内部管理运行机制改革,增强高职院校服务区域经济社会发展的能力,实现行业企业与高职院校相互促进,区域经济社会与高等职业教育和谐发展。

(二)项目运作机制

当然,项目不能仅仅停留在政策文本层面,它必须依靠具体的运作机制才能落地实施。在我国现实国情条件下,各级政府是各类推动经济社会发展项目的最重要的供给主体,随着政府职能逐渐向提供公共服务的转变,项目逐渐成为政府公共服务体制的重要载体。在国家大力发展职业教育的主题背景下,政府在考量高职院校发展实际需求的基础上,发挥其宏观引导作用,制定规则和监督执行,以保证竞争的公平和兼顾各方利益平衡,以项目为载体启动实施示范建设一系列的过程和行为,这种对各项具体举措和程序的有序积累即体现为一种运作机制。

1.竞争遴选机制。

竞争探讨的是项目激励和约束之间的关系,这在一定程度上打破了以往以来平均配置高职教育资源的格局。项目采取院校申报、地方部门推荐、专家评审立项的方式,院校间的竞争贯穿于预审、申报、评审、公示、立项等环节。以示范院校遴选程序为例,单这一程序就有预审、论证、推荐、评审、公示、公布等环节。在评审环节中采取现场陈述和答辩的方式,项目院校院(校)长及其举办方和重要产学合作单位代表参加,院(校)长们对项目建设的基础、目标、思路与举措进行陈述,举办方和重要产学合作单位代表对项目建设政策支持和资金保障等条件保障做出承诺,专家则根据"办学定位准确、产学结合紧密、改革成绩突出、制度环境良好、辐射能力较强"等标准提出问题并要求回答,这使项目院校院(校)长的领导能力和执行能力不断经受着考验,而通过施加压力和院校间的竞争来促进产生好的绩效与质量。

2.滚动实施机制。

竞争性的制度建构在很大程度上调动了高职院校开展示范项目建设的积极性,与此同时,对于一个实施时间跨度长达十年的项目而言,渐进性的推进机制更显重要。自2006年启动示范项目后,政府采取分年度、分步骤的方式推进实施。2006、2007和2008年分别启动28所、42所和30所院校的项目建设,并于2009、2010和2011年分别完成三批次100所示范院校项目建设验收工作。在决定继续推进示范建设后,2010、2011和2012年分别启动40所、30所和30所院校的项目建设并于2013、2014和2015年分别完成三批次100所骨干院校项目建设验收工作。每一批院校的项目建设周期为三年,这与高职院校的学制相一致,中央财政对入选示范院校实行经费一次确定、三年到位,项目逐年考核、适时调整的政策,采取这种滚动实施的做法实现了与高职院校人才培养模式的有效衔接,有力推进项目建设。

3.专项支持机制。

示范建设是我国新时期新阶段高职业教育的改革工程和质量工程。如果没有国家和地方政府财政专项的支持,示范建设项目是难以持续和完成的。政府运用公共财政支持示范建设并以项目方式配置资金,而高职院校通过项目反映其发展诉求与资金需求,这就使得自上而下的政府资金供给与自下而上的资金需求得以对接。这些项目资金支付大多由"条线"部门采取专项支付或者项目资金的形式自上而下地转移和流动,而高职院校则需要通过申请项目的形式来获得转移支付,项目资金实行专项支付和专款专用。对于项目院校,中央财政按校均2000万元安排建设经费,并要求地方政府向批准立项的院校建设项目配套投入。随着自上而下项目建设资金规模的扩大和管理监督手段的使用,各种以项目管理为中心的政策、制度和机制建立起来。

4.过程考核机制。

与专项性财政资金支持相配合的是目标管理与绩效考核。因为项目实施不应仅仅依靠卢曼式的"信任",更应通过标准测试、绩效评价和奖励惩罚等一些强制性的外部规定,对院校的内部项目建设起到积极的作用。2007年6月,教育部、财政部联合颁布《关于国家示范性高等职业院校建设计划管理暂行办法的通知》(教高〔2007〕12号),对示范项目的申报评审、组织实施、资金管理、监督检查与验收评价等方面做出明确规定。教育部、财政部联合成立示范建设项目管理办公室,建立项目动态管理的工作机制。在日常管理中,根据项目院校建设方案和任务书确定的预期目标和监测指标进行全过程的监测,并通过简报形式及时反馈,同时接受教育、财政、审计、监察等部门对项目实施过程和结果进行监控、检查和审计,上述机制成为推进示范项目顺利实施的重要制度保障。

(三)项目治理逻辑

1.示范带动。

在大力发展职业教育的主题诉求下,示范建设是政府面对的高职院校发展需求,以政策和资金供给支持项目建设的一个过程。政府通过政策文本发出清晰的指令,其遵循的原则是"中央引导、地方为主、突出重点、协同发展",政策定位虽是重点支持一部分高职院校项目建设,但其意图是通过示范建设,打破"千校一面"的同质化发展格局。示范性院校做发展的模范,改革的模范,管理的模范,总结出可借鉴、可复制、可推广的经验、模式和制度,从而调动更多高职院校主动改革的自觉性和积极性,变"要我改"为"我要改"。这样,在提高的指导下普及,在普及的基础上提高,引导带动全国所有的高职院校加快改革和发展。

2.效率导向。

示范建设是国家优化高等教育和职业教育结构的重要举措,政府在示范建设中更多关注高职院校建设绩效的实现,因此在这个过程中政府的项目治理逻辑具有明确的效率导向。这其中存在的"一个关键的假定就是通过减少管理过程中规划项目的创新性和环境的不确定性与执行机构的管理能力之间的差距,计划者可以在设计阶段显著地提高规划发展计划的实施水平"。因此,一方面,政府通过广泛的宣传和动员来引导院校对项目政策文本进行更充分的理解,基于实用主义的考虑,遴选出对示范项目做出即时和有效反应的院校;另一方面,它通过明确的原则以及能够检查各方行为的规则,测试的是谁能最有效地做目前的任务,以确保项目能够得到实施和执行。

3.间接控制。

政府虽以制度形式对示范项目管理职责等方面做出了明确具体的规定,并通过进行年度绩效考核、分期安排经费、验收挂牌的操作程序予以保障,但这些管理大多采用间接促进的方式而不是直接控制的方式。事实上,对于示范项目而言,政府更适合做投资者而不是管理者,由此衍生了政府由全面干预到间接控制的思维转变,这与其推行简政放权的改革逻辑也相吻合。政府对项目实施过程进行信息采集和绩效监测,对项目执行情况好的院校实行奖励,而对年度绩效考核不合格的院校,终止立项和支持,对后者的这种"反向激励"的问责在示范计划实施过程中表现为给予部分院校"暂缓通过"的评价结论来督促其整改提高。

三、高职院校视角：项目运行机制与治理逻辑

示范项目如果只是政府的一厢情愿，而没有高职院校的参与，势必难以取得持续成效。因此与从政府视角的考察相对应，我们同样强调示范项目的承接者和执行人——高职院校的视角来研究项目运行机制与治理逻辑。

(一)项目运行机制

1.项目建设动员机制。

示范建设的宏观社会背景是我国经济转型和产业升级，这对高职院校而言，既是挑战，也是机遇。正如示范建设决策亲历者张尧学所说，"计划是件相当大的事情，项目立项，对于高等职业教育来说，是件振奋人心的大好事"。在示范建设前，高职院校的项目主要集中于少量的纵向科研项目，而在教学改革、专业建设、课程开发等领域鲜有项目，导致教育教学改革推进较为缓慢。对于长期积淀下来的带有显著历史和文化特征的高职院校而言，示范建设不啻是"一场革命"。在政府因势利导下，高职院校积极跟进并组织动员，因为只有集体的想法才能动员组织的一切资源。这种集体的想法能够导致一种集体的转化，而这种集体的转化才是一场真正革新所要具备的条件。这反映在院校对的项目的认知、宣传、动员、内聚、重组与整合等多个方面，使师生和利益相关者更好理解、消化和吸收校企合作办学理念和工学结合人才培养理念，从而将项目建设转化为师生和利益相关者共同参与的公共事务。

2.项目文本生成机制。

示范建设是一种确定目标并进行决策与行动的过程，项目是以可行性策略解决实际问题的一种载体。作为高职院校的"质量工程"，示范计划各项任务必须具体落实到高职院校的具体建设项目中并通过项目建设文本建立可信承诺。这里所说的项目建设文本主要包括《项目建设可行性报告》《项目建设方案》和《项目建设任务书》，这三个项目文本成为高职院校的项目运作的制度依据。《项目建设可行性报告》对院校的基础条件和实际需求进行分析和评估，论证项目的真实效用和实现可能。《项目建设方案》对项目的建设目标、主要任务、经费安排、保障措施和建设绩效等方面做出全面系统的安排。《项目建设任务书》是将《项目建设方案》目标分解，详细记载建设内容、监测要点等具体事项，作为示范项目建设的执行依据，《项目建设可行性报告》《项目建设方案》和《项目建设任务书》的编制、论证和修改考验着各所高职院校的"神经"。项目文本确立了资源配置与权利运作所依赖的路径，同时载明了利益相关方的职责与义务，具有绩效评价和考核问责的制度效力。

3.项目管理监测机制。

项目制就是以项目的申报到实施的全过程为工作核心，以项目预期目标的实际完成情况为考核内容，根据考核结果对项目负责人及项目团队予以评价和奖惩的一种管理模式。实践证明，一个组织的成功与否取决于其管理项目的水平。因此，项目管理与监测对于完成一个项目的是必要的。示范建设前，高职院校对运用项目管理作为推动教学改革和提高管理效能的手段认识不深，几乎很少进行项目可行性研究、过程管理和验收评价等方面工作。如果说职业教育所强调的工学结合是一种"做中学"形式的话，项目管理也是一种"做中学"

形式。院校通过项目管理和监测,收集反馈建设信息,对照项目目标,发现实施与预期不符之处,以便迅速查找原因并采取应变对策。通过指标分解、内部控制、外部监测三位一体的过程管理,强化绩效意识,使项目责任得以体现和落实。

4.项目反馈改进机制。

项目建设过程伴随着对资源变化的反馈,高职院校根据其办学定位,通过竞争合法地获取和运用项目资源,基于内部改革要求和外部竞争压力确定建设目标,设计建设任务。在项目建设实践中,在对《项目建设建设方案》和《项目建设任务书》的预期目标和监测指标进行全程监测的基础上,高职院校普遍运用会议研讨、集中培训、验收评估、内部简报等形式及时反馈项目建设情况,这种动态反馈改进机制促使项目责任者能更注重项目建设的范围、时间、成本、质量的管理。而对于项目建设中出现的问题,通过反馈改进机制,使项目责任者对政策文本理解更透彻,对实践操作把握更精准,确保达成项目建设的既定目标。

(三)项目治理逻辑

作为项目承接者的高职院校是示范建设的各个结构点,而项目是规范内外各级权利义务关系和资源配置关系的载体。每一所高职院校都是理性的行动者,对于示范建设这样的项目,高职院校需要根据成本与收益之间的权衡做出决定,并能够在不同的基础和需求情况下对项目政策所包含变量做出预测。

1.能动性的制度建构。

院校是项目的最终承担人和执行者,从政府视角出发的统一性的项目治理逻辑有可能忽略甚至无视院校的实际条件和个性需求。正如美国社会学家詹姆斯·S.科尔曼指出的那样,制度受益者与目标行动者在不同制度中具有的相互关系就规范而言,有与之相关的行动者,他们的行动或可能从事的行动是规范的焦点行动。因而拥有控制焦点行动权利的行动者称为规范的受益者。这些人可能是规范的倡导者,也可能仅仅是在维持前人创造的规范。项目建设在院校很大程度上通过自下而上的方式进行,他们也想方设法地通过展示本校的人才培养与地方经济社会发展的关联性和贡献度,对制度供给施加压力,使政府能够接纳他们不同的利益诉求,通过这种形式的能动性的制度建构所形成的项目文本能做到逻辑自洽。

2.自主性的组织学习。

作为一种行政配置与自主建设的制度安排,一方面,项目带有政府"指定任务"的性质,另一方面,院校在项目建设有可能加入更多的自己的意图与利益,获得更多的自主权。在这个意义上,项目既是"外生的",也是"内生的",是"自上而下"和"自下而上"的结合。有研究者指出,组织学习是高职院校新能力生成与组织变革的重要机制,但该机制的作用效果受到高职院校领导与组织管理体制、资源获得与激励机制、既有知识和可能获得的知识等因素的影响。示范项目的组织学习侧重点在前后两个阶段有所不同,第一阶段侧重于院校办学基础能力建设,第二阶段侧重于院校办学体制机制完善,这顾及院校的发展阶段和资源条件,是一种因时而动和因地制宜的做法。在示范项目推进实施中,政府与项目院校、项目院校与项目院校、项目院校与非项目院校之间不断发生着观念和规范的影响和传递,产生了强大的激励和学习效果,这种效果随着过程性评价、阶段性评价和终结性评价不断呈现出来,即产生示范效应。

3.策略性的行动逻辑。

为了便于开展示范建设实施管理,政府通常采用标准化的制度规范予以保障,这有助于维护统一性的权威控制。但每一个高职院校在整个国家示范计划实施过程中都是一个局部决策者,政府与高职院校之间的博弈与互动都通过项目平台进行。有研究者指出,"一定程度的压力能够克服隐蔽环境里人类满足环境的本性和避重就轻的工作态度"。面对内部和外部具有复杂利益的各类群体行动者,需要采取激励与约束的手段推动利益因素作用于他们,一方面,通过项目的内部控制——《示范院校项目建设方案》——形成基本激励;另一方面,通过项目的外部控制——《示范院校项目建设任务书》——形成基本约束,从而通过这种策略性的行动实现利益调整与再分配的干预。

四、讨论与反思

我们以示范项目为切入,从政府和院校的视角讨论项目文本和实践,项目的运作机制与治理逻辑正是在政府和院校这两个行动主体共同参与下发展和演变的。政府的行政指令、高职院校的资源运作以及政府与高职院校之间的关系互动,都通过项目制这种主导逻辑来决定。

第一,动员型的项目建设。依托项目制,政府和院校建立了一整套自上而下的动员型建设计划体系。项目作为一种制度枢纽,主导着政府与高职院校、高职院校之间以及高职院校内部的结构关联,从中央到地方、从政府到高职院校,由此统合形成上下之间动员、中介与反馈等一系列动态的运行机制。中央政府提出和启动示范计划,自上而下地发布重大政策及重要事项,如通过新闻发布会的形式,动员院校积极参与示范建设项目申报。高职院校则在项目的明确意图下,体察到中央与地方政策变化的动向和要害,表达自身意愿以及示范项目对发展的重要性,从而在既有利于自身利益又充分利用国家政策的背景下,开始一场场追求收益最大化的竞争行动。通过项目,加之在广泛内外部动员的基础上,这种冲动和热情被一步步地培育和调动起来。

第二,竞争性的项目运作。项目资源的配置必然产生竞争,这体现在项目申报、评审、管理、验收和评价等各个操作环节和运作程序当中,这使得竞争必然成为一个普遍调动高职院校积极性的手段,同时,竞争造就了高职院校以项目为核心的建设高潮。当然,这种竞争在激励院校发展动力的同时,也在一定程度上造成院校发展的新的不平衡。不同类型、不同基础和不同发展阶段的高职院校在竞争中表现不一,有些院校不能完全理解认同校企合作办学理念和工学结合人才培养理念并将其消化、吸收和应用;有些院校在文本上花的时间多,在具体的项目建设上下的功夫少,在实践中存在硬套项目建设标准现象,甚至出现削足适履的情形。同时,示范建设资源分配的分化导致高职院校间的平衡被打破,形成了强者相对更强,弱者相对趋弱的差序格局。高职院校间的分野与差距容易导致身份固化,损及高职院校办学的自主性和能动性,既不利于培育院校发展的内生动力,也不利于竞争机制持续发挥效用,我们需要对这些问题和争议进行认真检视。

第三,专项化的资金配置。教育政策的有效需求的界定一方面要考虑政策需求主体利益及其教育责任,另一方面要考虑政府对于政策的资金配置与支付能力。中央政府掌握着项目在各个产业领域院校的支付重点的决定权,通过项目的形式承载和分配资金,表明其政策导向。与此相对应的是通过授予地方配套权,明确要求承担项目院校所在地的地方政府以资金配套的方式给予支持。这种管理条线结构有利于专项化的资源配置,增强财政资金运行与管理的有效性。但这种中央政府直接面对承接项目的高职院校的格局使得地方政府的权力在一定程度上受到抑制,不利于其统筹发展及区域高职教育作用的发挥。此外,这种资金配置与支付主要以院校拨款的形式进行,不可避免地导致资金自动地集中到相对少数的高职院校,但这种集中又是必然的。

第四,常态化的项目生成。示范建设这种由政府主导推动高职院校发展引起的动态过程,侧重于自上而下的发动。而由于高职院校存在条件差异,一拥而上的项目建设使学校中出现太多的互不关联、片断性、不完整且肤浅的项目,甚至经常会存在一种矛盾的现象,即一些接受抑或被迫接受每项政策及进行革新的高职院校,实际上却存在着过多项目或无意义项目的问题。加拿大教育家迈克尔·富兰指出,通过发展共享的意义,我们才能找到解决问题的方法,个人的和集体的意义与行动之间在日常情境中的接口处是变革得以成功或失败的地方。对于示范项目建设,我们不应只关注其产生的标志性成果,而更应强调常态化的项目促进机制的形成。事实上,从办学基础能力建设到体制机制完善,都是发展共享的意义的举措,因为这才真正体现了项目建设的真义,即由资源要素投入驱动转变为机制创新驱动,解决这种重复建设的问题,迫切需要加强资源整合,在实践中构建适合的项目并创新实施方式,而这恰恰孕育着制度建构和组织变迁的契机。

五、结语

示范建设为高职院校发展自觉开辟了道路,项目为推进示范建设搭建了一个制度和治理平台,同时也成为示范建设最重要的体制机制成果。在项目制下,政府和高职院校更多表现为对立又互补、竞争又合作、控制又反控制的关系。本文重点关注示范项目的运作机制与治理逻辑,虽然存在着院校地区差异、办学模式差异和个案局限性等复杂情状,决定着本文的结论不能作为推导项目建设对高职院校总体效应的依据,但本文提出的问题具有一定的普遍性,它们并不只发生在示范建设实施中,也不只反映在项目建设这一事项上。建设中国特色高职教育是一项长期的任务,在当前创新发展高职教育的背景下和政府推进简政放权"放管服"的进程中,本文的结论不仅可能对确定新建设项目的意义有所启发,还有助于使项目与改革计划保持连贯一致。通过借助寻求对过去十年高职教育示范建设的理解,引领高职教育未来十年的创新发展。

[参考文献]

[1] 毕星,翟丽.项目管理[M].上海:复旦大学出版社,2000:1.
[2] 康翠萍."治策""知策""行策":教育发展规划决策模式及其选择[J].教育研究,2015
(9):46—50.

［3］周济.在示范性高职院校建设计划视频会议上的讲话［N］.中国教育报,2006-11-14(1).

［4］［瑞］T.胡森,［德］T.N.波斯尔斯伟特.教育大百科全书:教育政策与规划［M］.重庆:西南大学出版社,2011:99.

［5］张尧学.大木仓的记忆［M］.北京:高等教育出版社,2009:58.

［6］［美］詹姆斯·S.科尔曼.社会理论的基础［M］.邓方,译.北京:社会科学文献出版社,1997:289.

［7］郭建如,周志光.项目制下高职场域的组织学习、能力生成与组织变革［J］.北京大学教育评论,2014(2):141—164.

［8］［美］罗伯特·W.麦克米金.教育发展的激励理论［M］.武向荣,译,北京:北京师范大学出版社,2008:92.

［9］折晓叶,陈婴婴.项目制的分级运作机制和治理逻辑——对"项目进村"案例的社会学分析［J］.中国社会科学,2011(4):126—148.

［10］［加］迈克尔·富兰.教育变革新意义(第三版)［M］.赵中建,陈霞,李敏,译.北京:教育科学出版社,2005:9.

(本文发表于《高教探索》2016 年第 11 期)

信息技术环境下财经类高职院校课堂教学创新体系探索

吴金旺　郭福春

[摘　　要]　近年来,信息技术与教学不断融合,以信息技术为支撑的课堂教学改革与创新正成为高职院校深化内涵建设的重要抓手。人本主义理论、建构主义理论、连通主义理论阐述了信息技术环境下课堂教学创新的特征及内涵,指导课堂教学创新的思路和方法。"互联网＋"引导职业教育发展方向,本文通过对信息时代高职院校课堂教学创新存在的重点问题进行分析,从主体和资源两大因素、教学方式改革和实践教学创新两个角度,构建起互联网时代全新的立体化的高职课堂教学创新体系。

[关键词]　信息技术　课堂教学　教学创新体系　教学资源

《国家中长期教育改革和发展规划纲要(2010—2020 年)》明确指出:"信息技术对教育发展具有革命性影响,必须予以高度重视。"李克强总理在 2015 年政府工作报告中提出"互联网＋"行动,中国是教育大国,借助互联网来改造教育,提高教学效率,可以创造世界上最大的互联网教育服务市场,具有很大的潜力和发展空间。当前"互联网＋教育"的推进和实施,也有利于促进教育公平,让优质教学资源借助互联网突破物理场所限制,服务更广泛的学习群体。

高等职业教育重点培养适应区域经济产业转型升级和企业技术创新需要的发展型、复合型和创新型的技术技能人才,已经成为中国特色职业教育体系的重要组成、高等教育的重要类型,不仅办学规模占据半壁江山,而且特色初步彰显,社会吸引力与日俱增。课堂教学,具有学习时间保证、组织管理保证、精力关注力保证,具有明确的目的性、计划性、针对性,具有信息交流的多向性、多样性、交互性和导向性,具有知识、能力、思想、情感发展的综合性等特点和优势,课堂教学是高等职业教育技术技能型人才培养的最重要渠道。

一、信息技术环境下课堂教学创新的理论基础

(一)人本主义理论

人本主义是 20 世纪 50 年代末到 20 世纪 60 年代初在美国出现的一种重要的教育思潮,提倡以学生为中心的教学观,教师的任务不是教学生学习知识和如何学习,而是为学生提供各种资源,提供促进学习的气氛和支持学习的环境,由学生自行决定学习内容和学习方式。人本主义要求在课堂教育教学改革中,从学生培养的起点到终端,都要将学生能力的提升、素质的培养放在首要位置。教学改革研究从教什么、怎么教转向以生为主探索学生应该

学什么、怎么学,教学过程中将重点从教知识转向培养能力、提升素质。

在信息技术环境下,大量丰富的数字化教学资源以及学生学习渠道的多样化,使得教师可以从知识占有者变成学习活动的组织者,从知识的传授者变成学习的引导者。在信息技术支撑下,人本主义理论具备了实施的有效载体,但是过于理想化,以学习者具有浓厚的学习兴趣为前提。

新建构主义是应对网络时代的挑战,由中山大学王竹立教授提出。他认为在网络时代,创新是学习的最终目标,提出"为创新而学习、对学习的创新、在学习中创新"。为了应对网络时代学习信息超载和知识碎片化挑战,新建构主义形成"分享—交流—协作—探究—零存整取"模式,让学生"说出""写出""做出""创造出"他们通过网络学到的东西。他认为学生可通过课外开展丰富多彩、难易适中的个性化的网络自主学习,课堂上通过分享、交流与合作,就大家共同感兴趣的内容开展合作与探究,在教师的示范与引导下,逐步实现知识碎片的加工与整合,最终实现知识内化及创新。

在信息技术环境下,学生构建知识由原来的"填鸭式"灌输教育转变为"主动构建创新型"个性化教育,学生的学习既包含由上至下的"接受理解"过程,也包含由下至上的"发现探索"过程。借助互联网,学生获得的知识可以无限放大,有利于创新创业能力的培养。难点在于如何将课内、课外形成有效的O2O闭环,使学生构建起创新性的知识体系和素质能力。

(二)连通主义理论

连通主义最早是由加拿大学者、慕课的创始人乔治·西蒙斯提出的,在网络时代,学习主要是一个连续的、知识网络形成和更新的过程,学习的行为之一是创建外部网络结点,在那里连通并且形成信息和知识源。

在信息时代,知识是动态的网络和生态,应该多连通,少构建,"知道在哪里"和"知道谁"比"知道什么"和"知道怎样"更重要,知识以片段的形式散布于知识网络的各个结点,每个人都只拥有这种分布式知识体系的一小部分,学习者的任务是把这些结点连通与聚合起来。应该把某些知识的处理和解释功能下放给学习网络上的各个结点,网络化世界经常以自治的方式不断地精练知识、再造知识和解释知识。个人不必评价和处理每条信息,而是要创建由人和内容等结点构成的技术增强型个人学习网络。由于网上学习资源非常丰富、个性化程度非常高,传统的"课堂、课程"的概念应该跟着改变,即不再需要规定固定的上课、下课时间,校内和校外学习环境,也不再需要过于拘泥于专业知识体系结构,而应该让学习者以问题为导向、以个人需要为中心,构建个性化的、有利于解决问题的知识结构。

连通主义理论深刻洞察了网络时代知识技能和学习方式所发生的巨大变化,适合于描述学习的外部过程,可以解决信息超载问题,但很难解决碎片化学习资源问题。以上三种观点,各有特点和优势,都可以在一定程度上推进信息时代教学改革与创新。笔者认为,在信息技术环境下,必须认真研究学情,以学生为中心,培养学生的自主学习能力,激发学习兴趣,仅是教师一个人的课堂必定是一个"死"的课堂,必须依托信息技术,打造"活"的课堂。学生对于自己感兴趣或者密切关注的知识,可以采用构建式学习方法,零存整取,最终达到知识创新,而对于与自己关系不大,或者不太感兴趣的知识,暂时可以采用连通式学习,创建外部网络结点,形成相应的解决问题的模板。

二、信息技术环境下高职院校课堂教学存在的几个问题

(一)教师信息技术运用水平有待改进

高职院校教师在将信息技术运用到课堂教学过程中,存在以下几个问题有待改进:①把多媒体当成信息技术的全部和向学生灌输知识的主要工具,不能以学生为主体组织教学;②教师退居后台,不能以自己的激情和临场发挥引起学生的共鸣和交流,未能建立很好的互动环境和激发学生思考创新;③教师的消极运用、信息资源的低水平重复建设、数字化资源的闲置以及积极有效引导的缺乏,教师的信息素养依然有限,进而导致学生的信息素养特别是自主学习方面的素养依旧贫乏。④技术技能转换也很快,教师在课堂上要求学生学习他们不感兴趣或者已经知道的知识,但是对学生根据兴趣爱好从网络上学来的东西却不太重视,出现教师和学生之间移动设备的拉锯战,只能对进入课堂的移动设备加强管理,这构成了当前课堂教学中一对尖锐的现实矛盾。

(二)学生信息驾驭能力有待提高

信息技术也是一把双刃剑,有利于推进教学改革,但也为学习带来了一些不利的因素。相当一部分高职学生自控能力较差、学习主动性缺乏、有效学习效率不高,将课堂教师传授知识作为学习的全部,学习行为缺乏自觉性和持久性,不会按专业职业岗位主动选择及安排课程及外延的学习内容,不能自行巩固、创新属于自己的知识体系。随着互联网的出现与普及、信息技术的日新月异,世界的信息和知识都处于大爆炸状态,造成信息量大、信息质量差、信息价值低等问题,信息超载、信息失真的现象也随之而生。如何处理海量信息,具备有效的信息识别判断能力,让纷繁的信息成为对自己有用的知识,是高职学生将要面临或正在面临的大挑战,需要高超的智慧和极强的毅力。

(三)教学资源应用与分享有待加强

教学资源建设、应用、分享是互联网时代学习的核心问题。近年来,高等职业教育精品课程、教学资源库、微课、慕课风起云涌,课程资源由校企合作、校际合作共建共享,教学资源系统完整、丰富多彩、内容新颖、形式多样,包括文本、音频、视频、图片、动画、录像、软件等多种形式,可以满足各类用户的学习需求。数字化教学资源建设投入较大的人力、物力和财力,但是在实际教学过程中,由于各学校自身的特点,教学资源难以真正做到普适性,不能形成有效的分享机制。由于学生学习的惯性,学习主动性并不强,课外主动学习的热情有限,而开发的资源也需要根据经济、技术的变化及时调整,从而使得教学资源建设的积极性很高,但在具体应用环节急需加强。这需要以强化学生在线学习、移动网络学习方法与观念,建设有效的应用学习评价体制和机制为前提,而不能为了项目而项目,为了建设而建设。

三、信息技术环境下课堂教学创新体系探索

课堂教学创新体系,实际上就是课堂整体创新,包括教与学的氛围营造、教与学的过程创新及评价反馈机制创新。笔者认为,课堂教学创新体系构建必须在研究学习者学情的基础上,从人的因素和资源因素两大方面推进,人的因素在于继续发挥教师在教学中的主导地位,资源因素在于推进教学资源创新,同时依托现代信息技术,开发先进的教学平台,推进资源应用、分享。在教学方式改革方面,一方面基于翻转课堂推进教学方法创新,另一方面基于仿真实训,虚实结合,推进实践教学创新,通过理实一体化培养创新性高素质技术技能人才,并通过有效的教师评价和学生考评,衡量教学效果(见图2)

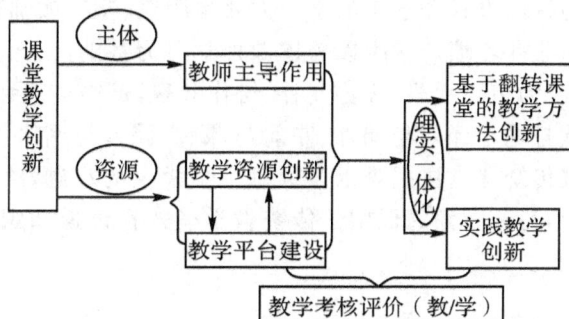

图 2　信息技术环境下课堂教学创新体系图

(一)教师在课堂教学中发挥主导作用

关于教育过程中师生地位主要有两种观点:一种观点认为教师是教育活动的中心,在教育过程中占据主要地位,能够有效地统领课堂;另一种观点认为学生是课堂活动的中心,在教育过程中居于主要的地位,教师必须放弃指挥官和向导的角色,应该成为学生学习的辅助支持者。笔者认为,在信息技术环境下,学生是学习的主体,强调以生为本,但是教师一定要能够在课堂教学中起到主导和支配作用,教师是课堂学习的组织者、设计者与合作者,对课堂上学生如何进行学习、学习什么内容、达到什么标准,教师起着举足轻重的作用。

(二)教学资源开发与应用并举

《教育部关于推进高等职业教育改革创新引领职业教育科学发展的若干意见》中指出,"加强职业教育信息化建设,大力开发数字化教学资源,推动优质教学资源共建共享,拓展学生学习空间,促进学生自主学习",明确了教学资源开发及应用的思路,推动传统纸质资源向数字化资源转型。《教育信息化十年发展规划(2011—2020 年)》也倡导通过智能化教学环境、优质数字教育资源和软件工具等方式推进信息技术与教学融合,用信息技术来改造教学。教学资源主要包括课件以及教学设计、音视频、图片、案例、微课、实训软件等,教学视频、微课等讲授知识重点,文本资源辅导学生解决疑难问题,形成重点与难点知识呈现的教

学逻辑结构,实训软件针对课程和专业的实践能力,培养学生动手能力和创新能力。

(三)发挥教学平台支撑作用

教学平台是教学资源的汇聚,决定了教学资源的呈现、学习方式,是教学创新的基础。信息技术支撑下的教学平台,整合现代教育技术、专业工具、数据库应用等多种教学媒介进行混合式教学设计,以教师为主导,以学生为主体构建案例导学,合作式、探究式、研究性、情境式学习,分层式教学等多种学习场景,运用丰富的教学媒体和适当的教学方式方法实现最优的教学效果。

(四)基于翻转课堂的教学方法创新

翻转课堂使教师的授课方式和学生的学习方式也跟着转变,教师通过课堂引导培育,课外督促形成,播种行为,收获习惯。学生以个体课外学习为基础,以知识沉淀为支撑,以知识创新为指引,以合作学习为主要手段,优势互补,协作共赢,最终实现课堂学习与课外网络学习有机结合。翻转课堂打通了课内与课外、课前与课后、课堂与网络,使这些成为一个有机整体。一方面可以克服传统课堂讲授难以兼顾每一个学生的难题,给学生一定的自主学习时间及交流讨论的空间,另一方面又保留了传统教学模式在传递知识上的高效、有序、系统性较强、便于管理等优点。

(五)实践教学环节创新

职业教育以培养适应性技术技能型人才为目标,培养目标决定了职业教育的主要任务是培养学生的职业素养和职业能力。《教育部关于深化职业教育教学改革全面提高人才培养质量的若干意见》(征求意见稿)要求,各级职业院校实践性教学环节的学时数原则上要达到总学时的 60%,强调理论要与实践有机结合,实践教学要成为职业教育主流的教学模式。高职院校以就业为导向,强调能力本位,面向职业岗位,深入研究改造实践课堂,这对于职业院校有着决定性作用,是全面提高教学质量的关键环节。

对于财经类院校,顶岗实习、生产性实训一直是难题,借助现代信息技术,可在虚拟环境下完成具体工作任务。将全真教学环境设计与虚拟网络空间构建并重,提供多样化的学习体验。

(六)教学考核评价

教育教学离不开考核评价,信息技术环境下教学过程不能缺失对学习者自主学习过程的监控与学习评价,否则整个学习过程会很无序和杂乱,偏离教育的最根本目标。信息技术环境下可从两方面对网络学习展开评价:一是学生在网络上的参与和分享程度,学生在网络上参与是否积极、是否乐于分享、能否创新性的解决问题;二是个性化知识体系的完成程度,根据学生提交的作品、论文、报告、解决问题的方案等来进行评价,评价学生是否呈现出个性化的系统知识体系,评价应由教师评价和学生参与评价共同构成,学生参与评价的过程也是学生知识深化和完善的过程。

四、结论

"互联网＋教育"的结果,将会使未来的一切教与学活动都与互联网密切相关,教师在互联网上教,学生在互联网上学,教师在课堂引导,学生在课堂创新,信息在互联网上流动,知识在课堂成型,线上的活动与线下的活动互为补充与拓展。

在信息技术环境下,学习者的学习方式发生明显变化,除依赖教师的课堂讲授与书本知识的学习,还可利用信息化平台和各种数字化资源,教师、学生之间开展协商讨论、合作学习,提升课堂吸引力,在学习讨论的同时,构建起广义的同学情、师生情。教师要增加学生之间的讨论交流,使学生知道同伴解决问题的想法和对各种现象的理解,在相互讨论中增进对知识的理解和学习过程的自我监控。教师要让学生明白自己想学什么,不断反思自己学习得如何,效果怎样,是否有更好的学习方法等,灵活运用学习策略。学生要会在数字化情境中进行自主发现的探索式学习,会利用网络通讯工具进行协商交流,会利用信息加工工具和创作平台,进行实践环节的学习和创造。

[参考文献]

[1] 周建松.以课堂建设为抓手推动高职教学创新[J].中国大学教学,2014(12).
[2] 王竹立.我国教育信息化的困局与出路—兼论网络教育模式的创新[J].远程教育杂志,
  2014(2).
[3] 刘三.信息技术与课堂教学创新[J].中国教育信息化,2014(9).

（本文发表于《高等工程教育研究》2016 年第 4 期）

职业素质:概念、构成及其在职业院校实践的当代意义

王懂礼

[摘　　要]　本文从职业素质及其相关概念的梳理出发,探讨其内在的构成要素,并着重分析职业素质教育在当前职业院校实践的特殊价值。

[关 键 词]　职业素质　职业院校　当代意义

一、素质、素质教育、职业素质等概念的梳理

探讨职业素质教育,首先要对与之相关的几个概念进行梳理。一般而言,从教育学的角度看,素质是指:在人的先天生理基础上,经过后天教育和社会环境的影响,由知识内化而形成的相对稳定的心理品质。这一界定是经过几年来对素质一词探讨和实践被大多数教育界人士认同的一种界定。

素质教育作为一种教育思想有其特定的背景。20世纪80年代中期,素质教育在国内的倡导,是因应当时对"应试教育"的批判而提出的。从国内实际看,1985年发布的《中共中央关于教育体制改革的决定》首次明确指出:"在整个教育体制改革过程中,必须牢牢记住改革的根本目的是提高民族素质,多出人才,出好人才。"此后,在《中华人民共和国义务教育法》《中共中央关于社会主义精神文明建设指导方针的决议》和中共十三大报告中,都强调"提高整个中华民族的思想道德素质和科学文化素质"的问题。这是素质教育的思想源头。

相对于国内20世纪80年代素质教育的艰难探索,国际上对相应观念的倡导与实践则领先一步。国际教育界在20世纪70年代以来先后通过了四个重要的教育文献。一是《学会生存——教育的今天和明天》(1972年),提出终身教育、终身学习的要求。二是《学无止境》(1987年),提出学会生存外,还要学会学习,学会主动性、创造性地学习。三是1989年联合国教科文组织在我国召开的21世纪人才素质研讨大会上提出的:学生不仅要学会生存,还要学会关心,不仅要关心自己,还要关心他人,关心社会,关心人类,关心全球的生态。四是《教育—财富蕴藏其中》,提出了未来教育的四大支柱:学会认识、学会做事、学会合作、学会发展。理论的倡导唤来院校的蓬勃实践。美国高校从20世纪70年代起就非常强调"普通教育"(博雅),强调开设一系列课程,帮助学生对人生、社会、历史、价值建立起一套比较完整的看法体系。我国的香港、台湾地区强调"通识教育",即除专业教育之外,还要求学生有更宽广的知识,思考更深层次的问题。联合国教科文组织在20世纪80年代提出"全人教育"的口号,可以理解为"教育为所有的人""为一个完整的人"。以上三种教育案例说明,各国开始把自己的眼光从单纯的专业知识和技能教育推进到全面素质的提高。

职业素质是指从业者在一定生理和心理条件基础上，通过教育培训、职业实践、自我修炼等途径形成和发展起来的，在职业活动中起决定性作用的，内在的，相对稳定的基本品质。每个劳动者，无论从事何种职业都必须具备一定的思想品德素质、生理素质、心理素质、科学文化素质等，但不同的职业对人的职业素质要求不尽相同，不同的人对职业的适应能力也有差别。

从以上几个概念的辨析中，我们可以发现，素质的特质在于其先天性，素质教育是一种具有中国特色的教育思想或者理念。职业素质则特定地指向于职业人，与职业人的活动密切相关。

二、职业素质构成的一种理论分析

国家政策层面对职业院校高素质技能型人才明确提出了职业素质方面的要求。《关于全面提高高等职业教育教学质量的若干意见》（教高〔2006〕16号）提出了更具体的要求：加强素质教育，强化职业道德，明确培养目标：高等职业院校要坚持育人为本，德育为先，把立德树人作为根本任务。要以《中共中央国务院关于进一步加强和改进大学生思想政治教育的意见》（中发〔2004〕16号）为指导，进一步加强思想政治教育，把社会主义核心价值体系融入高等职业教育人才培养的全过程。要高度重视学生的职业道德教育和法制教育，重视培养学生的诚信品质、敬业精神、责任意识和遵纪守法意识，培养出一批批高素质的技能型人才。

国家与企业对职业素质提出的要求，不能替代对职业素质内在本质的探讨。职业素质是什么，职业素质由哪些方面构成，只有明确这几个问题，才能采取具体路径、方法、载体、模式来解决。

职业素质的构成问题，需要从素质的构成进行还原分析。从教育学对素质的一般理解上，高职学生的素质又主要包括哪些内容？对此，教育部高教司〔1998〕2号文件曾做了明确的界定：大学生的基本素质包括思想道德素质、文化素质、专业素质和身体心理素质，其中文化素质是基础。与此对应，从专业而非学科的培养过程而言，职业素质一般可分为专业素质和非专业素质这两大类。专业素质通常是指与从事本专业所对应的工作岗位所特有的知识、能力和技能、职业道德等；而非专业素质一般是指除了专业性的知识、能力之外的职业文化知识、职业通用能力、职业必备人格等，这些方面素质往往更具有基础性、根本性的特征，具体来说有以下几个方面。

职业文化知识：是指作为一名职业人所应具备的基础性知识，也就是通常讲的"通识教育"的内容。在职业教育中，尤其要注重人文素质的培养。

职业通用能力：包括终身学习能力、运用知识的能力、创新的能力、与社会交流融合的能力、协调能力、决策能力、组织能力等。在科技不断进步、社会日益发展的今天，要能很好地驾驭和搏击市场经济的风浪，创出良好的业绩，创新能力在诸多能力要素中必然居于核心的位置。

职业必备人格：就是同人们的职业活动紧密联系的符合职业特点所要求的道德准则、身心素质与品质情操的总和。从产生的效果来看，职业必备人格与各种职业要求和职业生活结合,形成比较稳定的职业心理和职业习惯。

三、职业院校实践职业素质教育的当代意义

在当前的职业院校中实践职业素质教育,既是职业教育应对社会需求的迫切要求,也是内在发展规律的着力点,更是分析职业教育主体变化的着重点。

(一)职业教育面临的外在挑战:职业素质教育的着眼点

1. 全球化、信息化对职业教育的挑战。

职业教育是与社会经济关系最密切的教育组成部分,是受经济发展变化影响最大的部分。在当今社会经济和科学技术迅猛发展以及经济全球化不断深化的新形势下,职业教育如何与经济发展相适应是摆在我们面前的一个重大课题。具体来看,要着重关注以下三个方面的问题。产业结构调整升级造成职业岗位的快速移动。当前,随着全球产业迁移浪潮的兴起,国内产业结构由劳动密集型产业向现代服务业、高新技术产业、现代制造业和现代农业为代表的知识密集型产业结构调整,引起了职业岗位的快速更新与升级。高层次的职业替代低层次的职业,产业变化引起职业的高级化。如信息产业的发展,促进了计算机等办公自动化设备逐渐普及和使用,引起了多种传统行业的职业内容的变化与发展。一方面,产业的高级化造成了资本和技术对劳动的替代,一些职业减少了对职业岗位的需求,另一方面,产业的高级化意味着对职业岗位的知识与技能提出了新的要求,需要能够适应产业新变化的劳动力,也即意味着需要吸纳大量素质较高的技能型人才。人才流动造成职业视野的迅速扩大。在全球化时代,智力资源的占有、配置以及知识的生产、分配、使用和消费成为最重要的因素,知识型人才资源是最关键的战略资源,是社会发展最重要的动力。有关专家估算,世界经合组织主要成员国的国内生产总值50%以上直接来自于知识型人才资源。专家们普遍认为,由知识引发的经济革命将是重塑21世纪全球经济结构的决定性力量。在这样的经济体系之下,将有越来越多的产品附加价值来自于人的脑力。人的脑力所产生的正确的决策以及有效的市场营销方案、设计方案、生产方案等,是取得竞争优势的源泉,使用脑力劳动的产业部门将发挥领导作用,而高素质的一线管理人员、工程师等,将成为时代的宠儿。因而,人才资源的配置从一国内部的区域之间的协调发展成为跨国界的快速流动。全球化引起的人才流动又促使人才自身对全球化视野、全球化生存与发展为基本素质的要求。新兴岗位不断涌现造成职业内涵的不断丰富。一方面随着科学技术的不断发展,职业岗位出现了不断分化、专门化的趋势,社会分工更加细化,社会对人才的需求日益专业化和技术化。另一方面,企业引进先进的设备和生产线,从而增加了企业的技术含量,在生产一线涌现了许多与高新技术有关的职业岗位,如维修性技术员、数控机床操作员等;同时一些原有的工作岗位和职务内涵日益丰富,知识技术层次要求逐步提高,因而原本的技能型(操作型)人才已经不能适应这些岗位,要求逐步由智力型技能人才来承担。

2. 人才需求变化对职业教育的挑战。

经济全球化与产业信息化,造成人才跨行业流动性增加,市场对从业者综合素质的要求不断提高,这都要求职业教育要做相应的调整,深化改革势在必行。高技能需求下对职业态

度的进一步明确。现代企业注重应聘人才从事职业岗位所必需的技能，更重视应聘人才的职业态度。职业态度主要反映在敬业精神和责任心上。敬业不仅仅是吃苦耐劳，更重要的是"用心"去做好每一份工作，这样的员工才能真正得到企业的赏识。不管什么样的企业都希望拥有责任心强的员工，责任心最重要的表现就在于态度，所谓"态度决定一切"。适应性需求下对发展潜力的进一步强调。现代企业注重个人对岗位和社会变迁的适应性，但更重视个人潜能的发挥。高职生通常被认为是现行高考评价机制的受挫者。但这并不意味着他们智能低下，相反，他们的成才潜能还有待开发。规范性需求下对创新精神的进一步倡导。技术应用型人才，其应用性不只是继承应用性，而是创造性应用，使他们能够创造性地分析新情况、解决问题。企业要想在激烈的市场竞争中生存发展，就要有一大批拥有知识、技能创新精神，具备优异素质的人才。现代企业，有太多的创新问题需要有创新精神的人才去解决。

（二）职业教育发展的内在规律：职业素质教育的着力点

应对需求，破解当前职业院校发展困惑的关键环节之一是加强对学生的职业素质教育。当前的职业院校，往往存在着以下几个问题：

1. 定位不准影响职业院校整体的文化品位。

职业院校是以培养生产、建设、管理、服务第一线的高素质技能型人才为办学目标的学校。但在办学实践中，由于认识偏差导致普遍重视"技能"，忽视"素质"，弱化职业素质教育的倾向普遍存在。职业素质教育既未能在人才培养规格中得到应有的地位，也未被列入学校育人的整体规划。

2. 理念不明影响职业院校管理者的文化自觉。

与普通教育相比，职业教育文化历史积淀明显不足，无论是校园的精神文化，还是制度文化与行为文化等各方面，都难以形成具有职业教育特色的文化环境。院校管理者，往往注重"大楼新旧""硬件好坏"，但对职业素质教育的基础性地位认识不够，教育理念不清晰，目标定位不长远，缺乏将职业教育作为一种教育类型所应体现的文化自觉，导致专业技术特性掩盖了学校最根本的文化育人氛围。

3. 认识不清影响职业院校师生的文化素养。

职业院校要求教师具有双师资格，但在强调专业资质的同时并未看重教师自身的文化素养，这就造成了制约院校职业素质教育开展的"瓶颈"。当前，职业院校中无论在课程设置、实训基地建设、教学过程、教学手段等环节大量存在功利主义、实用主义的倾向，造成在学生的培养过程中更容易滋生个人主义、技术至上的思想，这就体现了职业院校开展职业素质教育的迫切性。

（三）职业教育主体的整体变化：职业素质教育的着重点

人口领域的各个方面，如生育、死亡、迁移引起的人口变动，人口的年龄、性别结构和社会结构，人口的婚姻家庭特征，人口的地理分布等，都有可能与职业教育某个方面产生不同程度的关联。整体而言，当前乃至今后，职业教育的主体都将是"出生于独生，成长于市场，生存于网络"的一代，职业院校学生更具有在专业学习上重技轻文，在职业发展上思前忘后，

在个性表现上好动厌静,在行为表现上善习恶学等个性特点,加强职业素质教育就更显迫切。具体来看有以下几方面

1. 主体数量下降影响职业教育的规模。

根据权威预测,2006—2020 年高中阶段学龄人口总体上呈下降趋势,2007 年、2008 年下降幅度较大,2018 年跌入谷底,2019 年和 2020 年略有回升。2006 年为 7327.6 万人,2010 年、2020 年分别为 5302.6 万人、3632.5 万人,比 2006 年减少 2025 万人和 3695.1 万人,年均下降 263.9 万人,分别下降了 27.6% 和 50.4%,年均下降 3.6%。按照国家教育部门 2020 年基本普及高中阶段教育的规划,即使全部适龄人口都进入高中就学,高等职业教育的规模也将大幅缩小,从而导致职业院校之间竞争的加剧,社会对职业院校办学质量的要求不断提高。办学质量的要求,不仅体现在现有技能的不断训练上,更体现在职业素质的持续养成上。

2. 主体结构调整影响职业教育的定位。

职业教育是实现劳动力生产和再生产的重要手段,是技术密集型现代化产业发展的基础之一。技术密集型现代化产业的兴起,工业生产从劳动密集型向技术密集型转变对从业者的文化素养和技术水平提出了更高的要求,也为职业教育找到新的发展定位。即今后职业教育的主体结构将产生重大变化,应届的高考学生只是高等职业院校生源的一个部分。在我国教育体制转轨和产业转型背景下,劳动者素质的提升和新兴技能的培育所需要的再学习、再培训,特别是智力型技能学习、新兴产业技能培训将成为职业教育的重要使命,从而使职业教育的主体内涵更加丰富。

3. 主体状态多样影响职业教育的调整。

由于计划生育形成的独特的“四二一”家庭结构使得独生子女问题更为突出,人口年龄结构变化和家庭结构变化必然对教育需求产生影响,因此建立一个比较完备的人才培养体系迫在眉睫、势在必行,在制定教育发展规划和预见未来教育发展中的问题时,要考虑这些因素。

[参考文献]

[1] 吴光林.高职院校职业素质教育的理论研究与实践探索[J].中国高教研究,2009(11).

[2] 唐义锋.校企合作培养高职学生职业素质的研究与实[J].中国职业技术教育,2010(36).

[3] 高林,鲍洁.点击核心——高等职业教育专业设置与课程开发导引[M].北京:高等教育出版社,2009.

[4] 童云飞,刘桂林,顾超.基于校企合作培养高职学生职业素质的探索与实践[J].中国职业技术教育,2010(29).

[5] 杨叔子.继承传统面向未来加强素质教育[J].中国高等教育,1995(12).

(本文发表于《中国职业技术教育》2012 年第 13 期)

高职学生职业道德教育的综合量化评价体系建构

牛　涛

[摘　　要]　高职学生职业道德教育的体制及成效需要通过评价去发现问题,从而可以"以评促建"。教育理念和目标定位、相应的条件保障、组织机构、教师队伍和工作计划、课程体系设置及课程内容特性、实施的途径和方法、实践效果等要素影响着高职院校学生职业道德教育的水平和效果,可以作为评价的核心要素和一级指标。在评价过程中,根据该指标在整体评价中的相对重要程度给每一项要素分别赋予一定的权重,并确定不同的权重分值,然后对每一具体的二级要素指标都确定一定的评价等级标准,并赋予相应的分值。将每一要素指标权重分值与等级分值综合,即可得出兼具操作性和信度的综合量化评价结果。

[关 键 词]　高职院校　职业道德教育　综合量化评价体系

《教育部关于推进高等职业教育改革创新引领职业教育科学发展的若干意见》(教职成〔2011〕12号)强调:"坚持育人为本,德育为先。高等职业学校要把社会主义核心价值体系、现代企业优秀文化理念融入人才培养全过程,强化学生职业道德和职业道德和职业精神培养。"由此可见,职业道德素质是高职学生综合职业素质的核心内容。高职职业道德教育的发展完善,离不开对其形式、内容和教学实践效果的评价,以发现问题,更有效地解决问题,即所谓"以评促建"。准确把握高职学生职业道德教育的要素,是保证高职职业道德教育评价指标体系信度和效度的首要前提。

评价的要素,简单说就是要考核的具体内容,它是将抽象的、原则的、总的标准逐级分解成分类、分项、细目和要求,亦称之为评价的因子,可以根据评价的需要具体化为一级要素、二级要素和三级要素等。高职学生职业道德教育的评价是一种主观评价,很难用直观的方式进行展示,当然也并非不可观测衡量。教育本身的理念状况、相关的条件保障等是可以测量的,一些主观的价值观点和思想也会附着在人们的言论、行动等外化的行为指标中,让人们的观测和价值判断有据可依。这使得我们在实际生活中,可以采用多样化的形式和有效的手段捕捉这些外化的信息量,对照一些指标对教育的效果进行评价和反馈。

一、高职学生职业道德教育评价的要素指标设置

高职学生职业道德教育评价不同于高职学生职业道德评价,必须围绕着教育本身的形式、内容和实践效果开展。教育理念和目标定位、条件保障、组织机构、教师队伍和工作计划等要素影响着高职院校学生职业道德教育的水平和效果,可以作为评价的核心要素和一级指标。同时,高职职业道德教育评价的每一个一级指标要素都包涵诸多方面的内容,需要进

一步细化分解,建构评价的二级要素指标,由此形成高职职业道德教育评价的多元和多级要素体系。

(一)教育理念和目标定位

先进的教育理念能保证高职职业道德教育的效率。同样,只有符合实际地确定适合高职学生的职业道德教育目标、定位和规划,才能将高职学生职业道德教育有效纳入日常工作中,提高学校育人水平和整体育人质量。"制定评价指标的出发点和归宿是明确职业道德教育科学化、规范化的标准及实施要求。""职业道德教育涉及的诸多问题,如教育观念的更新、经费的投入、队伍和制度的完善、教育内容和方法的改革等,均须蕴含其中。"当前我国职业院校的职业道德教育在实践中往往不是根据教育目标来决定其内容、形式以及教学方法的,而是过多地强调中间环节,为了完成职业道德教育任务而进行教育教学,这样忽视了根据优良的教育理念和目标定位对教育实践的评价。因此,教育理念和目标定位可以作为高职院校职业道德教育的核心评价要素之一,以评价其是否有科学的教育理念,是否能根据科学的教育理念来确立明确的教育目标,在教育实践中能否始终根据科学的目标定位来开展教育。

(二)条件保障

教育主管部门和高职院校本身要重视职业道德教育,努力确保职业道德教育的资金、设施和人员的投入。在投入的硬件方面,要建设高职学生职业道德教育的基地,确保高职学生职业道德教育有良好的设施、资料、经费保障。在确保投入量的同时,对学校的职业道德教育实效性工作的评价必须考虑投入与产出的关系,这里的产出是职业道德教育效果的提升度,即学生职业道德素养的提升。教育经济学认为,教育作为生产劳动力的生产,其支出是一种投资。这正如马克思所提出的:"要改变一般的人的本性,使它获得一定劳动部门的技能和技巧,成为发达的和专门的劳动力,就要有一定的教育或训练,而这就得花费或多或少的商品等价物,劳动力的教育费随着劳动力性质的复杂程度而不同。"从教育的维度进行职业道德教育必须是这两个方面的统一体,即如何做到在投入最小的情况下产出最大化。因此,在投入的软件方面,高职院校有必要营造重视职业道德教育的氛围,建构良好的职业道德教育组织机构,组建优良的职业道德教育管理队伍和师资队伍,实行有效的组织管理,制订科学合理的职业道德教育计划等确保高职职业道德教育投入的执行力度。

(三)组织机构、教师队伍和工作计划

确定了教育理念、目标以及相应的外部条件保障后,组织机构、教师队伍和工作计划就成了决定职业道德教育能否顺利实施的主导性要素。第一,要看是否在学校层面设立了完备的职业道德教育组织、管理和督导机构,是否明确了机构的级别及负责人、工作机构、工作机制,是否建立了机构与行业及社会的联系渠道;第二,要评估外部教育主管部门和学校自身对职业道德教育的重视程度及执行力;第三,要评估该校专职的职业道德教育教研室设置及其工作机制建设状况,考核职业道德教研室职业道德教育授课计划、课时计划等的制订和执行状况;第四,要对职业道德教育的教师队伍从数量、结构、质量和水平、参与培训学习机会等各个层面进行评估;第五,要将班主任年度职业道德教育计划制订和执行情况、毕业实

习计划中职业道德教育目标制定及执行情况等纳入评估的范畴。

(四)课程体系设置及课程内容特性

高职学生职业道德教育的时效性、现实性、针对性也应是对其进行评价的核心要素。

课程体系设置方面,当前高职学生职业道德教育体系中缺乏专门的职业道德教育课程设立,在职业道德教育实践中往往注重明确职业道德规范的传授,忽略与专业结合的特点。高职学生职业道德教育不同于其他课程的教学,职业道德教育有其自身的规律和内容,在评价德育的效果中不仅关注"知"的内容,还更多地体现在"情""意""行"上。因此,在高职学生职业道德教育评价中,应注意多种课程模式相结合的状况,观察其是否注重学校隐性职业道德教育与其他教育系统的互补和融合,在相关专业学科中是否融合有关职业道德教育的内容,是否将学校隐性职业课程同社会实践的隐性课程以及家庭隐性教育课程联系起来。

课程内容的评价要素方面,首先,高职学生职业道德教育要强调教学内容的时效性。要与时俱进,推陈出新,及时调整职业道德教育内容,将最新的科学理论、最新的职业道德观念补充到高职学生职业道德教育的内容中。其次,高职学生职业道德教育的内容要有生活性。高职学生并不擅长理论学习和逻辑推演,在职业道德教育中,试图通过这些方式让其明确职业道德的意义,从而使其主动学习和内化职业道德往往是不切实际的。因此,高职职业道德教育在内容上要贴近学生生活实际,多倡导良好的道德行为习惯的培养。最后,高职学生职业道德教育内容要有专业性。学校的职业道德教育在校内进行,各专业统一课程和教材,在内容上往往容易强调共性要求,偏重相关知识和规范的识记。但是,当学生参加工作以后,往往在特定的工作岗位上需要特殊的职业道德要求。因此,要在学校职业道德教育的内容设置上针对学生的专业特点,结合行业和岗位的需要开展教育。

(五)途径和方法

高职学生职业道德教育是一个多元主体互动合作的过程,其途径应包括针对高职学生专业特点的职业道德教育课堂教学、日常实践活动中相关教育内容的渗透教育、专业课教学中的相关内容、校园文化建设、校企合作的相关教育等。对这些教育的途径、结构、重视程度等都应开展教育评价,以发现问题,改进高职学生职业道德教育。同时,高职学生职业道德教育也应采取灵活多样的教育方法,将定性和定量相结合,将知识灌输、典型示范与专业学习和实践过程相结合。教育方法的科学与否,很大程度上影响着高职学生职业道德教育的成败。因此,高职学生职业道德教育的途径与方法也是对其进行评价的核心要素之一。

(六)实践效果

高职学生职业道德教育的实践效果也是高职学生职业道德教育的核心评价要素。在评价主体方面,由于高职学生职业道德教育本身是多元主体互动合作的过程,因此,对高职学生职业道德教育实践效果的评价也应充分发挥学生自身、学校、行业、社会等多元主体的力量,每个教育相关方都要参与教育评价并根据评价结果调整自身的教育策略,以增强高职学生职业道德教育的实效性。在评价内容方面,对高职学生职业道德教育的实践效果的评价,也就是对学生在职业道德素质方面"知""情""意""行"等方面表现及其持久性的评价。这些表现可以通过学生学习、生活和工作中的言行表现出来,对这些内容的考查可以有效评价高职学生职业道德教育的效果。

二、高职学生职业道德教育的综合量化评价体系建构

初步明确基本要素内容后,要想对评价的对象进行综合的量化评价,必须在评价过程中对被评价对象不同侧面的重要程度进行定量分配。首先,给每一项和每一级要素分别赋予一定的权重,作为针对某一具体要素指标的相对性概念,并根据该指标在整体评价中的相对重要程度,确定不同的权重分值;其次,对每一具体的二级要素指标都确定一定的评价等级标准,并赋予相应的分值。

在本研究中,笔者将高职学生职业道德教育评价的要素指标分别列为一级指标和二级指标,一级指标是强调对高职学生职业道德教育的评价必须把握的 6 个要素,二级指标为 6 个要素分解出的若干部分测评目标。一级指标用 A 表示,二级指标用 B 表示。

根据职业道德课程评价的内涵要素,一级指标可以包括下列 6 条:A_1 思想理念与目标定位;A_2 条件保障;A_3 组织机构、教师队伍和工作计划;A_4 教育内容;A_5 教育方法;A_6 教育效果的反馈及教育的总结。每项一级指标下还可以具体细分成诸多二级指标要素。

A_1 思想理念与目标定位包括 B_1 思想理念(发展性教育理念的应用、校企合作、主体多元);B_2 总目标(识记相关的职业道德规范,学习、生活、工作中践行职业道德要求);B_3 阶段性目标(基础学习阶段相关职业道德知识的学习与观念、情感的培育,实习阶段职业道德行为习惯的初步形成)。

A_2 条件保障包括:B_4 教育设施完备情况;B_5 资金的保障;B_6 学习资料和教学资源库建设;B_7 职业道德教育基地建设。

A_3 组织机构、教师队伍和工作计划包括:B_8 学校层面的职业道德教育组织、管理和督导机构设置及其工作机制建设(机构的负责人、级别、与行业和社会的联系状况等);B_9 学校和教育主管部门的重视程度和执行力;B_{10} 职业道德教育教研室设置及其工作机制建设;B_{11} 教师队伍的数量、结构、质量和水平,教师参与培训、进修学习的机会;B_{12} 学校层面年度(学期)职业道德教育计划制订情况;B_{13} 职业道德教研室职业道德教育计划制订情况(职业道德课授课计划、课时计划等);B_{14} 班主任年度(学期)职业道德教育计划制定情况;B_{15} 毕业实习计划中职业道德教育目标制定情况。

A_4 教育内容包括:B_{16} 学校职业道德教育显性课程网络构建情况(是否单独设置职业道德教育课程、设置门数、课程性质、课时安排等);B_{17} 学校职业道德教育隐性课程开发状况(包括各科专业课教学渗透职业道德教育情况、班主任工作进行职业道德教育情况、与职业道德相关的校园文化建设、学校各类团、会活动及文体、技能竞赛中渗透道德教育情况等);B_{18} 校企合作的实践教学环节中进行职业道德教育情况;B_{19} 教育内容的时效性;B_{20} 教育内容的现实性;B_{21} 教育内容的针对性。

A_5 教育方法包括:B_{22} 正面灌输和典型示范;B_{23} 教学过程中学生主体性的发挥程度;B_{24} 培养思辨和批判精神及能力的问题讨论教学法;B_{25} 案例教学的使用;B_{26} 社会调查的使用;B_{27} 使学生体验职业道德情景的角色扮演教学法。

A_6 教育效果的反馈及教育的总结包括：B_{28} 高职学生职业道德认知状况；B_{29} 高职学生对待职业道德的情感态度；B_{30} 高职学生践行职业道德的意志状况；B_{31} 家庭、社会对高职学生职业道德状况的评价；B_{32} 实习单位和学生自身对学生实习期间践行职业道德表现的评价；B_{33} 对毕业生职业道德表现跟踪调查的结果；B_{34} 专业职业道德教育考核评估情况；B_{35} 专业职业道德全程教育情况总结。

在评价的要素指标确定之后，根据德尔菲法，在专家打分的基础上将各个评价要素自身的重要性量化体现为"评价权重"，非常重要是 4 分，重要是 3 分，较重要是 2 分，一般是 1 分，不重要是 0 分。接下来，将各个要素自身发展状况量化为"评价等级"，根据优、良、中、合格、不合格的标准给该项内容开展评价并打分。在该项学生职业道德教育要素上表现优秀是 4 分，良好是 3 分，中等是 2 分，合格是 1 分，不合格没有分。"评价权重"是各个评价要素自身重要性的量化体现，"评价等级"是对各个要素自身发展状况的量化评价标准。在具体的评价实践中，将每一二级要素指标的评价权重分值和评价等级分值相乘，即可得到此二级要素指标的综合量化评价结果。35 项二级要素指标评价结果相加，即可得出对某一高职院校职业道德教育水平评价的综合量化评价结果。

[参考文献]

[1] 朱月华.浅论大学生的职业道德教育与培养[J].涪陵师范学院学报,2004(4).
[2] 中共中央马克思恩格斯列宁斯大林著作编译局.马克思恩格斯全集：第 23 卷[M].北京：人民出版社,1972:195.

（本文发表于《教育与职业》2014 年第 28 期）